Mathias Ulmann

Spin it!

Mathias Ulmann

Spin it!

Denken und überzeugen wie ein Spin-Doktor

Frankfurter Allgemeine Buch

Bibliografische Information der Deutschen Nationalbibliothek
Die Deutsche Nationalbibliothek verzeichnet diese Publikation
in der Deutschen Nationalbibliografie; detaillierte bibliografische
Daten sind im Internet über http://dnb.d-nb.de abrufbar.

Mathias Ulmann
Spin it!
Denken und überzeugen wie ein Spin-Doktor

Frankfurter Societäts-Medien GmbH
Frankenallee 71 – 81
60327 Frankfurt am Main
Geschäftsführung: Oliver Rohloff

Erste Auflage
Frankfurt am Main 2015

ISBN 978-3-95601-064-4

Frankfurter Allgemeine Buch

Copyright	Frankfurter Societäts-Medien GmbH
	Frankenallee 71 – 81
	60327 Frankfurt am Main
Umschlag	Anja Desch, Frankfurt Business Media GmbH –
	Der F.A.Z.-Fachverlag, 60327 Frankfurt am Main
Titelmotiv	Saskia Immig
Satz	Wolfgang Barus, Frankfurt am Main
Druck	CPI Moravia Books s.r.o., Brněnská 1024, CZ-691 23 Pohořelice

Printed in EU

Inhalt

Für Léa und Éva, meine zwei Sonnen
Für Tatjana, meine Spin-Doktorin

Vorwort
Die Welt gehört uns!

Ein sehr guter Freund von mir, ein langjähriger Weggefährte und gleichzeitig einer der besten weltweiten Experten zum Thema „Moslem-Bruderschaft", hat mir vor langer Zeit die folgende Anekdote erzählt. Ein berühmter Politikwissenschaftler saß einmal mit einem Kollegen bei einer guten Flasche Wein beim Abendessen zusammen. Nach dem Kaffee, den er so schnell wie möglich zu sich nahm, wollte der Professor sich verabschieden und sagte ohne Umschweife: „Ich muss los, aber es muss vorher noch raus: Wir haben uns intensiv ausgetauscht und ich bin dabei viel ärmer geworden."

Der Professor hatte nicht nur viel mehr von seinem Wissen preisgegeben als neues bekommen: er hatte obendrein seine Zeit verloren. Ich weiß es zu schätzen, dass Sie, lieber Leser, mir die Ehre erweisen, mir ein klein wenig Ihrer kostbaren Zeit zu widmen. Für mich wird es daher auf den kommenden Seiten überaus wichtig sein, dass sich diese Investition nach der Lektüre für Sie gelohnt hat.

Als Spin-Doktor hat man sowieso extrem wenig Zeit. Dem „Boss" zu begegnen, kommt nicht allzu oft vor. Er/sie hat strukturell nie wirklich „einen Moment Zeit". Es muss alles schnell gehen. Man hat zur Sache zu kommen, sehr präzise zu antworten und immer einen Mehrwert zu liefern. Die Beiträge, die wir täglich produzieren, müssen kurz, prägnant und nützlich sein, sie müssen selbstverständlich die Lage genau beleuchten und im Endeffekt die Entscheidungsfindung erleichtern. In der Kürze liegt die Würze, ein wesentliches Merkmal des Arbeitsoutputs eines Spin-Doktors.

In dem vorliegenden Fall, sind Sie, lieber Leser, mein „Boss". Wenn Sie dieses Buch nach der Lektüre beiseitelegen, sollten Sie sich unterhalten und reicher fühlen. Ich weiß natürlich, dass Sie immer weniger Zeit haben, oder, besser ausgedrückt, dass Sie immer weniger davon übrig haben, nach all den Meeting-Marathons, der E-Mail-Flut und den leider viel zu seltenen und kostbaren Familien-Momenten.

Die moderne Welt steckt voller Möglichkeiten, aber parallel dazu fehlt uns immer mehr die Energie und auch die Zeit, um diese zu erkennen und voll auszuschöpfen. Fülle und Knappheit: Unsere Epoche ist wirklich voll von Paradoxien. Wir haben so viele Informationen zu unserer Verfügung wie noch nie in der Geschichte der Menschheit, aber die Planbarkeit der Welt hat sich dennoch nicht verbessert. Big Data ist in aller Munde, aber Big Drama ist leider in aller Köpfe. Nichts ist mehr sicher, alles ist mehrdeutig geworden. Social Media hat immens dazu beigetragen, Ägypten vom Mubarak-Regime zu befreien, wird aber in China als Unterdrückungsinstrument eingesetzt. Die Nutzung der Internet-Technologien kann Schwarmintelligenz fördern, aber auch Schlammschlachten verursachen. Es sieht so aus, als wäre der Widerspruch das Hauptmerkmal unserer digitalen Welt.

Es gibt viele Artikel und Bücher, die über diese unsere schöne neue Welt und ihre Entwicklungen berichten, viele Texte und Prognosen, deren Autoren mit dramatischen Beschreibungen wetteifern. Ich nenne diese Neigung den „Krieg der Komparative". Sie, lieber Leser, haben es bestimmt auch gelesen, unsere Welt wird „schneller", „komplexer", „unkontrollierbarer", „innovativer", „gefährlicher", „unüberschaubarer" und so weiter. Ich für meine Person beziehe mich lieber auf Immanuel Kant und seine „zwei Formen der sinnlichen Anschauung", nämlich Zeit und Raum. Unter diesem Gesichtspunkt sind zwei Entwicklungen am Werk: die Beschleunigung der Zeit und die Verkleinerung des Raums. Es ist nicht sehr kompliziert, aber die Kombination dieser zwei Phänomene macht es allerdings relativ komplex.

Mit dem Hyperschallflugzeug X-51A ist es möglich, die Strecke Sydney-New York in weniger als zwei Stunden zurückzulegen. Die neuen Trading-Instrumente arbeiten in Millisekunden, Geld hat keinen Geruch und kennt wahrscheinlich kein Geschwindigkeitslimit. Aber was spielt dies für eine Rolle, wenn wir sowieso per Video Messaging zwischen New York und Sydney direkt kommunizieren können? Ich kann sogar an mich selbst eine Nachricht in die Zukunft schicken.[1] Gewiss, diese atemberaubende Beschleunigung einerseits und die Verkleinerung andererseits macht uns das Leben nicht unbedingt einfacher und die Bestimmung seines Sinns manchmal sogar schwieriger. Diese — nicht so — schöne neue Welt gibt uns nicht nur immer weniger Zeit, sondern verursacht uns auch immense Kopfschmerzen. Wie kann man eigentlich einen kühlen Kopf bewahren, wenn die Welt auf dem Kopf zu stehen scheint?

Die moderne Gesellschaft verlangt seit Ende des 18. Jahrhunderts von uns, dass wir Herren und Herrinnen unseres eigenen individuellen Lebens werden. Der Mensch ist freier geworden und liegt doch überall in Ketten von Fakten und Ereignissen, die ihn überfordern. Autonomie und Fremdbestimmung — schon wieder ein Paradox — ist nicht unbedingt die beste Mischung. Steigende Anforderungen und Belastungen sind die Folge. Erwerbstätige haben zum Beispiel 18 Mal mehr

---

1 http://www.futureme.org/

Krankheitstage als vor neun Jahren, dies ist Fakt, wie die Bundesanstalt für Arbeitsschutz und Arbeitsmedizin bewiesen hat. Wir haben in der Tat immer öfter das Gefühl, dass diese Welt uns nicht mehr wirklich gehört und uns nicht einmal zuhört. Es ist eine Außenwelt, die außer Kontrolle geraten ist und nicht mehr unsere ist. Diese Welt scheint keinen richtigen Sinn und klare Richtung mehr zu haben. Woran soll ich denken in Anbetracht, dass es so viel zu denken gibt? Was soll oder kann ich tun, da so viel zu tun ist? „Piloten-Lähmung" könnte dieses neue Syndrom heißen, das uns mit diesem fremdbestimmten Gefühl ausfüllt und uns am Handeln hindert. Diese Welt, die niemandes Welt ist, ist zu jedermanns Problem geworden.

Ich will hier aber keine Panikmache betreiben — immerhin ein alter Trick der Spin-Doktoren —, sondern eine schlichte Beobachtung anstellen: Bedeutung und Wirkung unserer Aktionen scheinen nicht mehr so klar zu sein. Beschleunigung und Verkleinerung der Welt kombinieren sich und machen diese Welt nahezu unlesbar. Sinn und Zweck dieses Buches, welches Sie in der Hand halten, ist es, sinnstiftend zu sein und so unsere Handlungsfähigkeit zu stärken, ja manchmal sogar wieder zu erlangen. Dieses Buch soll dazu beitragen, diese Welt wieder zur unsrigen, also verständlicher und beherrschbarer zu machen. Die folgenden Kapitel sollen Mut und Lust machen, die neue Welt zu erkunden, zu erschließen und wieder als schön zu empfinden.

Permanenter Wandel, Dauerbeobachtung, ständige Unsicherheit und wachsende Komplexität, Mobilisierungszwang und Meinungsmache: All das kennen die Spin-Doktoren. Die wesentlichen Dimensionen, die unser digitales Zeitalter charakterisieren, sind ebenfalls weit davon entfernt, den Spin-Doktoren unbekannt zu sein, ganz im Gegenteil. Dies ist die eigentliche Hauptthese des vorliegenden Buches: Die Digitalisierung des Marketings entspricht einer Demokratisierung des Marketings, da Konsumenten durch mehr Information und Bewertungsmöglichkeiten gleichzeitig mehr Meinungsmacht erhalten haben. Die Digitalisierung ist eine Revolution in der Medienlandschaft und im Wirtschaftsleben, da jeder Konsument seine Meinung veröffentlichen und mitteilen kann. Wenn der Kunde damals „König" war, dann ist er jetzt Staatsbürger geworden. Damit müssen Unternehmen für ihre Marken mehr Verantwortung übernehmen und streben somit stärker nach Legitimität. Die Spin-Doktoren kennen sich bezüglich der demokratischen Willensbildung ziemlich gut aus, so dass alle Manager von ihnen lernen können. Es gilt, die digitale Revolution und ihre Antriebskräfte ernst zu nehmen. Wie in der französischen Revolution gelten die Prinzipien Freiheit (an Information und Meinung), Gleichheit (ein Mensch, eine Stimme — jede Bewertung im Internet zählt) und Brüderlichkeit (formiert sich in Communities und Netzwerken).

Werden diese ignoriert, droht die digitale Guillotine. Der König Kunde ist tot, es lebe der Staatsbürger Kunde!

Auch wissen die Kommunikationsprofis aus der Politik, dass die beste Art und Weise, Ungewissheiten und Unsicherheiten zu besiegen, darin besteht, Handlungsbereitschaft und Dynamik zu ermöglichen. Sie wissen, dass es darum geht, ein Minenfeld in ein Spielfeld zu verwandeln. Die Spin-Doktoren haben verstanden, dass die Entscheidungsträger immer ihren Handlungsrahmen selbst definieren sollten. Es ist keine Hybris, es ist eine sehr proaktive Einstellung, welche die Bedingungen eines erfolgreichen Handelns stark verbessert. Es gibt in der Politik und in der Wirtschaft nichts Schlimmeres als Stillstand und Lähmung.

Unsere Aktionen sind teilweise sinnlos geworden? Aber Sinn an sich „ergibt" sich nicht einfach. Sinn müssen wir uns selbst geben. Es ist wie die Welt, wir müssen sie erobern wollen und ihr Potential nutzen, damit sie überhaupt lesbar und sinnvoll wird. Es gibt nie eine Garantie für den Erfolg unseres Handelns, aber nichts zu unternehmen, würde mit Sicherheit eine Garantie für Misserfolg sein. Die Welt dreht sich zu schnell? Nein! Die Welt dreht sich nicht, die Welt wird gedreht. Womit? Mit dem Spin! Mit Wahrnehmungs- und Handelsrahmen, welche die Realität greifbar, veränderbar und sinnvoll machen.

Die Spin-Doktoren wissen, wie dies geht. Sie sind nicht nur Spezialisten der Vermittlung von Positionen, sondern auch und vor allem Meister der Ausrichtung und der Rezeption einer politischen Vision. Ihr Ziel ist die positive Wahrnehmung ihres Auftraggebers und die günstige Aufnahme seiner Botschaften und Standpunkte. Um dies zu erreichen, versuchen sie die Lage positiv zu präsentieren und zu „drehen". Daher kommt der Begriff „Spin".

Der Spin-Doktor „spinnt" aber nicht, ganz im Gegenteil. Sein Job ist todernst. Er liefert strategische Analysen und kann die Meinungsumschwünge deuten und nutzen. Seine wichtigsten Produkte sind vorteilhafte Deutungsrahmen („Framing") und griffige Worte („Soundbites"). Kaum ein anderer Beruf hat ein so schlechtes Image wie der des Spin-Doktors, was es in diesem Buch allerdings zu diskutieren gilt. Doch so paradox es klingen mag, können die Politikberater trotzdem für viele Führungskräfte in der Wirtschaft als Vorbild fungieren. Man sollte ihre Überzeugungskraft und Strategiefähigkeit hinter ihrem unverdient schlechten Ruf erkennen und für sich nutzen. Ihre Wortgewandtheit ist nur ein winziger Teil ihrer Kunst, welche riesige Vorteile in einer Welt bringen kann, wo das Schaffen von Aufmerksamkeit und Motivation schwerer denn je geworden ist.

Für die Spin-Doktoren ist die Welt einfach: Die öffentliche Meinung ist die „Königin" der Welt und die Realität ist nur eine Kette von Ereignissen, die man mehr oder weniger gestalten kann. Die Digitalisierung der Wirtschaft und der Gesellschaft hat beide in eine riesige Bühne verwandeln. Alles wird öffentlich und alles wird diskutiert, alle müssen beeinflusst und begeistert werden. Die Meinungsbildung ist umso wichtiger geworden, je geringer die globale Aufmerksamkeit geworden ist. Immerhin prasseln jeden Tag ungefähr 10.000 Werbebotschaften auf uns ein, und 800.000 Webseiten werden pro Tag neu kreiert. Eigentlich hat die Digitalisierung die Grenzen zwischen allen Branchen relativiert. Die Angebote sind alle nur einen Klick voneinander entfernt, und alle wirtschaftlichen Akteure kämpfen um ein paar Sekunden unserer Aufmerksamkeit und schließlich unsere Kaufentscheidung.

Das digitale Zeitalter hat das Marketing und das Geschäftsleben in einen riesigen Krieg zwischen unterschiedlichen Storytelling umgewandelt. Manager können darin umso wahrscheinlicher gewinnen, wenn sie lernen, wie ein Spin-Doktor denkt und seine Vermittlungskompetenz zielgenau einsetzt. Die Überzeugungskraft ist die schaffende Kraft unserer Epoche und bildet das ungeschriebene Gravitationsgesetz unserer medialen Realität.

Das digitale Zeitalter ist das Zeitalter der Konsumenten, die über den bloßen Verbraucher-Status hinaus gewachsen sind: Sie sind gleichzeitig Ressource, ja Ideengeber, weiterer Innovationen. Sie können mitteilen, mitreden und mitgestalten. Die Konsumenten sind Nutzer geworden: Sie „nutzen" Computer und Interfaces, aber vor allem ihren Verstand, ihre Stimme und ihre Kritik. Sie brauchen nicht nur Argumente, sondern auch Gründe und nicht nur Botschaften, sondern auch Tatsachen. Die Digitalisierung trägt auch die immer stärker werdende Verzahnung von Politik und Wirtschaft in sich. Die Konsumenten sind Bürgerinnen und Bürger, die extrem bewusst umwelt-, gesellschafts- und gesundheitsbewusst denken, kaufen und sich austauschen.

Die Digitalisierung hat die Herrschaft der öffentlichen Meinung in das Wirtschaftsleben gebracht und für immer dort verankert. Es gibt keine mögliche Rückkehr, man muss lernen, wie die Meinungsbildung genau funktioniert, wie man Vision definiert und Unterstützung sammelt, wenn man Karriere machen will, eine Firma führen will und Produkte oder Services verkaufen möchte. Spin-Doctoring ist kein Geheimnis und kein Luxus. Es ist aber ein Muss.

Spin macht Politik, aber auch Wirtschaft. Spin setzt im Endeffekt jede Macht ein — aber auch wieder ab. Der Spin ist heutzutage im Grunde genommen überall am Werk: während der Bundestagswahl natürlich, aber auch bei der Einführung eines neuen Smartphone-Modells oder bei der Rede des Vorstandsvorsitzenden nach einer Unternehmensübernahme. Die konkreten Beispiele sind zahlreich, hier seien zwei vorgestellt: Wenn Gruner+Jahr „vom Zeitschriftenhaus zum Inhaltehaus" wird, dann haben wir es definitiv mit einem Spin zu tun, der die Modernisierung des Verlags gut verpacken und der Erschließung des Marktes durch bezahlte Inhalte, aber auch mit einem Commerce-Modell den Weg ebnen sollte. Wenn BASF erklärt „we create chemistry", dann haben wir es offensichtlich mit einem Spin zu tun, der die Position dieses führenden Unternehmens in Richtung Innovation („create") ausbauen will und sich parallel von reiner Chemikalienproduktion distanzieren möchte, welche die Umwelt, aber auch das Wachstum in der Ernährungssparte des Unternehmens gefährden könnte.

Wir alle können Spin einsetzen, und deshalb ist mir dieses Buch ein Anliegen, damit wir auf der Basis der Kompetenzen und Werkzeuge der Spin-Doktoren unseren Spin selbst gestalten und formulieren können. Das Buch wird weder Ihr Leben verändern, noch ist es ein neues Werk *à la Machiavelli*. Es geht mir vielmehr darum, einen kleinen Leitfaden zu liefern für eine praxisorientierte Art und Weise zu denken, zu schreiben und zu reden, um im digitalen Zeitalter Erfolg zu haben. Ich setze also den Akzent auf einen Punkt, auf den jede Führungskraft wirklich achten dürfte, wenn sie ihren Aufgaben gerecht werden und eine treibende Kraft bleiben will, statt getrieben zu werden.

Dieses Buch soll als Anleitung dienen, um Fähigkeiten zu entwickeln und selbst zum Spin-Doktor zu werden. Dieses Buch komprimiert die Kernmerkmale und Kernfähigkeiten der Spin-Doktoren. Es ist kein Ratgeber, vielmehr ein Mutgeber. Es ist kein Rezeptbuch, vielmehr ein Kursbuch. Um den Zugang zum Inhalt selbst zu erleichtern, habe ich vier einfache und alltagstaugliche Leitfragen formuliert, die sich gleichzeitig als Portrait des Spin-Doktors lesen lassen.

In Kapitel I „*Was ist eigentlich ein Spin-Doktor?*" definiere ich ausführlich diesen kaum bekannten Beruf mit schlechtem Ruf und die mehr denn je notwendige strategische Kunst der Vermittlung, welche diese Meister der Überzeugung kennzeichnet.

In Kapitel II „*Wie sieht die Welt für einen Spin-Doktor aus?*" zeige ich, dass unsere ziemlich chaotische neue Welt dringend strategische Orientierung braucht und dass wir diese von den Spin-Doktoren übernehmen könnten, da die Digitalisierung unseres Geschäftslebens dessen Demokratisierung und Medialisierung bedeutet, zwei Prozesse, welche ein Spin-Doktor perfekt beherrscht.

In Kapitel III „*Wie denkt ein Spin-Doktor?*" erkläre ich, wie zentral es ist, vom Ende und vom Ganzen her zu denken, genauso wie es erforderlich ist, kreativ, kombinatorisch und praxisorientiert zu sein, um neue Ideen und Begriffe bieten zu können.

In Kapitel IV, „*Wie schreibt ein Spin-Doktor?*" präsentiere ich die Fähigkeit des Spin-Doktors schlechthin, und zwar seine große Stärke, was die Verdichtung und die Auslassung von Inhalten angeht, sowie seine Geschicklichkeit bezüglich Argumentation und Wirkung, da der Spin-Doktor niemals umsonst schreibt oder reden lässt.

Auf einen Nenner gebracht: „Spin it!" ist ein Buch zum Nachdenken, aber auch zum Handeln. Es enthält keine typischen Anwendungstipps, weil jede Situation anders ist, es bietet aber ideenreiche Denk- und Schreibmuster, die jeder einsetzen kann. Ein hoffentlich nützliches Buch. Es ist ein Buch, das Sinn und Mut machen soll und — warum nicht — das auch die Zeit bereichern will. Ebenso hoffe ich, dass es ein lesenswertes Buch für eine lebenswerte Welt darstellt. Die Welt hat sich und uns vielleicht radikal verändert, aber wir dürfen den Willen nicht aufgeben, die Welt zu verändern.

Die Welt gehört uns! Let's spin it!

Mathias Ulmann
Hamburg, März 2015

I. Was ist eigentlich ein Spin-Doktor?

Ich werde in diesem Kapitel den Beruf des Spin-Doktors vorstellen, damit jeder sich ein genaues Bild von dieser Profession machen kann, von der leider nur wenig mehr als ihr schlechtes Image bekannt ist. Ich bin fest davon überzeugt, vielen eine Freude machen zu können, indem ich diesen Meister der Überzeugung und der strategischen Kunst der Vermittlung präsentiere. Ich werde also erklären, warum der Spin-Doktor als inspirierendes Beispiel betrachtet werden kann. Ich werde zeigen, dass in den schnelllebigen Zeiten unserer schönen neuen Welt die Fähigkeiten und Fertigkeiten des Spin-Doktors relevant und nützlich sein könnten. Jeder Geschäftsführer, Manager, Start-Upper, Selbständige und jeder, der eine Vision braucht, seine Kollegen bzw. seine Kunden begeistern und seine Branche prägen will, sollte diese Fähigkeiten nicht nur kennen, sondern auch und vor allem einsetzen können.

1. Schlechter Ruf eines kaum bekannten Berufes

„Der Beginn der Weisheit ist die Definition der Begriffe."
Sokrates

In dem von der Gesellschaft für Konsumforschung 2014 publizierten Image-Ranking der Berufe hätten die Spin-Doktoren höchstwahrscheinlich sehr schlecht abgeschnitten. Sie wären wohl zwischen dem eher schlechten Platz 32 der Politiker und dem kaum besseren Platz 30 der Werber gelandet. Die Spin-Doktoren, als Spezialisten der Politikvermittlung, kombinieren und übernehmen die schlechten Imagewerte beider Berufe. So ist es nicht erstaunlich, dass sie im allgemeinen Ansehen der Bevölkerung recht weit unten rangieren. Man muss auch sagen, dass nicht viele Menschen wirklich wissen, was ein Spin-Doktor eigentlich macht. Diejenigen, die es wissen und darüber schreiben und berichten, stehen ihnen meistens ziemlich kritisch gegenüber und behaupten offen, dass die Spin-Doktoren ungeniert der Demokratie schaden.

Hinzu kommt, dass die Berufsbezeichnung „Spin-Doktor" in der deutschen Sprache vorbelastet ist, was die Sache nicht einfacher macht. Es scheint offensichtlich, dass Spin-Doktoren „spinnen" und dass sie als Experten des Spektakels und der Manipulation viel Unfug verbreiten und dadurch unser fragiles politisches System gefährden. Was die Sache noch schlimmer macht, ist die Tatsache, dass das Wort eine starke Konnotation mit dem Ekeltier schlechthin hat, der Spinne, und die Aversion gegen dieses Tier sich auf den Berufsstand überträgt. Diese fragwürdigen Personen sind darüber hinaus wahrscheinlich Spezialisten im Spinnen von zweifelhaften Netzen und im Aufbauen von dubiosen Netzwerken. *„Nomen est Omen"*, der Name ist also wirklich Programm. All diejenigen, die sich dem Schutz und der Verteidigung der Demokratie verschrieben haben, befinden sich im Recht, wenn sie die Machenschaften dieser geheimnisvollen Strippenzieher anprangern. Meiner Auffassung nach beruht die oberflächliche Wahrnehmung der Spin-Doktoren in der Öffentlichkeit auf einem irrtümlichen Verständnis des demokratischen Willensbildungsprozesses, besonders bezüglich der Techniken, um die Öffentlichkeit zu überzeugen und zu mobilisieren.

Um unbeschwert zu arbeiten, können die Spin-Doktoren aber nicht komplett im Verborgenen bleiben, sonst werden sie der Heuchelei verdächtigt und noch mehr Misstrauen in der Gesellschaft ernten. Nein, der Berufsstand der Spin-Doktoren selbst braucht keinen „Spin" und keine Rehabilitierung. Dagegen erscheint aber ein größeres Maß an

Klarheit über ihre Arbeitsweise ratsam zu sein. Nur auf diese Weise können ihre spezifische Besonderheit und ihre hoch spezialisierten Fähigkeiten in unserer vernetzten Gesellschaft verständlich und nutzbar gemacht werden. Damit folge ich dem erleuchtenden Rat von Sokrates und beginne dieses Kapitel mit der Definition des Wortes „Spin" und werde zunächst eine kurze genealogische Begriffsklärung vornehmen. (a. „Geschichte und Schauergeschichten des Begriffs"). Danach erläutere ich die Merkmale dieses Berufsstandes, die sich hinter dessen schlechten Ruf verstecken (b. „Funktion und Nutzen des Spin-Doctorings"). Abschließend argumentiere ich, warum unsere neue schöne digitale Welt dringend Spin-Doktoren braucht, um wieder lesbar und handhabbar zu werden (c. „Der Krieg der Spins").

a. Geschichte und Schauergeschichten des Begriffs

Zunächst erscheint es mir hilfreich, Ihnen einen kleinen Exkurs zur Entstehungsgeschichte des Begriffes zu liefern und dessen Bedeutung kurz zu skizzieren. Wie so oft in solchen Fällen gibt es auch hier drei unterschiedliche Versionen, die auf zwei verschiedene Ursprünge zurückgehen. Oft wird auf das zweite Fernsehduell zwischen Ronald Reagan und seinem damaligen demokratischen Konkurrenten um das Präsidentenamt, Walter Mondale, hingewiesen. Am Tag nach der Debatte, am 21. Oktober 1984, taucht der Begriff zum ersten Mal auf, und zwar in einem Leitartikel in der New York Times aus der Feder von Jack Rosenthal (und nicht von William Safire, wie es irrtümlich in Wikipedia zu lesen ist). In seinem Artikel mit der Überschrift „Das Duell der Spin-Doktoren" spricht Rosenthal von „… einem Dutzend Männern in guten Anzügen und Frauen in seidenen Kleidern, die sich behutsam unter die Reporter mischten und (angeblich) exklusive Informationen verbreiteten." Lee Atwater, Reagans Berater, hat sich schon zwei Wochen vorher, also kurz nach dem ersten TV-Duell, in die Geschichtsbücher eingetragen, als er seine Kollegen mit den Worten: „go out and spin this afterward…" aufforderte, Reagans Brillanz und Schlagfertigkeit zu rühmen und natürlich immer wieder zu betonen.

Der Streit um die Urheberschaft ist aber damit noch lange nicht beendet, weil andere behaupten, der Schriftsteller Saul Bellow habe den Begriff schon im Jahr 1977 anlässlich einer Vorlesung über Thomas Jefferson verwendet. Nicht unerwähnt darf die Tatsache bleiben, dass der Ausdruck „spin a yarn" schon seit Anfang des 18. Jahrhunderts in „A New and Comprehensive Vocabulary of the Flash Language" dokumentiert und mit Sicherheit viel älteren Ursprungs ist. Es bedeutet so viel wie „Seemannsgarn spinnen", was nicht mehr und nicht weniger heißt, dass der Ursprung des Begriffs auf wenig Glaubwürdigkeit basiert und alles andere als schmeichelhaft für die Spin-Doktoren ist.

Die Spin-Doktoren gehören demnach der Spezies der Geschichtenerzähler, der Schwadroneure und Schönredner an. Die Spin-Doktoren brauchen keine Sachargumente oder Zahlenkaskaden. Sie setzen vielmehr darauf, mit den Emotionen der Menschen zu spielen, und hierbei handelt es sich tatsächlich um den gravierendsten Vorwurf: Sie sprechen nicht unsere Vernunft, sondern unseren Bauch an. Sie erfinden und konstruieren Sachverhalte, die so gar nicht existieren, sie schaffen keine relevanten Informationen, sondern nur günstige Interpretationen. Sie sagen nicht genau, was passiert ist, sondern was ihrer Meinung nach hätte passieren sollen. Auf diese Weise sorgen sie für eine gewisse Desorientierung des Denkens, was letztlich auch zu einer Art Denkverbot führen könnte. Sie respektieren nicht die Realität, sie umgehen sie und sie missachten sie manchmal sogar. Ihre Tätigkeit hat noch weitreichendere Folgen, da sie gewissermaßen eine neue Realität schaffen, welche den Interessen ihrer Auftraggeber entspricht. Im Endeffekt verfälschen sie die Beziehung zwischen Politik und Bürger und sind maßgeblich verantwortlich für den Verfall der politischen Kultur, was unter anderem zu einer zunehmenden Politikverdrossenheit führt. Die Spin-Doktoren sind ein Paradebeispiel für die „Spektakularisierung" unserer Gesellschaft, weil sie die Politik auf Wortspiele und Bilderschlachten reduzieren. Aus dieser Perspektive betrachtet wird Spin-Doctoring zu einem Synonym für Mediatisierung, Kommerzialisierung und Boulevardisierung der Politik. Oder anders gesagt: Es bedeutet eine Amerikanisierung der Politik, was in Deutschland nicht gerade als Kompliment angesehen wird.

Spin-Doktoren betrachten demnach Politiker als Ware und die Politik als bloße Verpackung. Man braucht also keine Programme und Debatten mehr, sondern nur noch Slogans und Spektakel. Glanz statt Substanz, Image statt Inhalt, Pragmatik statt Programmatik und Angriff statt Argument: Dafür stehen die Spin-Doktoren. Deshalb stellen sie keine geringe Gefahr für ein gesundes Funktionieren unserer Demokratie dar. Sie sind Profis der Rhetorik, die teilweise sehr erfolgreich mit Worten jonglieren. Sie sind gewiss die neuen Sophisten, die mit ihrem trügerischen und unheilvollen Sirenengesang die Politik dazu verleiten, auf dem Riff der Demagogie aufzulaufen. Sie beherrschen den präzisen Sprachgebrauch und sie setzen diese Fähigkeit ein, um die Gedanken der Menschen zu lenken. Eigentlich „spinnen" die Spin-Doktoren gar nicht — sie wissen genau, was sie tun!

Im Grunde genommen ist ihr Ziel angeblich recht einfach und klar definiert: Sie manipulieren zielgerichtet die Medien, um die Wahrnehmung der Menschen im Sinne und im Interesse ihrer Auftraggeber zu beeinflussen. Die Spin-Doktoren sind durch und durch manipulativ. Für sie ist alles Image, folglich genügt es, die Wahrnehmung der Menschen in ihrem Sinne zu gestalten, um die Probleme zu lösen. In diesem Zusammenhang stellt sich ihre Expertise im Erschaffen von einprägsamen Formulierungen als von zentraler Bedeutung heraus. Es geht aber nicht nur um bloße Worte oder griffige Slogans, es geht auch um die Rahmenbedingungen der Wahrnehmung, es geht um die Filter der Realität. Und dies ist keine Lappalie, ist kein Spiel mit Worten, es ist extrem ernst. Weil, im Endeffekt, unsere Zeit genauso funktioniert: mit Worten, Bildern und Emotionen. Spin-Doktoren passen sehr gut in unsere Gesellschaft, und ihre Macht wächst deshalb ständig, genauso wie ihr Trickarsenal. So stellt sich zunehmend die Frage, wer Koch und wer Kellner ist. Es scheint so, als seien die beratenden Dienstleister als Kellner der politischen Kommunikation in die Küche der politischen Inhalte eingezogen. „Alarm!", schreien die Feinde der Spin-Doktoren an dieser Stelle. Diese befürchten, dass die Spin-Doktoren die Politik entleeren, um auf diese Weise leichter an die Stelle der herkömmlichen Entscheidungsträger treten zu können. So oder so ähnlich lautet die schwarze Legende, die über die Spin-Doktoren verbreitet wird.

Man muss allerdings zugeben, dass es tatsächlich Beweise gibt, die zeigen, wie einige Spin-Doktoren von ihrer eigentlichen Funktion wegdriften und ihr Können missbrauchen. Eine kleine, aber für sich selbst sprechende Anekdote findet am 11. September 2001 im Londoner Verkehrsministerium statt, das aufgrund der Insolvenz eines privatisierten Eisenbahnunternehmens unter Druck stand. Die Spezialberaterin von Verkehrsminister Stephen Byers, Jo Moore, schickte um 14:45 Uhr eine E-Mail, in der sie die Angriffe auf das New Yorker World Trade Center mit den Worten kommentiert, dass „das Ereignis gut sei, um schlechte Nachrichten zu begraben". „Burying news" ist ein sehr alter Trick. In diesem Fall hat Jo Moore allerdings überstürzt gehandelt und Gelegenheit mit Opportunismus verwechselt. Damit hat sie einen sehr alten Fehler begangen. Ihre E-Mail wird weitergeleitet und ihr Handeln wird öffentlich. Der infolge des Anschlags beginnende Krieg gegen den Terror lenkt zwar zwar von den Problemen des Ministeriums ab, dem Image ihres Berufstandes hat sie aber einen Bärendienst erwiesen. In den Schlagzeilen geht es nun um einen Krieg gegen Terroristen, aber auch gegen Staaten, die dem Terrorismus Hilfe und Unterschlupf gewähren. Eine groß angelegte und langfristige Kampagne gegen die sogenannte „Achse des Bösen" kann beginnen. Dieser Begriff wurde übrigens von David Frum, einem republikanischen Redenschreiber und Spin-Doktor geprägt.

Aber der wahre Meister, um einen Krieg zu verkaufen, ist John Rendon. Obwohl er kaum bekannt ist, ist er einer der geschicktesten und effektivsten Spin-Doktoren. Er definiert sich selbst als „Krieger der Information und Manager der Wahrnehmung". Das ehemalige Mitglied der Demokratischen Partei gilt als Meister von Informationskriegen, ja geradezu als seine Inkarnation. Er hat mit der US-Intervention in Panama im Jahr 1989 begonnen, mit Kuwait weitergemacht und dann mit Irak seine Kunst verfeinert.

In den Medien werden aber andere Spin-Doktoren öfter erwähnt und immer scharf kritisiert und sogar denunziert. Da wäre zunächst Karl Rove der „Bobby Fischer der Politik", auch „Baby Genius" genannt, der zwanzig Züge vorausplanen konnte und von dem böse Zungen behaupten, „das Gehirn von Bush II" gewesen zu sein. Rove kann sich aber bei weitem nicht messen mit dem berüchtigten Gepetto von „Pinocchio" Tony Blair, Alastair Campbell. Dieser wurde auch „Cynical Ali" genannt, eine ironische Anspielung auf „Chemical Ali", Ali Hasan al-Madschid, Vetter von Saddam Hussein und verantwortlich für die Giftgaseinsätze im Nordirak.

Wir müssen aber noch einen weiteren Ansatz beleuchten, um die Etymologie und die genaue Bedeutung des Begriffs „Spin" zu klären. „Spin" ist auch ein Begriff aus dem Sport und steht für die Drehung eines rotierenden Balls. In groben Zügen bezeichnet er die Reibungskraft zwischen Luft, Stoff oder Boden und der Balloberfläche, die zu einer Bahnablenkung führt. Ob beim Fußball, Tennis oder Billard: Ziel bleibt es, die Richtung und die Schnelligkeit des Balles zu kontrollieren, um das Ziel besser zu treffen und/oder so seinen Gegenspieler zu überraschen. Drall geht also Hand in Hand mit Geschicklichkeit.

Die Spin-Doktoren spielen mit Effet und versuchen auf diese Weise, den Dingen immer den einen für sie günstigen Drehimpuls zu geben. In welcher Richtung sich eine Debatte oder ein Wahlkampf entwickelt, darum geht es ihnen vor allem. Das Hauptziel besteht darin, die Geschehnisse in die gewollte Richtung zu lenken. Der „Spin" soll eine positive Interpretation der Ereignisse und der Reden liefern und zu der gewünschten Richtung der Diskussion führen. Sie wissen ganz genau, dass man nicht alles vermitteln oder zeigen kann. Der Dreh zeigt also nur eine Facette der Sache, eine Facette, die ein günstiges Licht auf ihre Meister werfen kann, eine Facette, die auf jeden Fall eine Berichterstattung im Sinne ihrer Auftraggeber provozieren soll.

In der Politik gilt: Wer dreht, der gewinnt. Die Kritiker betonen, dass das Einzige, was die Spin-Doktoren wirklich drehen, sei die Wahrheit. Spin-Doktoren stehen für das interessengeleitete Zurechtbiegen der

Tatsachen. Die „Prinzen der Finsternis" wären also auch die „Könige der Lügen" und damit also schlichte Wahrheitsverdreher. Um nur ein Beispiel zu geben, sei auf die fünfzehnjährige Krankenschwester Nayirah hingewiesen, die im Al-Adnan-Krankenhaus in Kuwait-Stadt arbeitete und am 10. Oktober 1990 vor dem Amerikanischen Kongress als Zeugin aussagte. Nayirah beschreibt mit Tränen in den Augen: „Ich habe gesehen, wie die irakischen Soldaten (...) die Säuglinge aus den Brutkästen nahmen, die Brutkästen mitnahmen und die Kinder auf dem kalten Boden liegen ließen, wo sie starben."

Aber in Wirklichkeit hat Nayirah dort gar nicht gearbeitet, und die von ihr beschriebenen Vorfälle haben niemals stattgefunden. Nayirah heißt in Wirklichkeit tatsächlich Nayirah, das stimmt, aber man sollte nicht unterlassen, ihren Nachnamen zu nennen: Sie heißt mit vollständigem Namen Nayirah Al-Sabah, Tochter des kuwaitischen Botschafters in Washington, Saud bin Nasir Al-Sabah. Sie wurde gebrieft von Lauri Fitz-Pegado, einer Managerin von Hill & Knowlton, ein Konzern, der vom militärischen Establishment beauftragt worden war. Dies war nicht der erste der gefälschten Kriegsgründe, und es sollte nicht der letzte bleiben. Die Verteufelung des Kriegsgegners ist ein wesentliches Element des Spin-Doctoring.

Nach Meinung der Kritiker[2] sind die Wahrheit verbiegenden Spin-Doktoren bloße Sophisten, die in unserer Demokratie keine Daseinsberechtigung haben sollten. Sie spielen nicht nur mit der Bedeutung von Aussagen, sondern mit der Stabilität und der Zukunftsfähigkeit unseres politischen Systems. Eigentlich sind sie gar keine Vermittler von Politik, sondern Vorboten der Apokalypse. Im Endeffekt sind sie keine Kommunikatoren, sondern einfach Propagandisten. Hiermit können wir vielleicht unseren kleinen Überblick über den schlechten Ruf der Spin-Doktoren abschließen. Es geht hier um das Totschlagargument schlechthin: die „Reductio ad Propaganda". Karl Rove und Alistair Campbell wären die neuen Joseph Goebbels und Kurt Hager, die neuen Minister für Propaganda und geistige Mobilmachung. Nicht mehr und nicht weniger.

Diese Fülle von Kritik ist zu plakativ, zu scharf und doch nicht klar genug, also somit wenig hilfreich. Alles, was übertrieben ist, ist überflüssig, schlimmer noch: naiv. Leider hält sich dieses schlechte Image hartnäckig. Warum eigentlich sollten man also diese Hexenmeister

---

2 Meinhart, Edith (2000): Die Spin-Doktoren. Die hohe Schule der politischen Manipulation, Czernin, Wien. Barben, Judith (2009): Spin doctors im Bundeshaus. Gefährdungen der direkten Demokratie durch Manipulation und Propaganda, Eikos, Baden/Schweiz. Otten, Christina (22. Juli 2003): Blairs Berater Campbell: Die unheimliche Macht der Spin-Doctors, Spiegel Online.

des verdrehten Wortes mit dem schlechten Ruf als Vorbild nehmen wollen? Aus einem schlichten und einfachen Grund: Dieses Bild ist irreführend und falsch. Diese überkritische Bewertung verhindert eine korrekte Einschätzung und ein adäquates Verstehen der Funktionsweise unserer Demokratie. Es verhindert auch, was uns an dieser Stelle besonders interessiert, nämlich eine Nutzbarmachung der Methoden eines lehrreichen und spannenden Berufes. Spin-Doctoring steht nicht im Gegensatz zu unserer Demokratie, sondern ist vielmehr ein Teil davon, ein wichtiger und fester Bestandteil sogar.

b. Funktion und Nutzen des Spin-Doctorings

Diktaturen brauchen keine Spin-Doktoren, welche die Diskussionen beeinflussen und gestalten: es gibt dort keine Diskussionen. Totalitarismen brauchen keine Meinungsgestaltung: Es gibt unter ihrer Herrschaft nur eine Meinung, nur eine Linie, nur eine Wahrheit, nämlich die der Partei oder der „wahren" Religion. Spin-Doktoren sind dort arbeitslos, weil einfach nutzlos. Man benötigt keine Kampagnen und keinen „Spin", wenn Wahlen vorgetäuscht und nur eine Farce sind. Man braucht keine Mobilisierung, wenn die Bürger starr vor Angst sind. Spin-Doktoren sind ein reines Produkt unserer modernen, demokratischen Gesellschaft. Sie sind die logische Konsequenz des politischen Kampfes, der die Vielfältigkeit der Einzelnen und der Meinungen ermöglicht und sogar braucht. In der Tat, eine Demokratie ohne staatsbürgerliche Beteiligung und Engagement ist keine Demokratie. Die Verschiedenheit der Beteiligten ist eine Bedingung der Demokratie und des Politischen an sich, wo es wichtig ist, die Perspektive des anderen zu verstehen, zu respektieren, und wo es erlaubt und möglich ist, sie auch verändern zu wollen.

Ohne Diskussionen und Meinungsverschiedenheiten gibt es keinen Pluralismus. Und ohne Pluralismus auch keinen Spin. Unsere Demokratie lebt von Debatten, und Spin ist nur die Kunst, diese Debatten zu gestalten und zu beeinflussen. Die Kritiker haben ein falsches Bild der Spin-Doktoren, weil sie ein verfälschtes Bild von Politik haben. Politik ist nichts anderes als die Gestaltung der öffentlichen Angelegenheiten und, was noch wichtiger ist: des Zusammenlebens. Wir reden nur mit Leuten, mit denen wir etwas teilen, mit denen wir einen gemeinsamen Nenner haben. So gesehen ist die Kultur des Debattierens nichts anderes als der soziale Klebstoff schlechthin. Debatten sind etwas, das uns näher bringt, in der Politik genauso wie am Arbeitsplatz. Die richtige Entscheidungsfindung lebt von Austausch und Diskussion. Nennen wir es Wahl oder Management, es geht immer darum, Optionen auf den Tisch zu legen und die meisten Menschen für eine dieser Optionen zu mobilisieren. Der Spin-Doktor dreht die Diskussion, um die Leute zu bewegen. Und alle müssen „spinnen", d.h. sich in eine bestimmte Richtung bewegen und mobilisieren. Wer eine Organisation führen oder beeinflussen will, muss vorher die Vorschläge gestalten und parallel dazu den Kriterienkatalog für ihre Bewertung formatieren. Wer seine Mannschaft motivieren will, muss begeistern und den Erwartungshorizont skizzieren, und zwar in einer Art und Weise, dass die Mitarbeiter selbständig ihre Ausrichtung vollenden. Diskussionen gestalten, ihnen einen Rahmen geben und Kräfte mobilisieren, all das kann der Spin-Doktor gewährleisten. Aber nicht nur er kann es.

Spin kann überall eingesetzt werden, weil alles Politik ist, oder besser ausgedrückt: weil alles politisch ist. Das Politische ist nicht nur das, was in der Regierung oder in den Parlamenten täglich passiert (das ist genau genommen „die Politik"). Das Politische ist auch das, was das Arbeitsleben ständig strukturiert. Jeder hat Interessen oder Ziele, die er durchsetzen möchte, eine Vision, die er mitteilen will. Jeder braucht Koalitionen, um Veränderungsprozesse vorantreiben zu können. Jeder Manager muss ein Klima schaffen, in dem seine Kollegen über sich hinaus wachsen können. Das Arbeitsleben ist politisch, weil es für und von Menschen gemacht ist. Es geht wie noch niemals zuvor um die Menschen. In der Tat hat das digitale Zeitalter jedes Business in ein „People Business" verändert. Und Menschen brauchen Gründe, um etwas zu tun oder zu denken und um sich neu zu orientieren. Nur überzeugende Gründe können Menschen bewegen, und nur klar definierte Visionen können den Einzelnen in eine soziale Kraft verwandeln. Und darum geht es bei dem Spin: nicht die Wahrheit und auch nicht die Wörter drehen, sondern die Menschen sich drehen lassen, damit sie Aufmerksamkeit, Energie und Einsatzbereitschaft entfalten können.

In der Wirtschaftsliteratur wird viel über Prozess- und Change-Management geschrieben, aber nicht genug über die Mobilisierung der Humanressourcen an sich. Wir reden hier nicht von Motivation, die extrem wichtig ist, oder von reiner Rhetorik, die sehr nützlich ist, sondern von Überzeugung. Und das ist genau das, was ein Spin-Doktor leisten kann und soll: Menschen überzeugen. Wer in der Politik weiterkommen will, sollte sich auch überzeugend ausdrücken — oder er ist falsch am Platz. Überzeugung bedeutet für den Spin-Doktor nicht nur argumentative und rhetorische Überwindung von Kontrahenten, sondern auch und vor allem, Menschen und Bürger von bestimmten Ansichten zu überzeugen.

Der Spin-Doktor arbeitet mit Stimmungen, Meinungen und Wahrnehmungen, die er lenken und, wenn möglich, gestalten kann. Er ist schlechthin der Spezialist des Prozesses der politischen Willensbildung. Es gibt für ihn keine ewigen Wahrheiten, es gibt nur einen ständigen Wandel der transformativen Kräfte, welche die Realität gestalten. Der Auftrag des Spin-Doktors besteht genau darin, diese individuellen und öffentlichen Kräfte zu schaffen. Die Spin-Doktoren wissen genau, wie die Menschen ticken, wie sich ihre Meinungen bilden, ändern und verfestigen. Die Spin-Doktoren verstehen sich auf die kleinen Veränderungen des Mainstreams oder der herrschenden Weltanschauung. Es ist eine große Kraftanstrengung notwendig, damit sie das Denken und das Fühlen der Bürger beeinflussen können, damit sie ihre Programme und Ideen unter die potentiellen Wählerinnen und Wähler bringen.

Noch einmal, in diesem Buch soll es nicht darum gehen, den Spin-Doktor gegen seine Kritiker zu schützen. Vielmehr möchte ich einfach zeigen, was „Spin" wirklich bedeutet und bewegen kann und welche Inspiration der Spin-Doktor für jeden Manager darstellen kann. Nein, „Spin" klingt nicht wie Populismus oder Propaganda. Und ich bin der festen Überzeugung, dass der Spin-Doktor etwas Zentrales liefert, und zwar Gestaltungsmöglichkeiten. Der „Spin" beschränkt sich nicht nur auf Rhetorik, sondern bezieht sich viel mehr auf die strategische Vermittlung der Zielsetzung. Es geht hier um Visionen, die Menschen überzeugen, und um Worte, die diese zu Taten bewegen. Es geht um Begriffe, die Gefühle und Motivationen auslösen, die anspornen und die Menschen tätig werden lassen. Antoine de Saint-Exupéry (1900 – 1944) hat es auf die schönste Weise zusammengefasst: „Wenn Du ein Schiff bauen willst, dann trommle nicht Männer zusammen, um Holz zu beschaffen, Aufgaben zu vergeben und die Arbeit einzuteilen, sondern lehre die Männer die Sehnsucht nach dem weiten, endlosen Meer." Nein, man muss nicht zum Arzt, wenn man Visionen hat, wie es Altkanzler Helmut Schmidt im Bundeswahlkampf 1980 mit treffender Ironie sagte. Ich bin allerdings der Meinung, wenn man eine Vision braucht, dann sollte man dringend zum Spin-Doktor.

Die erfolgreichen Wahlslogans wie „Mehr Demokratie wagen" von Willy Brandt, „die Neue Mitte" von Gerhard Schröder oder „Hope" von Barack Obama sind nicht nur zentrale Grundsätze, es sind Visionen, die in eine bestimmte Richtung deuten, die an die Eigenverantwortung eines jeden appellieren. Man sollte nie die Kraft der Visionen unterschätzen, und das wissen die Spin-Doktoren ganz genau. Sie wissen aber auch, dass jedes politische Lager und jeder Politiker seine eigene Vision erläutern und verbreiten muss. Alle wetteifern um die Gunst der Bürger, alle wollen die Öffentlichkeit begeistern, die Bürger für sich gewinnen, um von ihnen ein Mandat zu bekommen. Nur das Volk kann ihnen sein Vertrauen schenken und dann, aber nur dann, sie mit einer Funktion betrauen. Macht kommt vielleicht von oben, aber Legitimität kommt definitiv von unten. Die Demokratie ist ein sehr auf Wettbewerb ausgerichtetes System, in dem die Politiker überzeugen müssen, bevor sie die Macht ausüben können.

Es reicht also nicht, eine Vision zu entwickeln, man muss sie von den Visionen der Kontrahenten scharf abgrenzen. Politik ist ein Krieg der Erzählungen, ein Kampf der Narrative. Derjenige, der mit der am meisten motivierenden Vision überzeugt, der gewinnt. Jeder Politiker, aber auch jeder Manager sollte sich eine Zukunftsvision zulegen, ein Bild der Welt von morgen, zu der er die Seinen hinführen will. Jeder Manager muss irgendwann seine eigene Position aufwerten, aber gleichzeitig die des Gegners abwerten. Diese Vision, diese Metaebene gerät unweigerlich mit anderen Narrativen in Konflikt. Am besten trägt jede Vision auch eine Gegen-Vision in sich, eine mögliche Zukunft, die vermieden werden soll. Jede Vision kann sich idealerweise als doppelschneidiges Schwert erweisen. Der Slogan „A change we can believe in" von Obama war auf der einen Seite ein klarer Gesellschaftsentwurf, aber auf der anderen Seite auch eine direkte Anspielung auf die zahlreichen Lügen der Bush-Ära. Als die CDU/CSU im Jahre 2009 mit dem Slogan „Wir haben die Kraft" warb, wollte sie zu verstehen geben, dass die SPD nicht stark genug ist, um Deutschland aus der Krise zu holen.

Der Spin-Doktor verdreht nicht die Wahrheit, er versucht die Wahrnehmung der Realität zu gestalten, weil er ein Soldat im Kampf der verschiedenen Deutungen ist. Der Spin-Doktor weiß es selbst am besten, dass der politische Kampf auf dem Feld der Meinungen stattfindet. Es ist ihm bewusst, dass unterschiedliche Bewertungen desselben Ereignisses miteinander permanent kollidieren und im Wettstreit liegen. Er weiß, dass „die Realität" an sich nicht existiert, und es klingt vielleicht seltsam, aber es ist eine Tatsache: Es gibt keine Tatsachen. Die Wirklichkeit konstituiert sich erst durch eine Vielfalt von Meinungen, Stimmungen und Befindlichkeiten des öffentlichen Diskurses, und zwar in den Köpfen der Menschen.

Realität im Sinne des Gegebenen und Vorhandenen gibt es für den Spin-Doktor tatsächlich nicht. Die Gestaltung der politischen Wirklichkeit ist eine fortwährende Aufgabe, die niemals vollständig gelöst werden kann. Politik erwartet keine endgültige Lösung, sondern sie ist ein unendlicher Prozess. Weil die soziale Wirklichkeit sich permanent ändert. Weil die Kontrahenten sich immer neu positionieren. Weil die Gesellschaft und die dominanten Meinungen und Interpretationen sich permanent wandeln. Weil Politik im Endeffekt, und dies muss noch einmal betont werden, von Menschen und für Menschen gemacht wird. Deshalb „drehen" die Spin-Doktoren Begriffe und Wörter ständig, nicht zuletzt, weil die Welt sich permanent dreht und von Interpretationen gestaltet wird.

Einige Sozialwissenschaftler reden mit vollem Recht von der „gesellschaftlichen Konstruktion der Wirklichkeit[3]". Dieser Theorie nach werden soziale Tatsachen durch Phänomene kollektiver Intentionalität konstituiert. Die Gesellschaft oder eine Firma ist, wie die Politik, ein menschliches Produkt. Es gibt keine feste Realität, nur eine intersubjektiv geteilte, gemeinsame Wirklichkeit. Die sozialen Interaktionen und subjektiven Bildungsprozesse bringen diese Wirklichkeit hervor. „Spinnen" ist keine Schönrederei, es ist nicht die Kunst, die Welt verbal zu verschönern, sondern die Welt in Richtung der eigenen Überzeugungen zu lenken sowie die Meinungen im eigenen Sinn umzustimmen. Parallel dazu muss er dem politischen Gegner so wenig Spielraum zum Handeln wie möglich lassen. Dies ist sein Job, und seine Hauptaufgabe ist es, der Berichterstattung einen vorteilhaften Dreh zu verleihen und andere Spins zu schwächen. Es ist also sein Job, den Kampf um die Definition von Wirklichkeit zu führen, um zu bestimmen, wie die Menschen sie sehen und sie verstehen sollen. Für ihn gibt es keine Wirklichkeit, nur Interpretationen dieser Wirklichkeit. Wer Interpretationen und Wahrnehmungen besetzt und mit eigenen Ideen füllt, der hat ziemlich gute Chancen, die wichtigsten Punkte seines Programms im öffentlichen Bewusstsein zu verankern und durchzusetzen.

c. Der Krieg der Spins

Willkommen im Krieg der Spins, in der Schlacht, wo bestimmt wird, was die Wirklichkeit wirklich ist. Ein Krieg ohne Fronten und ohne Uniformen, ein Krieg, in dem wir alle Soldaten sind, wo jeder gegen jeden antritt, um Aufmerksamkeit und Zustimmung zu erzielen. Der Spin-Doktor benutzt viele Waffen in diesem Meinungskampf. Aber keine herkömmlichen Hieb-, Stich- oder Schusswaffen, sondern die Massenüberzeugungswaffen schlechthin: Wörter. Der Spin-Doktor ist ein exzellenter „Meister des Wortes". Er kennt ihre Kraft und weiß, wie man sie benutzen, kontrollieren und manipulieren kann. Er weiß, dass der Erfolg bei der Wahl auf die Wortwahl ankommt. Es ist ihm bewusst, dass diese Kraft das alles entscheidende Fundament des Machtkampfs und der Machterhaltung darstellt. Für ihn gilt im Leben wie in der Politik: Wer das Sagen haben will, der sollte vorher das Reden beherrschen. Doch was machen die Spin-Doktoren, bevor

---

3 Berger, Peter L. und Luckmann, Thomas (1972): Die gesellschaftliche Konstruktion der Wirklichkeit. Eine Theorie der Wissenssoziologie, Fischer, Frankfurt am Main.

sie ihre Standpunkte und ihre griffigen Slogans — die sogenannten „Soundbites" — entwickeln? Sie erforschen vorher, wie die Gegner denken und was sie erzählen.

Auch im Wirtschaftsleben ist dies nicht anders. Die konzeptionelle Besetzung der Strategien und die Interpretation der unternehmerischen Wirklichkeit sind für den Manager von zentraler Bedeutung. Es steht hier auch viel auf dem Spiel, was die Wahrnehmungen angeht. Die Konkurrenten wollen die Märkte anders interpretieren und erkunden, manchmal tut das ein anspruchsvoller Kollege auch, während die Mitarbeiter eine klare und motivierende Zielrichtung erwarten und die Shareholder einen positiven und zukunftsweisenden Ausblick verlangen. Jeder Manager sollte also seine Sicht der Dinge durchsetzen und zur dominanten machen. Er muss seine eigenen Interpretationen verbreiten und forcieren. Jeder Manager lernt mit der Zeit, dass jede Firma und sogar jedes einzelne Projekt aus Visionen und Worten bestehen. Das Wort des Managers muss als verlässlich gelten, weil sein Wort als sein größter Hebel fungiert. Wer sich nicht verständlich ausdrückt, überlässt es anderen, die Realität zu interpretieren und infolgedessen zu gestalten.

Sprachgebrauch ist für den Manager eine zentrale Aktivität: Mitarbeitergespräche, Vorstandssitzungen, Reden oder Jahresberichte, all diese sprachlich geprägten Tätigkeiten definieren seinen Alltag und bestimmen seinen Erfolg als Manager. Oft wird angenommen, dass der Manager seinen Erfolg nur mit Zahlen rechtfertigt. Aber nackte Zahlen an sich sind nicht sein einziges Werkzeug. Zahlen müssen nämlich auch interpretiert werden. Er kann keinen Statistiken glauben, die er nicht selbst sorgfältig ausgewählt und interpretiert hat. Und womit geschieht dies? Mit Worten natürlich. Man sollte nie Zahlen als solche sprechen lassen. Sie können es sowieso nicht. Es sind vielmehr die Worte, welche diese Zahlen interpretieren, die im Grunde genommen zu den besten Freunden des Managers zählen. Damit kann er seine Realität beschreiben, das heißt, seine Realität kreieren. Die Benennung der Sachlage ist keine Nebensache, sie ist definitiv Chefsache.

Der Spin-Doktor weiß, wie man die Probleme der Wirklichkeit klar formulieren, definieren und benennen kann. Was seine Kritiker für schlichte Manipulation und reinen Opportunismus halten, ist nichts anderes als die Berücksichtigung des Realitätsprinzips. Der Spin-Doktor ist nicht opportunistisch, sondern anpassungsfähig, er handelt pragmatisch, weil er die Wirklichkeit immer berücksichtigt. Das Leben ist nicht entweder komplett weiß oder komplett schwarz. Alles ist hell- oder dunkelgrau. Wir haben es schon gesagt, aber sagen es noch einmal: Diejenigen, die ein extrem negatives Bild von Spin-Doktoren haben, haben im Grunde genommen ein extrem falsches Bild von Politik und von unserem neuen digitalen Zeitalter. Sie leben in einer Welt, die im Grunde gar nicht existiert, in einer Welt von Täuschungen und Fehlurteilen. Die Kritiker der Spin-Doktoren, die Kommunikation und Vermittlung an sich als Teufelswerk wahrnehmen und schildern, verstehen nicht viel von der Psychologie der Menschen. Sie leben in der Welt der reinen Ideen und der abstrakten Begriffe. Aber, die Welt ist anders. Nichts ist ewig und für immer gegeben. Es gibt keine endgültigen Wahrheiten, keine festen Realitäten. Deshalb gibt es Unternehmer, welche die Welt permanent erkunden und in Bewegung setzen. Deshalb gibt es Spin-Doktoren, welche die Menschen begeistern und mobilisieren. Die Hüter der Reinheit lieben Kategorien und Prinzipen einer Welt, die stehengeblieben ist. Sie finden die geistige Beweglichkeit der Spin-Doktoren einfach suspekt. Sie mögen ihre flexiblere Art und Weise ganz und gar nicht. Für sie ist das Leben im wörtlichen Sinn ein „Stillleben“. Etwas zu unternehmen, ist gefährlich, man könnte seine Einstellungen verlieren, und dabei ist es gleichgültig, ob diese auf Illusionen basieren. Die Befürworter der sauberen Hände haben es leicht. Sie benutzen nie ihre Hände, weil es sie beschmutzen könnte.

Der Spin-Doktor macht sich allerdings manchmal die Hände schmutzig, weil er mit unserer Natur, mit unseren Gefühlen und Erwartungen arbeitet. Ja, der Spin-Doktor ist komplett „machiavellistisch“, wenn man Machiavelli richtig gelesen hat und darunter „pragmatisch“ versteht. Er reagiert auf veränderte Situationen, ohne dabei das Ziel aus den Augen zu verlieren. Für den Spin-Doktor ist die perfekte Strategie immer die flexibelste, entsprechend der stets sich ändernden Verhältnisse. Er kennt die Launen Fortunas, er weiß, dass Fortuna von einer weiteren mythologischen Gottheit begleitet wird: der günstigen Gelegenheit. Aristoteles bezeichnete sie vor mehr als zweitausend Jahren als „Kairos“. Kairos hat eine besonders witzige Frisur: Vorne fällt ihm eine lange Haarlocke in die Stirn. Man kann ihn nicht wirklich erkennen. Da gilt es zuzupacken, da gilt es, sich zu entscheiden. Wenn man den Gott aber von hinten anschaut, dann fällt sofort der kahle Hinterkopf ins Auge. Aber, dann ist es bereits zu spät, man hat den richtigen Zeitpunkt verpasst, Kairos ist bereits vorbeigeschwebt. Die meisten erkennen die günstige Gelegenheit erst, wenn sie bereits vorübergegangen ist, nicht, wenn sie auf uns zukommt.

Der Spin-Doktor kann sich so einen professionellen Fehler nicht leisten. Deshalb ist er extrem geschickt, wenn es darum geht, die Dinge beim „Schopf zu packen“. Und das ist nicht einfach. Das wissen auch die Manager ganz genau. Die Welt, in der wir agieren, ist sehr viel dynamischer und unsicherer geworden. Die Komplexität vervielfacht sich: die Datenexplosion, die „Sozialisierung“ der Medien, die wachsende Zahl von Kommunikationskanälen und -geräten sowie Änderungen im Verhalten der Verbraucher. Entsprechend fällt es den Unternehmern schwer, zielführende Entscheidungen zu treffen. Ebenso wie Röntgenbilder die Medizin revolutioniert haben, verändern neue Informations- und Kommunikationstechnologien die Geschäftswelt. Die Manager erkennen, dass die Wirtschaftswelt nicht mehr flach, sondern transparent und viel schneller geworden ist. Abwägung, Augenmaß und vor allem das Verständnis systemischer Zusammenhänge sind mehr denn je vonnöten.

Die unternehmerische Wirklichkeit ist also auch nie ewig gültig und für immer gegeben. Es kommt nicht von ungefähr, dass Veränderungsprozesse seit zwanzig Jahren das Thema Nummer eins in der Wirtschaft- und Managementliteratur geworden sind. Die Realität ändert sich ständig. Und dies erleben die Manager tagtäglich. Und dies wissen die Politiker und die Spin-Doktoren seit ewigen Zeiten. Deshalb sollten sich die Manager nicht von den Spin-Doktoren erschrecken lassen, sondern ganz im Gegenteil, sie sollten sich von ihnen inspirieren lassen. Die hohe Kunst der politischen Debatte zu erlernen, wäre für sie äußerst hilfreich und fruchtbar. Wer etwas erreichen oder verändern will, muss seine Diskurse sorgfältig gestalten und führen. Die Welt der Manager ist ein permanenter Kampf um Begriffe und Deutungshoheit. Ein erfolgreiches Management beruht fast immer auf einem bewährten Management-Diskurs. Dazu gehören viel Arbeit und ein kreativer Umgang mit Sprache.

Schreiben, das kann der Spin-Doktor zweifellos (und es ist das, was er fast ausschließlich macht; siehe Abbildung 1, S. 32). Seine ewigen Kritiker würden sofort betonen, dass es sich nur um nichtssagende Politikeräußerungen, um bloße Schlagworte und hohle Phrasen handelt. Das ist eigentlich ihre Kerndefinition des Spins: Es handelt sich um nichtssagendes Gerede. Diese Kritiker verbreiten teils blühenden Unsinn und beurteilen alles durch ihre ideologische Brille, aber vor allem aus der Entfernung. Führungskräfte sollten sich davon nicht beeindrucken und einschüchtern lassen. Diese Kritiker wissen nicht, wovon sie sprechen und wie wichtig die Wörter für jede Organisation sind, sei es Staat oder Unternehmen.

Macht und Wörter stehen in einer speziellen Beziehung zueinander. Am Anfang war das Wort. Dann kam wahrscheinlich die Macht. Die Spin-Doktoren beherrschen die Macht der Worte. Mit deren Hilfe kann man die Macht verteidigen und herausfordern. Das Politische wird sprachlich konstruiert, verhandelt, vermittelt und kritisiert. Die Feinde der Spin-Doktoren würden sofort von Manipulation sprechen und, in einem bedingten Reflex, Protagoras zitieren: „Wer reden kann,

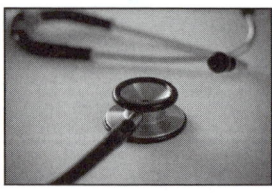

Was sich meine Freunde vorstellen

Was sich meine Oma vorstellt

Was sich die Gesellschaft vorstellt

Was sich mein Dienstherr vorstellt

Was ich mir gerne vorstelle

Was ich tatsächlich mache

Abbildung 1

hat alle in seiner Gewalt." Ich würde eher zu Konfuzius tendieren, der sagte: „Wer die Macht der Wörter nicht kennt, kann auch die Menschen nicht kennen." Das Begeistern, das Mobilmachen und sogar das Führen wären ohne Wörter schlicht unmöglich. Sie sind viel mehr als eine Aneinanderreihung von Buchstaben, sie lösen in uns Bilder, Vorstellungen und Gefühle der Begeisterung, der Hoffnung und des Vertrauens aus, sie beeinflussen unser Denken und prägen unser ganzes Leben. Kurzgefasst: Sie sind identitätsstiftend. Sie drücken das Sein und das Gewollte klar aus. Sie können auch Einstellungsänderung oder Meinungsänderung provozieren. Sie sind Mittler zwischen Traum und Tat und bringen uns zum Handeln. Wörter wirken, weil sie psychische und reale Auswirkungen ermöglichen. Sie verändern unsere Wahrnehmung und initiieren Denkprozesse, die eine nachhaltige Wirkung auf die Öffentlichkeit haben können.

Die Spin-Doktoren sind vielleicht verrückt nach Wortspielen, aber die Wörter sind für sie eine ernst zu nehmende Sache. Es verlangt die sorgfältige Einhaltung von einigen einfachen, aber zentralen Prinzipen. Es ist kein Spiel, es ist eine Kunst. Dahinter stecken eine besondere Vorgehensweise und viele erprobte Methoden, die ich in den kommenden Kapiteln beleuchten und präsentieren werde. Es geht nicht nur um die Wahl der Worte, sondern um ihre Artikulation in einer ansprechenden und fesselnden Argumentationskette. Nicht vergessen: Es ist alles eine Frage der Überzeugung. Nur die treffenden und eindringlichen

Worte haben eine Wirkung. Man muss aber vor allem sein Publikum oder seine Zielgruppe spüren und in- und auswendig kennen.

Ich spreche hier gern von der doppelten Bedingung der Resonanz: Eco- und Echo-System. Ein Echo findet nur statt, wenn die Umgebung (Eco-, sprich Öko-System) bekannt ist. Wer ein offenes Ohr finden will, muss vorher wissen, was in den Köpfen passiert und wie das Publikum „tickt". Das richtige Wort zur richtigen Zeit ist das Ziel. Jede Art von Ungenauigkeit wäre hier ein Kunstfehler. Zustimmung braucht aber auch Aufmerksamkeit und Einfachheit. Die Spin-Doktoren müssen schlagfertig sein, weil draußen der Krieg der Interpretationen herrscht. Ein Spin muss blitzartig und spontan wirken und ziemlich lang im permanenten Chaos des medialen Meinungskampfs nachwirken. Schlagwörter sind hier eine sehr wichtige Waffe, um Ideen, Forderungen und Programme unter die Wählerinnen und Wähler zu bringen. Sie verkürzen, aber drücken ganz klar aus, worum es geht. Die Kunst der Verdichtung ist relativ schwer, aber äußerst effektiv. Der Gipfel der Kunst ist erreicht, wenn die Sprachkürze Denkweite gibt.

Ein gutes Beispiel ist ein prägnanter Satz von Peer Steinbrück auf dem SPD-Parteitag in Hannover im Dezember 2012: „Deutschland braucht mehr Wir und weniger Ich." Kurz und schlau. Es ist eine gute Zusammenfassung der SPD-Plattform, des Programms einer „Wir-Partei", die den Puls der Zeit getroffen hat. Steinbrücks Problem waren aber nie die Worte. Seine größte Herausforderung ist definitiv nicht sein Echo-System, sondern viel mehr sein „Ego-System". Wer die Bändigung der Finanzmärkte und die Stärkung der Sozialsysteme erreichen will, muss auch seine eigenen Worte bändigen und sein Ego zähmen. Aber vielleicht gehört Steinbrück zu den Politikern, die lieber eine Wahl verlieren als eine Pointe verpassen. Bevor man spricht, muss man auch zuhören. Dem Volk und seinen Politikberatern. Ja, man hört seinen Spin-Doktoren nicht genau genug zu.

Sie kennen den Beruf des Spin-Doktors nach der Lektüre dieses Kapitels nun etwas besser. Sie haben viel Zeit mit den Argumenten ihrer Kritiker verbracht. Was könnte man bisher also über den Spin-Doktor sagen? Nein, er ist keine Inkarnation des Bösen in der Politik. Nein, der Spin-Doktor ist kein Meister der Täuschung. Nein, er verdreht nicht die Wahrheit, sondern arbeitet mit den Wahrnehmungen. Ja, er bewegt sich ausschließlich im demokratischen Raum. Ja, er ist ein Profi der Visionen, des Redens und der Mobilmachung. Und ja, dreimal ja, Führungskräfte können definitiv von seiner Kunst lernen und profitieren, weil der Spin-Doktor eine der besten Inkarnationen des strategischen Denkens ist. In den kommenden Kapiteln werde ich mich mit dieser Thematik genauer beschäftigen.

Soundbites
„Schlechter Ruf eines kaum bekannten Berufes"

> Diktaturen brauchen keine Spin-Doktoren.

> Unsere Demokratie lebt von Debatten, und Spin ist die Kunst, diese Debatten zu gestalten und zu beeinflussen.

> Ziel ist nicht, die Wahrheit zu verdrehen, sondern die Menschen sich drehen zu lassen, damit sie Aufmerksamkeit, Energie und Einsatzbereitschaft entfalten können.

> Alle können Spin einsetzen, weil alles politisch ist. Es ist alles eine Frage der Überzeugungskraft.

> Willkommen im Krieg der Spins, in der Schlacht, wo bestimmt wird, was die Wirklichkeit wirklich ist.

> Es ist eine Tatsache: Es gibt keine Tatsachen.

> Spin-Doktoren „drehen" Begriffe und Wörter beständig weiter, nicht zuletzt weil die Welt sich permanent dreht und von Interpretationen gestaltet wird.

> Wer das Sagen haben will, der sollte vorher das Reden beherrschen.

> Die Benennung der Sachlage ist keine Nebensache, sie ist definitiv Chefsache.

> Das Begeistern, die Mobilisierung und auch das Führen wären ohne Wörter schlicht unmöglich.

> Wenn man eine Vision braucht, dann sollte man dringend zum Spin-Doktor.

> Wer dreht, der gewinnt.

2. Die strategische Kunst der Vermittlung

> „Alle große politische Aktion besteht
> in dem Aussprechen, was ist und beginnt damit."
> Ferdinand Lassalle, 1863

Deutschland hat immer schon eine relative Skepsis gegenüber der Extravertiertheit gepflegt. Deutschland ist nicht Amerika — es gibt bei uns nicht so viel Show im Business. Deutschland ist nicht Italien, man braucht keine Commedia del Arte — der Erfolg hierzulande ist keine Kunst, sondern harte Arbeit. Deutschland ist nicht Frankreich, die „Grande Nation", wo man immer große Worte für alle möglichen Angelegenheiten verwendet — die wirtschaftliche Macht in Europa spricht für sich selbst. Deutschland ist ein Ingenieurland. Es sollte reichen, die besten Produkte zu entwickeln, um einen Markt zu erobern, sachlich zu denken, um eine Sache zu beherrschen, und die besten Argumente zu haben, um Recht zu haben.

All dies reicht aber nicht mehr. Begeisterungsfähigkeit und Vermittlungskunst sind mehr denn je gefragt in einer Epoche, in der Kollaboration und flache Hierarchien von zentraler Bedeutung geworden sind, um die Komplexität der Produkte und der Prozesse zu bewältigen. Solodenken ist genauso inadäquat wie Silodenken, Teamarbeit genauso wichtig wie die Arbeit von Spezialisten. Die neue Generation hat gemerkt, dass pyramidenförmige Organigramme für die Motivations- und die Innovationskraft tödlich sein können. Im Endeffekt waren Pyramiden doch Gräber.

Unser Ingenieurdenken muss im digitalen Zeitalter ein wenig mehr Platz für Netzwerkdenken und Begeisterungsfähigkeit lassen. Auch unsere mittelständischen Unternehmen — die sogenannten „Hidden Champions" — müssen die Transparenz unserer neuen Epoche akzeptieren und die Kraft der permanenten Vermittlung und des Markenaufbaus entdecken. Eine neue und starke unternehmerische Idee kann man nur mit anderen Abteilungen zusammen entwickeln und mit externen Partnern und Benutzern vorantreiben. Es reicht nicht, eine Idee „zu haben", man muss auch darüber reden und die Leute begeistern und mitnehmen, wenn man diese Idee in die Welt bringen will. Es ist sehr überraschend festzustellen, wie sehr die Potentiale der Vermittlung in Deutschland offensichtlich vernachlässigt werden. Top-Entscheider tendieren dazu, ihre Strategie isoliert zu entwickeln und sich erst in einer zweiten Phase Gedanken zu machen, wie sie diese verbreiten wollen. Dies liegt auch wahrscheinlich daran, dass die Vermittlung als eine reine Formsache betrachtet wird. Eine Idee zu vermitteln, ist aber genauso wichtig wie die Idee selbst. Spitzer formuliert: Die Vermittlung ist Strategie. Und verlangt Arbeit. Viel Arbeit. Das wissen die Spin-Doktoren, die Politik und Vermittlung niemals scharf trennen. Ihr Dreiecks-Modell lautet: Um eine Idee zu verwirklichen, braucht man eine starke Vision („a. Ein klares Bild des Leitbilds"), welche der Realität einen Rahmen verleiht („b. Ein schöner Rahmen"), genauso wie man eine richtige Planung und ein perfektes Timing braucht („c. Ein guter Plan"). Mit diesem Modell kann man sein Umfeld besser beeinflussen und gestalten, um schließlich seine Ziele besser zu erreichen. Willkommen im Spin-Land!

a. Ein klares Bild des Leitbilds

Erfolg zu haben ist ein sehr verbreitetes Lebensziel, weit mehr als alle anderen Ziele wie Sicherheit oder Gerechtigkeit.[4] Erfolg ist der Gebieter, dem alle folgen müssen. Unsere Hochleistungsgesellschaft verlangt, dass wir immer besser werden, unsere Fähigkeiten und Fertigkeiten mit exponentieller Geschwindigkeit erweitern und unsere Ziele ständig erreichen. Erfolgreich zu sein oder nicht zu sein, das ist die neue soziale Überlebensfrage. Aber wie erzielt man eigentlich Erfolg? Mit Intelligenz? Mit etwas „Sein" also? Auf jeden Fall! Man benötigt aber auch viel Schein und lieber einen Schuss Schwein dazu. Wie lautet das wahre Geheimnis des Erfolgs? Es ist ganz einfach und wie in einem Krimi: Suchen Sie das Motiv und Sie werden den Erfolg aufspüren. Anders ausgedrückt, was ist der Beweggrund Ihrer Ansprechpartner und Kollegen? Warum sollten sie mitmachen und *Ihnen* folgen? Der Erfolg besteht nämlich darin, andere Menschen dazu zu bringen, Ihre Idee zu verstehen, zu übernehmen, weiter zu tragen und weiter zu entwickeln.

Spin-Doktoren wissen, dass ein Ziel nie von seiner Vermittlung getrennt werden sollte, weil der Erfolg des Ziels von seiner richtigen öffentlichen Verbreitung und Aneignung abhängig ist. Und alles spricht dafür, dass die Kunst der Vermittlung in unserer heutigen von Informationen überfluteten Gesellschaft mehr denn je zu einem wesentlichem Element der Strategie geworden ist. In einer Zeit, in der Fachkräftemangel und Nachfolgeproblematik die Arbeitsmärkte prägen — laut dem Deutschen Industrie- und Handelskammertag (DIHK) fehlen bei vier von zehn deutschen Firmen die Nachfolger — ist die Frage nach dem Sinn für keine Führungskraft mehr wegzudenken:

---

4 Wippermann, Peter und Krüger, Jens (2014): Werte-Index 2014, Deutscher Fachverlag, Frankfurt am Main.

Es geht nicht darum, dass die Mitarbeiter tun, *was* sie wollen, sondern dass sie es tun, *weil* sie es wollen — weil sie ihre Aufgabe als *sinnvoll* erachten. Jeder Manager ist aufgefordert, seine Autorität viel mehr auf Begründung als auf Befehle zu basieren. Er muss nicht mehr nur sagen, *was* zu tun ist, sondern vielmehr *warum*. Unsere Väter hatten nur einen Beruf und zwar ihr Leben lang. Wir werden wahrscheinlich sieben verschiedene Berufe in unserem Berufsleben ausüben, aber unsere Kinder werden höchstwahrscheinlich jederzeit sieben Beschäftigungen parallel meistern müssen. Diese neue Generation braucht einen guten Grund, um bei jedem Arbeitgeber ihre Zeit, ihr Talent und ihre Begeisterung zu schenken.

Erfolg können Sie, lieber Leser, also nicht allein haben. Sie brauchen andere Menschen, und diese Menschen brauchen ihrerseits ein Motiv, um Ihnen zu folgen. Wie man sieht, sind Motiv und Motivation unzertrennlich und stellen die Garanten eines jeden Erfolgs dar. Ganz gleich, ob man in der Politik oder der Wirtschaft unterwegs ist, man braucht nicht nur funktionierende Strategien, sondern auch und vor allem Mehrheiten. Und diese Mehrheiten lassen sich nur um ein Leitbild bilden, das Orientierung gibt und mit voller Transparenz und Begeisterung vermittelt werden sollte. Der sogenannte Faktor „Mensch" kann nur richtig eingesetzt werden, wenn der Manager in der Lage ist, ein klares Bild des gemeinsamen Zieles und der erwünschten Zukunft zu skizzieren, ein sogenanntes Leitbild.

Hier liegt eigentlich das erste Kennzeichen und die erste Funktion des Leitbilds: Es ist handlungsleitend. Ein gutes Leitbild ist ein Ziel, das Energie freigibt und zum Handeln anregt. Ein Leitbild muss die wechselseitigen Vorteile ausdrücklich formulieren und soll als gemeinsamer Nenner dienen, der inszeniert, was Ihre Ansprechpartner davon haben werden, wenn dieses Bild Wirklichkeit wird. Ein Leitbild ist eine Art Versprechen, welches nur mit der Beteiligung derjenigen, die zuhören, in Erfüllung gehen kann. Ein sehr schönes Beispiel ist der bekannte und vielzitierte Satz von Willy Brandt in seiner Regierungserklärung vom 28. Oktober 1969: „Wir wollen mehr Demokratie wagen." Ein Leitbild ist nämlich keine kontemplative Behauptung, es ist eine Einladung zum Mitmachen. Im Grund genommen geht es darum, eine Mehrheit hinter sich zu vereinen, die das Ziel mittragen und verwirklichen kann. Ein Leitbild ist aber auch der Ausdruck einer Unzufriedenheit, einer Frustration mit dem Bestehenden und fast immer eine Aufforderung zur Veränderung. Im Hier und Jetzt.

Das Leitbild sorgt für eine interne Unterstützung. Dennoch sollte diese sich nicht nur auf die interne Organisation begrenzen. Man braucht auch das Wohlwollen der Zielgruppe oder mindestens ihre Neutralität. In der Politik ist es überlebenswichtig, die Überzeugungen und die Maßnahmen innerparteilich zu klären, aber man muss diese auch und vielleicht vor allem in der Öffentlichkeit verkaufen. Wie General Edward Meyer einmal sagte: „Armeen führen keine Kriege, Nationen führen Kriege." Auf das Wirtschaftsleben übertragen könnte man dies ungefähr so übersetzen: „Firmen machen keine Geschäfte, Mitarbeiter und Kunden machen Geschäfte." Ein Unternehmensleitbild ist im digitalen Zeitalter noch wichtiger als früher geworden. Die Belegschaft ist immer noch die erste Zielgruppe, aber sie hat sich auch tatsächlich in die erste Botschafterin des Leitbilds nach außen hin verwandelt. Die scharfe Trennung zwischen internem und externem Publikum durch die Digitalisierung unserer Mediengesellschaft ist einfach verschwunden. Um diese Sachlage zu illustrieren, können wir das Paradebeispiel nehmen, und zwar die Fast-Food-Kette McDonald's. So musste die Geschäftsführung Ende 2013 einen internen Blog für Mitarbeiter mit sofortiger Wirkung einstellen, der die Belegschaft aufforderte, auf die eigenen Produkte aus gesundheitlichen Gründen zu verzichten[5].

Man sollte mit Informationen vorsichtig umgehen, digitale Botschaften wiegen heutzutage schwerer als einst das Schwert. Auch mehr Kontrolle über die interne Kommunikation kann an dieser Tatsache nichts ändern. Um diese Herausforderung zu meistern, braucht paradoxerweise jede Firma mehr Beinfreiheit für die Mitarbeiter und diese mehr Vertrauen von der Führungsebene. Die Belegschaft muss das Leitbild aus Überzeugung tragen und nicht aus Angst. In einer Periode, in der die Informationsflut uns tatsächlich überschwemmt und mit geistiger Lähmung überwältigt, braucht man aber nicht mehr Informationen — man braucht eine gemeinsame Vision. Verlassen Sie — lieber Leser — das Meer der Informationen und betrachten Sie die Welt mit mehr Vision.

Der Unterschied zwischen Information und Vision besteht darin, dass eine Vision einen klaren Standpunkt enthält. In einem Leitbild ist die Vision immer eine klare Überzeugung und, wichtiger noch, eine Problemdefinition, die artikuliert werden muss. Ein vollendetes Leitbild ist also keine neutrale Beschreibung, sondern es ist ein Standpunkt zur Welt, wie sie ist und wie sie nach erfolgreich umgesetzter Vision sein sollte. Jedes Parteimitglied und jeder Mitarbeiter braucht etwas Größeres als sich selbst, damit er sich motiviert fühlt und proaktiv verhält. Nur wenn er den festen Willen hat, über sich selbst hinaus zu wachsen, kann die Firma wachsen und sich besser im Wettbewerb anpassen. In einem Leitbild liefert man eine klare Anweisung für diese Veränderung. Die Vision ist dabei immer eine Art Mission. Natürlich

5 http://www.cnbc.com/id/101293024

ist eine perfekte Anpassung zwischen der Mission und der Identität des Absenders der Botschaft mehr als erforderlich.

Die Botschaft von Barack Obama und sein dringlicher Aufruf zur Veränderung im Jahr 2008 passten wie angegossen zu seinen Wurzeln und zu seiner persönlichen Geschichte. Nur durch seinen Sieg würde eine neue Ausrichtung der US-Politik garantiert werden. Obama war zugleich das Gesicht, die Notwendigkeit und der Agent dieser Veränderung. Zehn Jahre früher konnte die SPD die verbreitete Wechselstimmung für eine neue Politik nutzen und die Regierung Kohl ablösen. Dafür musste aber die SPD zuvor entstaubt werden und ein modernes Politikangebot formulieren. Das Hauptargument der SPD lautete: Gerhard Schröder, ein junger und motivierter Mann, der Willenskraft und den Mut für eine Erneuerung verkrusteter Strukturen ausstrahlt. Also die perfekte Verkörperung der Veränderung.

Ein erfolgreiches Leitbild regt also zum aktiven Handeln an und kann so die nötige Unterstützung liefern. Dazu sollte das ideale Leitbild auf einer einzigartigen Vision der Welt und deren nötigen Veränderungen aufbauen. Ein motivierendes Leitbild enthält überdies ein unbedingt erforderliches Element, das ihm seine richtige Dimension und Durchschlagskraft verleiht, und zwar: Grundwerte.

Um diesen Begriff zu erklären, bediene ich mich zunächst eines zweiten, nämlich den des „Gesellschaftsentwurfs", um den es in den Reden einiger Politiker geht. Der Name ist schon Programm: Es geht darum, einen Entwurf, eine Skizze, also ein Bild zu kreieren, welches unsere Gesellschaft prägen und natürlich verbessern sollte. Es ist nicht die Rede von „Variabilisierung der Fixkosten" oder „15 Prozent Rendite". „Gerechtigkeit" oder „Freiheit" sind hier die Eckpfeiler des Handelns. Hier sind Grundwerte am Werk. Und es sind diese Werte, die uns in unseren Entscheidungen leiten, die Sinn und Tragweite verleihen. Die beiden großen Volksparteien in Deutschland sind in erheblichem Maße stolz auf ihre jeweiligen Grundüberzeugungen.

Die im Jahr 1945 gegründete Christlich Demokratische Union Deutschlands (CDU) erklärt in ihrem letzten Grundsatzprogramm: „Grundlage unserer Politik ist das christliche Verständnis vom Menschen und seiner Verantwortung vor Gott. Unsere Grundwerte Freiheit, Solidarität und Gerechtigkeit sind daraus abgeleitet." Bei der 150 Jahre alten Sozialdemokratischen Partei Deutschlands (SPD) spielen auch Werte eine zentrale Rolle, wie es im dem sogenannten „Hamburger Programm" von 2007 formuliert wird: „Unsere Grundwerte sind Freiheit, Gerechtigkeit und Solidarität. Im sozialdemokratischen Verständnis bilden sie eine Einheit. Sie sind gleichwertig und gleichrangig. Sie bedingen, ergänzen, stützen und begrenzen einander. Unser Verständnis der Grundwerte bewahrt uns davor, Freiheit auf die Freiheit des Marktes, Gerechtigkeit auf den Rechtsstaat, Solidarität auf Armenfürsorge zu reduzieren."

Die Gewichtung der Werte besitzt eine besondere Bedeutung in der Welt der Politik, die mit der zeitlichen Dimension ihres Handlungsfelds zu tun hat. In der Tat, bei einem Gesellschaftsentwurf ist der Zeithorizont nicht das nächste Quartal und nicht unbedingt die mit Sicherheit kommende nächste Wahl, sondern ein Zeitraum, der sich über Generationen erstreckt. Die Lösungen, welche die Politik anbietet, betreffen die großen Infrastrukturen unserer Gesellschaft: Bildung, Transport, Steuerrecht, Verteidigung, Gesundheit usw. Jede Maßnahme auf diesen Politikfeldern hat weittragende und tiefgreifende Auswirkungen. Natürlich fällen die Politiker ihre Entscheidungen nicht im luftleeren Raum. Das „nationale Interesse" muss viele verschiedene, auch divergierende Interessen berücksichtigen: Die Interessen der Arbeitnehmer, die auch Konsumenten sind, die Interessen der Industrie, die Arbeitsplätze schafft, aber auch stets auf ihre Margen bedacht ist, die Interessen der Bürgerinnen und Bürger, die sich für die Umwelt interessieren und die Interessen all der anderen 15.000 Verbände, die in Deutschland vertreten sind. Kein Einzelinteresse sollte sich über das „nationale Interesse" stellen, aber dieses muss alle Interessen wahrnehmen, respektieren und artikulieren. Man tendiert allzu oft dazu, es zu vergessen, aber die Arbeit der Politik besteht gerade darin, dass jedermann sein eigenes privates Leben führen, seiner Arbeit nachgehen und seinen eigenen Interessen folgen kann, ohne die Interessen der anderen zu verletzen. Die Politik ist die Instanz, die mit unzähligen Mächten und Kräften permanent Kompromisse schließen muss und nicht nur mit gesellschaftlichen, wirtschaftlichen, militärischen und medialen, sondern auch mit demographischen, technischen und sogar natürlichen. Jede dieser Kräfte folgt ihrem eigenen inneren Prinzip, welches nicht zwangsläufig und automatisch mit der Würde des Menschen und dem Wohl der Gesellschaft übereinstimmt.

Die Politik beruft sich aus Prinzip auf Prinzipien, und es besteht schon ein großer Unterschied zu den anderen Mächten und ihrer Einzigartigkeit. Ihr Ziel und ihre *raisons d'être* bestehen gerade darin, den Zusammenhalt und das Wohl der Gesellschaft zu gewährleisten. Die demokratischen Parteien Deutschlands folgen diesem gemeinsamen Hauptziel, streiten aber über die Wege, dies zu erreichen. Die Kernfrage, welche die Kernpositionen der großen Parteien immer noch trennt, lautet: Wie viel Staat braucht eine Gesellschaft? Die Banken haben schon geantwortet: Nicht viel — außer, wenn sie dringend Hilfe brauchen wie etwa bei Forderungsausfällen aufgrund toxischer Kredite und Derivate, die sie selbst an den Mann gebracht haben. Die Ziele der Politik sind nicht nur von quantitativer und finanzieller Art. Der Staat muss natürlich auf seine Finanzen und seine Schulden achten, aber es ist nicht sein Hauptziel. Politik will gestalten und beschäftigt sich meistens mit Ideen — Ideen von Gerechtigkeit, von Bildung, von Wettbewerb und so weiter — und sucht ihre Begründung in den Grundwerten der Gesellschaft.

Man sollte aber nicht meinen, dass das Gros der Politiker das Monopol auf Gutes-tun-Wollen hat. Die Wirtschaftsmanager haben seit ein paar Jahren das soziale und ökologische Denken für sich entdeckt. Jedes Unternehmen kann seine eigene Definition von Gesellschaft vorlegen. Kein Unternehmen lebt im luftleeren Raum, allein im Konkurrenzkampf mit Wettbewerbern, um Gewinne zu erzielen. Was noch wichtiger ist: jedes Unternehmen sollte auch Verantwortung ergreifen, die nicht unbedingt der Gewinnmaximierung, sondern der „Gesellschaftsmaximierung" dienen. Die CSR (Corporate Social Responsibility), das heißt die unternehmerische Gesellschaftsverantwortung („Gesellschaft", hier bist du wieder…) ist in aller Munde und in jedem Jahresbericht von börsennotierten Firmen. Die Slogans sind voll von nicht-ökonomischen Werten: „Better food, better life" (Nestlé) „Science for a better Life" (Bayer) oder „Ideas for Life" (Panasonic). Natürlich haben die Unternehmen auch einen direkten Einfluss auf unsere Umwelt und auf unsere Gesellschaft. Sie schaffen und streichen Arbeitsplätze, sie ändern unser Lebensmodell durch ihre Produkte und Innovationen wie etwa Smartphones, vernetzte Geräte oder Roboter-Autos. Sie prägen unsere Gesellschaft und müssen auch langfristig denken, da sie weiterhin Kunden und gut geschulte, versicherte und gesunde Fachkräfte benötigen. Außerdem müssen sie auf Infrastrukturen (Verkehrswege, Elektrizität, Netze usw.) zurückgreifen, die nicht in ihren Verantwortungsbereich fallen. Der Staat ist hier zuständig, und die Firmen müssen mit ihm verhandeln und immer auf der Hut sein, ob ein neues Gesetz ihr Umfeld nicht radikal auf den Kopf stellen könnte. Gesellschaftliche Verantwortung zu tragen, heißt aber auch, Steuern zu zahlen, womit einige internationale Akteure wie etwa Starbucks oder Google immer wieder in die öffentliche Diskussion geraten.

Manager machen sich manchmal über die wirtschaftliche Inkompetenz der Politiker lustig und werfen ihnen vor, in ihren Sonntagsreden eine realitätsferne Ideenschlacht zu führen. Aber die Welt der Politik ist durch und durch eine Welt der Ideen, sie lebt von und für Ideen, von Ideologien und deren Konfrontation. Wir reden hier nicht von einer Programmatik, die eine präzise Vorstellung von Maßnahmen und Vorkehrungen darstellt, wir reden von einer Doktrin, die einer Sammlung von zentralen Ideen entspricht. Die Doktrin ist die Basis, die alle Grundwerte und Kernüberzeugungen einer Partei oder eines Politikers zusammenfasst und die als übergreifendes Orientierungsschema fungiert. Die Doktrin liegt den Spin-Doktoren am Herzen, weil sie das gesamte politische Konstrukt und die ganze Strategie untermauert und den Kern des Leitbilds darstellt. Und wie jede Prämisse ist das Leitbild das Fundament und sollte deshalb als erstes entwickelt werden.

Die Kritiker des Leitbilds sehen darin nur einen Wust von Wunschvorstellungen und eine Ansammlung von altbekannten Allgemeinplätzen. Ein Leitbild wäre demnach zu undeutlich und nicht konkret genug. Man sollte jedoch niemals die Kraft und die Reichweite des Leitbilds unterschätzen. Die Frage nach dem Sinn ist die Antwort für den Unternehmenserfolg. Einige Manager reden ständig über Innovationen und neuen Produktideen, aber investieren nicht genug Energie, um die Grundwerte und das Leitbild ihrer Unternehmen zu definieren. Sie suchen permanent neue Ideen, aber denken nie an das ideale Leitbild. Jeder Manager kann nur Vorteile haben, wenn er zum Idealisten wird. Nur das Leitbild als Ideal ist in der Lage, die Realität zu gestalten und neue Ideen zu generieren, denn nur wenn man das Ideal im Visier hat, kann man tatsächlich die Wirklichkeit treffen. Der wertebasierte Idealismus ermöglicht es uns, unsere Projektionsfähigkeit zu entwickeln. Das „Ideal-Management" ist der wahre Kern des Change-Managements. Ein Leitbild ist die Ermutigung schlechthin und fungiert im Endeffekt als perfektes Vorbild für unser Handeln.

Deutschland kann auf sein Ingenieurswesen sehr stolz sein. Schließlich geht es Deutschland im Vergleich zu anderen europäischen Ländern sehr gut und es exportiert seine Maschinen weltweit. Es ist die führende wirtschaftliche Macht in Europa. Aber träumt es auch genug? Das digitale Zeitalter kann nur erfolgreich bewältigt werden, wenn wir mit adäquaten Visionen ausgerüstet sind. Es sind Verrückte und Idealisten vonnöten, die sich für große Träume begeistern. Alle Durchbrüche in der Geschichte schienen zunächst verrückt zu sein. Also: Auf die Träume, fertig, los! Es lebe das fliegende Auto, es lebe die Teletransportation, es lebe das Klon-Projekt, es lebe der träumende Roboter!

Zwei Millionen Patente wurden weltweit im Jahr 2012 beantragt, 500.000 aus China und genauso viele aus Amerika. Nur 60.000 aus Deutschland. Deutschland, das Land der Erfindungen, muss wieder laut träumen. Johannes Gutenberg, der Erfinder des Buchdrucks, war Deutscher ebenso wie Gottlieb Daimler, der Vater des Autos, und Philipp Reis aus Gelnhausen der des Telefons. Es muss kein unabwendbares Schicksal sein, dass das nächste Google, Lenovo und Netflix nicht aus Deutschland stammt. Deutschland muss seine Träumer für neue Ideale einsetzen, wenn es neue Maßstäbe setzen will. Mehr Traum wagen! Dies ist ein großes Leitbild, ein Ziel mit Sinn. Ein guter Spin.

b. Ein schöner Rahmen

Unsere vernetzte Epoche ist durch und durch eine Zeit des Überflusses: Wir schwimmen in Daten und Informationen, wir haben reichliche Konsummöglichkeiten und eine Fülle von Unterhaltungsangeboten. Es gibt aber etwas, das in diesem Meer von Reizen verwässert wird: Aufmerksamkeit. Die Aufmerksamkeitsspanne der Menschen für eine Internetseite lag vor zehn Jahre ungefähr bei zwölf Minuten und ist nach einer Studie der Lloyds TSB Insurance inzwischen auf fünf Minuten gefallen. Ja, wir leben in einer Zeit, in der wir keine Zeit mehr haben und in der „Unitasking" eine echte Mangelware geworden ist.

Unsere Screens sind keine Fenster zur Welt, sie sind wie ein Fass ohne Boden: Es gibt immer etwas zu überfliegen, zu gucken oder zu checken. Die große Herausforderung für jede Marke oder jede Botschaft besteht darin, einfach nur wahrgenommen zu werden. Und es reicht nicht, lediglich laut zu sein oder sich zu wiederholen. Um die Gleichgültigkeit zu überwinden und Aufmerksamkeit zu erregen, sollte man am besten Klischees beiseite und sich ins Zeug legen. Die Aufmerksamkeit auf dem digitalen Marktplatz ist gleich null, wenn man null Originalität verwendet. Den Informationsnebel kann man nicht mit glatten Floskeln durchdringen. Die Schubladen der PR-Agenturen sind voll von Ideen und Themen, die auf ihren „Durchbruch" warten. Viele gute Einfälle sterben inkognito oder werden auf der zweiten Google-Suchergebnisseite begraben. Es ist nun einmal so: Eine Idee oder ein Standpunkt ohne Spin hat kaum eine Chance zu überleben. Ohne eine durchdachte Vermittlung vorgehen zu wollen, ist ein bisschen, wie einer schönen Frau in einem dunklen Raum zuzwinkern zu wollen. Aufmerksamkeit lässt sich aber nicht erzwingen, man muss sie erschaffen.

Worauf kommt es an, damit eine Botschaft richtig ankommt? Wie kann man Aufmerksamkeit gezielt erregen und taktvoll lenken? Wichtige Fragen. Zentrale Fragen sogar, die wir nicht von Zauberhand beantworten können, sondern mit der Methode des Spin-Doktors. Eine effiziente und erfolgreiche Vermittlung stützt sich nicht nur auf ein starkes und einzigartiges Leitbild, wie wir schon gesehen haben, sie trägt auch einen klaren Einrahmungseffekt bzw. Deutungsrahmen in sich. Das heißt, um die Aufnahmefähigkeit des Publikums zu optimieren, muss man zuerst seine Aufmerksamkeit einfangen und ausrichten. Im Klartext bedeutet dies: Die Art und Weise, wie man spricht und was man genau sagt, bestimmen, ob wir überhaupt gehört werden. Die strategische Kunst der Vermittlung besteht darin, die Botschaft so zu strukturieren und zu formulieren, dass diese Botschaft der Realität einen Deutungsrahmen gibt. Diese Metapher darf nicht missverstanden werden: Der Rahmen befindet sich nicht um das Bild herum. Der Rahmen *ist* das Bild. Der Rahmen gestaltet die Realität. Er lenkt die Aufmerksamkeit des Publikums auf einen spezifischen Teil dieser Realität und auf eine besondere Art. Ein guter Rahmen ist nur möglich, wenn drei Bedingungen erfüllt sind: Dass man sich zu einer klaren Positionierung bekennt, das Publikum kennt und dessen Prioritäten erkennt. Diese Bedingungen will ich im folgenden Abschnitt kurz thematisieren.

Die erste und wichtigste Funktion der Vermittlung ist die Positionierung. Um den Nebel des Überflusses zu durchbrechen, brauchen Sie präzise Ansagen, scharfe Begriffe und vor allem klare Standpunkte. Ihre Zielgruppe muss wissen, wer da spricht und aus welcher Richtung, es muss in der Lage sein, Sie auf der Karte der Meinungen und der Argumente zu identifizieren und zu positionieren. Ihre Zielgruppe muss verstehen, was Sie wollen und — wichtiger noch — was sie selbst damit zu tun hat, warum ihre teuer erkaufte Aufmerksamkeit und potentielle Mobilisierung verlangt sind. Deshalb ist die Frage der Originalität so wichtig und deshalb sollte Ihre Botschaft die konsenssuchenden Allgemeinplätze um jeden Preis vermeiden und einzigartig sein. Wie die Amerikaner trocken sagen: „Tell me something I don't know." Aber originell zu sein ist nicht einfach. Alle wollen originell sein.

Spin-Doktoren sind fest davon überzeugt, dass die beste Originalität durch Echtheit und Identität erzielt wird. Gerade in einer Epoche, in der sich extreme wirtschaftliche und geopolitische Veränderungen vollziehen, ist die Frage der Identität keine Nebensächlichkeit.

Europa ist hier ein sehr gutes Beispiel, um diesen Standpunkt zu erläutern. Europa ist mehr als ein Kontinent, es ist für die meisten Menschen eine mitreißende und faszinierende Idee. Mehr noch: eine grenzenlose Utopie. Europa steht für Vernunft, Solidarität und Frieden. Wir tendieren dazu, dies zu vergessen und uns — wieder einmal — in nationalem Egoismus zu verlieren. Europa droht seinen humanistischen Geist zu verlieren, woran uns Papst Franziskus vor dem Europaparlament im November 2014 erinnerte. In dieser Rede fand er deutliche Worte und denunzierte die Gleichgültigkeit Vieler gegenüber Alten, Armen und Ausgegrenzten. Er kritisierte in diesem Zusammenhang auch den unmenschlichen Umgang mit Flüchtlingen. Seiner Meinung nach, müsse Europa jünger und frischer werden, denn: „Von mehreren

Seiten aus gewinnt man den Gesamteindruck der Müdigkeit und der Alterung, die Impression eines Europas, das Großmutter und nicht mehr fruchtbar und lebendig ist."

Veränderung ist keine Option mehr für uns Europäer, sie ist ein Muss, lässt sich aber nur optimal durchführen, wenn wir unsere Kernidentität und Kernwerte mit Gewissheit kennen und mit Stolz tragen. Wir reden hier nicht von verstaubter Nostalgie, sondern von souveräner und permanenter Selbstfindung. Das sagte schon Thomas Morus im sechzehnten Jahrhundert: „Tradition ist nicht das Halten der Asche, sondern das Weitergeben der Flamme." Veränderung ist eigentlich etwas, dass uns hilft, uns besser kennenzulernen. Man sollte aber die Veränderungen sorgfältig prüfen und Gelegenheiten nutzen, seine eigene treibende Kraft zu bleiben und nicht von jedem kleinen Trend oder von großen Zahlen getrieben zu werden. Viel zu viele Entscheider in der Wirtschaft setzen auf standardisierte und quantitative Planungstools, um ihre Strategie zu definieren und ihren Veränderungsplan durchzuführen. Aber eine Strategie kann nicht austauschbar sein und sollte immer die Identität des Unternehmens berücksichtigen.

Eine Strategie kann nur präzise und einzigartig sein, denn sie funktioniert eigentlich nur für einen Akteur, in einer Kultur, mit einer Geschichte und für eine Belegschaft. Mit einer Identität, mit Authentizität also. Zukunft braucht die Entstehung von neuen Ideen, aber auch eine klare Idee der Herkunft. Die Motorradmarke Harley Davidson hat Ende der neunziger Jahre diese Regel nicht respektiert und musste dafür büßen. Damals dachte das amerikanische Unternehmen, es könnte Parfüm und sogar Baby-Söckchen produzieren. Fehlanzeige: Diese Dehnungsstrategie hat die Kernzielgruppe total irritiert, so dass sie mit Boykott drohte.

Ein starkes Identitätsbewusstsein ist nach der Meinung von Spin-Doktoren eine gute Garantie für Auffälligkeit und Aufmerksamkeit. Sie vereinfacht die Differenzierung von Wettbewerbern ungemein. Die Menschen interessieren sich nicht für allgemeine Visionen und glatt geschliffene Aussagen, sie wollen ihre Sicht der Dinge wiedererkennen. Damit die Zielgruppe weiß, *wo* sie im Meer des Überflusses steht, sollten Sie am besten betonen, *wofür* Sie stehen. Wie schon gesagt, Ihre klaren Standpunkte erlauben es Ihrer Zielgruppe, Sie auf der Karte der Meinungen zu identifizieren. Eine richtige — sprich strategische — Vermittlung liefert nicht nur eine Vision für die Zukunft, sondern auch eine klare Position auf dieser Karte der Meinungen.

Das ist die erste Dimension des Einrahmungseffekts einer erfolgreichen Vermittlung: Zeigen, wie die Welt aus Ihrem Blickwinkel aussieht.

Eine klare Identität ist der Rahmen, der die Realität Ihrer Zielgruppe aus Ihrer besonderen Perspektive beleuchtet. Letztendlich sollte die Zielgruppe die Welt durch Ihre Augen sehen. Das ist Sinn und Zweck des Einrahmungseffekts: die Wahrnehmung der Zielgruppe einzurahmen und – noch besser – zu beeinflussen. Elon Musk, Gründer und Chef des kalifornischen Elektroautoherstellers Tesla, will mit seinen Visionen die Leute begeistern und für sich gewinnen. Der innovative Unternehmer hat nicht nur eine Vision der Welt, sondern auch des Universums. Der studierte Physiker investiert folglich sein Vermögen in Elektroautos, aber auch in Raketen, weil er der festen Überzeugung ist, dass die Zukunft der Menschheit außerirdisch ist. Der Technologievisionär erklärte in aller Ernsthaftigkeit der Wirtschaftswoche im April 2013: „Ich glaube, die Menschheit sollte sich auf mehrere Planeten verteilen (…). Dazu brauchen wir eine leistungsfähige Raumfahrt." Beeindruckend, nicht wahr? Und verrückt? Auf jeden Fall erhielt die Zukunftsperspektive der Leser einen neuen Spin.

Lassen Sie sich von Spin-Doktoren überzeugen: Der beste Rahmen ist ein klarer Standpunkt. Ein Standpunkt sorgt für Polarität und verursacht Reibung, er sorgt für Diskussionsstoff in der Öffentlichkeit und wenn nötig, fungiert er als Sprengstoff der Konventionen. Der berühmte Werber Bill Bernbach (1911–1982) hatte einen sehr guten Hinweis diesbezüglich: „Wenn Du für etwas stehst, dann wird es immer Menschen geben, die Dich unterstützen, und andere, die Dich ablehnen. Wenn Du für nichts stehst, dann wird man sich noch nicht mal für Dich interessieren." Wenn Sie für etwas stehen und eine klare Meinung vertreten, geben Sie natürlich Anlass zu Kritik und setzen sich automatisch Angriffen aus. Wer sich durchsetzt, der setzt sich aus. Wer einen Standpunkt vertreten will, der muss diesen auch verteidigen. Stehen Sie also für etwas und halten Sie die Stellung. Aus der politischen Perspektive ist man das, wofür man sich engagiert. Eine erfolgreiche Positionierung ist zugleich eine Problem- und Identitätsdefinition. Was Sie über die Welt denken und sagen, bestimmt, wer Sie sind.

Deshalb muss die Frage, „wer" Sie sind, zusammen mit der Frage „was ist" beantwortet werden. Ferdinand Lassalle hat bereits 1863 betont: „Alle große politische Aktion besteht in dem Aussprechen, was ist und beginnt damit." Darum geht es also: Sagen „was ist", um besser erklären zu können, „was" zu tun ist und selbstverständlich „wer" dies ausführen soll. Die Spin-Doktoren versuchen die Wahrnehmung der Realität permanent einzurahmen, das heißt zu gestalten, weil sie Soldaten im Kampf der widerstreitenden Deutungen sind. Mit einer besonderen Beschreibung der Realität wird beabsichtigt, dessen Wahrnehmung zu beeinflussen.

Die Bundestagswahl 2013 ist ein interessantes Beispiel dafür. Wie beschrieben Angela Merkel und Peer Steinbrück damals die Realität? Was war das „Was"? Welche Deutungsrahmen, welches „Framing" setzten sie ein? Für Angela Merkel war es einfach: Die Realität war vollkommen in Ordnung. Deutschland ging es gut, dank seiner Kanzlerin, die es „erfolgreich" durch die Krise führte. Also weiter so: „Deutschland soll ein starkes und erfolgreiches Land bleiben." Es machte die unterschwellige Botschaft deutlich und klar: Man wechselt kein erfolgreiches Team während des Spiels.

Peer Steinbrück sah natürlich die Wirklichkeit etwas anders und zwar nicht so rosig. Für den Politiker mit klarer Kante galt: „Deutschland braucht mehr Wir und weniger Ich." Es war die Zusammenfassung des Programms einer Partei, die für ein Land des Zusammenhalts steht. „Ein Land, in dem Wohlstand und Zukunftschancen fair verteilt sind. Ein Land, in dem das Wir entscheidet." Die unterschwellige Botschaft war hier auch deutlich: Wenn man die Situation verändern will, muss man zuerst die Regierung wechseln. So einfach war dies aber nicht. Angela Merkel war eine extrem beliebte und geschätzte Amtsinhaberin und wünschte sich ein Plebiszit. Steinbrück war ein Herausforderer ohne Amtsbonus und mit schlechten Umfragewerten. Steinbrück brauchte eine Wahl. Eine Wahl zwischen Alternativen. Merkel setzte auf totale Vermeidung. Steinbrück wettete auf maximale Polarisierung. Merkel suchte nur ein nettes Gespräch mit dem Volk. Steinbrück suchte eine zugespitzte Auseinandersetzung mit seiner Kontrahentin.

„Aalgla Merkel", unantastbar für ihren Kontrahenten, präsidial gewiss, aber — das war die Kehrseite der Medaille ihrer Vermeidungsstrategie — sie wirkte oft abwesend und nicht greifbar, eben aalglatt und fast übermenschlich. Die erste Priorität für ihre Spin-Doktoren lautete logischerweise: Humanisierung. Hinter dem Machtmenschen verbirgt sich doch ein realer Mensch aus Fleisch und Blut. Merkel ist nicht nur Kanzlerin, sie ist auch Haus- und Ehefrau. Sie liebt Hausmannskost und kocht „Kartoffelsuppe", und — als Salz in der Suppe — „lacht" sie. Es gab ein paar leicht inszenierte Fotos, die es beweisen.

Peer Steinbrück wollte Kanzler werden, den Prognosen zum Trotz und gegen den medialen Mainstream. Das war genau sein Punkt: Er sollte nicht nur die Kanzlerin besiegen, sondern — und vor allem — die Prognosen der Kommentatoren, die ihn für chancenlos erklärten. Es war gar kein schlechtes Kalkül, den „kämpferischen Steinbrück" zu spielen. Es war eigentlich sein letzter Spin, und der ging so: Die Deutschen mögen nicht, dass man ihnen Befehle erteilt und dass man ihnen sagt, was zu tun ist. Das Volk entscheidet, nicht die Meinungsumfragen. Seine Spin-Doktoren wollten mit dem Mitleids- oder „Underdog"-Effekt punkten und Chancenlosigkeit als letzte Mobilisierungshilfe verwenden. Merkels Spin-Doktoren wussten aber, dass die Deutschen keine Veränderung mögen und dass der Sieger- bzw. der „Band-Wagon"-Effekt immer gut funktionieren. Ein „aussichtsloser" Kämpfer steht einer „siegreichen" und menschlichen Frau gegenüber. Für die Wähler hieß es: Lieber auf der Gewinnerseite der Geschichte zu sein. Das ist heute aber Geschichte, und wieder einmal erklärten sich alle zu Siegern. Außer der FDP, die für die nächste Wahl ihre Identität neue erfinden und ein neues Leitbild entwickeln muss. Und zwar dringend.

Lassen Sie mich noch einmal die Kraft der Vermittlung skizzieren. Ein starkes Vermittlungskonzept baut Brücken zwischen Ihren Standpunkten und der Realität Ihrer Zielgruppe, zwischen Ihrer Identität und deren Welt. Das Ziel ist klar: Ihre Vision sollte der gemeinsame Nenner werden, der zum gemeinsamen Handeln führen sollte. Ihre Vision sagt nicht nur, wer Sie sind, sondern wer Ihre Zielgruppe werden könnte, wenn sie Ihnen folgt und mitmachen würde. Ihre Vision sollte als Personalausweis beziehungsweise als Kursbuch für Ihre Zielgruppe dienen. Ein guter Rahmen macht Ihre Vision attraktiv, weil er der Welt Deutung und der Zielgruppe Orientierung verleiht. Ein guter Rahmen macht die Welt verständlich, handhabbar und — am wichtigsten — er dient als Projektionsfläche für Ihre Zielgruppe. Ein bekanntes und aufschlussreiches Beispiel dafür ist die Rede von John F. Kennedy am 12. September 1962: „Wir haben uns entschlossen, zum Mond zu fliegen. Wir haben uns entschlossen, in diesem Jahrzehnt auf den Mond zu kommen, nicht weil es leicht wäre, sondern gerade weil es schwierig ist, weil diese Aufgabe uns helfen wird, unsere besten Energien und Fähigkeiten einzusetzen und zu erproben." Die Mondlandung ist nicht ein Traum, sie ist *unser* Traum, so lautet der Kern der Botschaft, welche die Amerikaner mobilisieren sollte und, parallel dazu, sie als modernes und mutiges Volk definierte.

Ein guter Rahmen ist kein einfaches Bild, es ist ein vorteilhaftes und ermutigendes Spiegelbild Ihrer Zielgruppe. Die Menschen müssen Ihre Sicht der Dinge, Ihre Betrachtungsweise übernehmen und sich darin wiederfinden. Ihre Zielgruppe muss sich in Ihrer Beschreibung der Realität wiedererkennen wollen. „Wann, wenn nicht jetzt? Wo, wenn nicht hier? Wer, wenn nicht wir?" Diese Sätze von John F. Kennedy (der diese von dem im ersten Jahrhundert vor Christus lebenden Rabbi Hillel, „der Ältere", übernahm) zeigen, wie ein effektiver Rahmen am besten seine Wirkung entfalten kann: Wenn der Rahmen identitätsstiftend wirkt.

Nun soll aber die wichtigste Frage beantwortet werden: Auf welchen Inhalt sollten die Rahmen die Aufmerksamkeit lenken? In der Politik ist die Suche nach den sogenannten „Themenfeldern" von zentraler Bedeutung. Themenfelder sind das, was die Marketingleute in der Wirtschaft „Content" nennen. Themenfelder sind jedoch ein bisschen mehr als nur „Content". Sie sind hochgradig emotional geladene und gesellschaftlich diskutierte Inhalte. Die Aufnahmefähigkeit der Zielgruppe ist für einen Spin-Doktor nur möglich, wenn er das Zusammenspiel von Meinungen und Emotionen beherrscht.

Ein guter Spin besitzt tiefe Wurzeln im gesellschaftlichen Umfeld und im inneren Erleben der Menschen. Ein guter Spin muss inhaltlich und formal so gedacht werden, dass er Platz in der Öffentlichkeit schafft und dann die Glaubenssysteme beeinflusst. Logischerweise ist die Identifikation der unterschiedlichen Themenprioritäten und der Einstellungen zu einem Politiker oder zur Regierungsarbeit ein wichtiger Bestandteil der Mission der Spin-Doktoren. Deshalb sind diese so besessen von der Erfassung der Gefühlslagen ihrer Mitbürger. Deshalb sind sie so verrückt nach Umfrageergebnissen und Repräsentativbefragungen, nach der Sonntagsfrage und nach Politikerrankings. Aber so verrückt sind sie auch wieder nicht. Es ist ihnen vollkommen bewusst, dass unser politisches Gehirn mit unseren Gefühlen in direkter Verbindung steht und in erster Linie emotional funktioniert. Die Spin-Doktoren sind sich im Klaren, dass der Faktor Macht immer auf einer subjektiven Wahrnehmung beruht und im Kopf der Menschen entsteht. Die Spin-Doktoren schaffen vielleicht eine Scheinwelt — wie ihre Kritiker gerne sagen —, aber diese Welt von Erwartungen und Überzeugungen hat eine extrem reale Auswirkung auf unsere Gedanken und letztlich auf unser Leben. In jeder öffentlichen Angelegenheit bestimmt der Schein das Bewusstsein und nach und nach das Sein.

Aber jeder gute Spin-Doktor gestaltet ein Leitbild und einen Rahmen, die stark auf ganz realen Wünschen, Erwartungen und Themen ruhen. Die Spin-Doktoren kennen ganz genau die Bedürfnisse und die Stimmungen der Wählerschaft und erkennen sofort die Meinungsumschwünge der Öffentlichkeit. Es ist in der Tat ihre Daseinsberechtigung: Sie müssen wissen, wie die Leute ticken, und mehr und mehr, wie sie klicken. Dabei geht es darum, das Online-Verhalten der User genau zu analysieren, um ihre Bedürfnisse und Motivation besser verstehen zu können. Es sind die sogenannten „Web Analytics" bzw. das „Web Controlling", die die Auswertung des Userverhaltens auf Webseiten analysiert. Man kann diese Daten mit vielen anderen Offsite Analytics verknüpfen[6] (Social Media, Banners, E-Mails etc.); im Großen und Ganzen mit allem, wonach die User suchen und worauf sie klicken.

6 Prof. Dr. Lehning, Thomas, Dr. Steiner, René, Holzer, Mirko und Dürr, Andreas (2015): Marketing IT — IT Marketing, Vogel Business Media, Würzburg.

Dann spricht man von Business Intelligence (BI) und arbeitet oft mit Analytics-Dienstleistern und Marktforschungsunternehmen zusammen, um die geschäftsrelevanten Entscheidungen zu verbessern. Die Wünsche von heute sind die Bedürfnisse von morgen. Damit werden „potentielle" Kunden in der Zukunft durch Antizipation entdeckt.

Die politischen Strategen haben seit langem erkannt, dass die Stimmungen von heute die Wählerstimmen von morgen sind. Die Themenfelder sind für jeden Politiker Handlungsfelder. Das Ziel der Spin-Doktoren besteht darin, die Deutungshoheit über diese Themenfelder für ihren Auftraggeber zu gewinnen. Logischerweise müssen die Einstellungen der Wählerschaft sorgfältig unter die Lupe genommen werden. Der Urstoff der Spin-Doktoren sind also Meinungen, Erwartungen und Haltungen — und die Gedanken- und Glaubenssysteme sind ihr zentraler Untersuchungsgegenstand. Die Spin-Doktoren verbringen viel Zeit damit, den Zeitgeist zu erforschen. Sie sind tatsächlich die eigentlichen „Doktoren" der Öffentlichkeit: Sie fühlen den Puls der Gesellschaft, sie testen mit ihrem Reflexhammer die Einschätzung der Bevölkerung zu verschiedenen Themen und versuchen, mit ihrem Stethoskop die schwachen Signale im Umgebungslärm zu erkennen, um die Situationen und die neuen gesellschaftlichen Konfliktlinien wahrzunehmen. Die Spin-Doktoren sind Wissensarbeiter, sie arbeiten mit Informationen und Ideen, die sie mit Ihren Kompetenzen und Erfahrung analysieren und kombinieren.

Ein Paradebeispiel dafür ist Gaspard Gantzer, der Berater des französischen Präsidenten François Hollande. Gantzer liest viel und trifft ganz oft die Geschäftsführer von Umfrageinstituten und eine große Anzahl von Experten und Intellektuellen. So konnte er die Aufmerksamkeit des Präsidenten auf die extreme Empfindlichkeit des französischen Volkes bezüglich einiger Themenfelder lenken: Die Steuerpolitik und das heikle Thema der Identität. Die wechselnden Stimmungen in der Gesellschaft und in der Presse zu verstehen und idealerweise zu antizipieren: All das liegt in seinem Verantwortungsbereich. Das ist gut: Die Journalisten sind sehr nützliche Thermometer. Die Spin-Doktoren testen gerne ihre Hypothesen und ihre Soundbites an den Journalisten. Was noch wichtiger ist: Sie brauchen die Journalisten, um ihre Spins zu verbreiten und die wichtigen Themenfelder zu besetzen.

Themenauswahl ist gut, Themensetzung ist besser. Wichtig ist nicht nur, die Themen für die anzusprechenden Wählergruppen zu identifizieren, sondern diese Themen zu besetzen. Denn im Endeffekt geht es nicht nur darum, die Meinungen zu verändern, sondern das Wahlverhalten bzw. das Kaufverhalten. Das ist eigentlich eine aufschlussreiche Zuspitzung von Clinton-Berater James Carville im 1992er Wahlkampf: Das beste Framing besteht darin, den Entscheidungsprozess der Wähler einzurahmen. Aber kein Faktor einer Kampagne ist für sich allein entscheidend. Nicht das Leitbild, nicht der Rahmen, auch nicht ein guter Plan — worüber ich auf den kommenden Seiten schreiben werde. Entscheidend ist ihre perfekte Artikulation und ihre perfekte Beherrschung durch die Spin-Doktoren.

c. Ein guter Plan

Man kann alles Mögliche über Politiker und Spin-Doktoren denken und erzählen, aber eine Sache steht fest: Sie können kämpfen. Sie kämpfen für ihre Ideen und gegen die Ideen ihrer Kontrahenten, sie kämpfen gegen die Gleichgültigkeit und für die mediale Aufmerksamkeit. Und aus dieser Perspektive sind Wahlkämpfe der Höhepunkt des politischen Lebens, die richtigen Zeitpunkte, um Überzeugungen auf den Punkt zu bringen. Wahlkämpfe sind zum Kämpfen da. Genau dann muss man in der Lage sein, seine Leitbilder zu präsentieren und seine Interessen durchzusetzen. Wie Matthias Machnig, der SPD-Wahlkämpfer schlechthin, es ohne Umschweife formulierte: „Das ist nichts für Feingeiger." Politiker und Spin-Doktoren kennen die Macht des Willens, geben niemals auf und betrachten alle Hindernisse als Sprungbrett.

Für tot erklärte Politiker bleiben nicht wirklich am Boden liegen. Ein eiserner Wille ist die Kernkompetenz und die Geisteshaltung der meisten Politiker. Eine eiserne Faust kann bisweilen auch von Nöten sein, muss sich aber immer öffnen können, nicht nur um die Hand zu reichen, sondern um Fingerspitzgefühl zeigen zu können. Spitzenpolitiker sind in der Tat Kämpfer, aber keine Draufgänger. Denn wer nur ungefähr richtig handelt, der liegt genau falsch. Politik ist ein Schachspiel, das nie zum Glücksspiel werden darf. Das bedeutet, die Politik duldet keine ungefähre Schätzung und keinen Dilettantismus: Handeln ohne Planung ist genauso inakzeptabel wie Planung ohne Handeln. Weil Überstürzung der kürzeste Weg zum Sturz ist und Unentschlossenheit der langsamste Weg zum Sieg. Die Zeit ist stets leider äußerst knapp und drängt sogar. Die Kontrahenten drängen aber auch, da sie ihre Sicht der Dinge ebenso gerne und schnell jedem aufzwingen wollen. Es geht doch darum: Die Ressourcen sind knapp und die Zwänge zahlreich, der Politiker braucht infolgedessen einen Plan, um erstere zu optimieren und letztere zu minimieren. Es ist nämlich so in der Politik: Ohne eigenen Schlachtplan wird man geschlachtet. Um das Wort des chinesischen Philosophen und Generals Sunzi (ca. 500 v. Chr.) zu gebrauchen: Gerede ohne Planung ist nur „der Lärm vor der Niederlage".

Es geht in der Wirtschaft nicht anders, wie etwa das Beispiel Deutsche Bank zeigt. So wurde die „Deutsche Bank 24" 1999 für Privatkonten und -kredite gegründet, als sich das Geldhaus damals verstärkt auf das Großkundengeschäft und das Investmentbanking konzentrieren wollte. Hatte man das Privatkundengeschäft bis dahin als störend empfunden? Das inzwischen als „Experiment" deklarierte Projekt, lief schließlich nach lediglich drei Jahren aus, da sich die Kunden in den „Deutsche Bank 24"-Filialen zweitklassig behandelt fühlten. Damit wurde das Filialgeschäft 2002 nach viel Aktionismus wieder in den Konzern eingegliedert. Der Imageschaden der Bank war — mal wieder — beträchtlich.

Ähnlich halbherzig ging die blaue Bank bereits 1995 vor, als sie die Digitalisierung der Branche fast verschlief. Zwar gründete sie eine Art Direktbank, doch wurde deren Geschäftstätigkeit nicht ausreichend unterstützt. Selbst das im Jahr 2011 vom damalige Risikochef Hugo Bänziger vorgelegte Strategiepapier, das eine Schrumpfung des Investmentbankings und eine klare Wende in Richtung des digitalen Privatkunden-Bankings vorsah, wurde nicht beachtet, wie das Manager Magazin Anfang 2015 schrieb. Woher kommt das halbherzige Vorgehen? Zu wenig gute Planung und zu viel Storytelling?

Seit ein paar Jahren liest man viel über das Storytelling in der Kommunikation. Es seien „packende Geschichten zu entwickeln", um Aufmerksamkeit zu erhalten. Ich halte nicht viel davon und bin recht gelangweilt von diesen Märchen über das Storytelling. Es gewinnt nicht, wer die beste Geschichte erzählt, sondern wer den besten Plan schmiedet. Wähler und Konsumenten sind doch keine Kinder, die unbedingt Geschichten hören wollen. Unsere vernetzte Gesellschaft tickt nicht am Kaminfeuer, wo gerne Geschichten erzählt werden, sondern wird durch einen Waldbrand in Bewegung gesetzt. Storytelling funktioniert in Amerika gut, weil Amerika jung ist und sich durch persönliche Lebenswege zu einer Gesellschaft zusammengeschlossen hat, durch Träume, die Wirklichkeit geworden sind, welche die Nation begeistern und inspirieren können. Die Inszenierung eines jeden Politikers ist natürlich wichtig, und seine persönliche Lebensreise ist wesentlich für die Darstellung seiner Kernkompetenzen und die Konstruktion seines Charakters, um die sogenannten weichen Faktoren herauszuheben. Eine Story sorgt also für Wähleridentifikation und schafft so gewiss Bürgernähe (bzw. Kundennähe in der Wirtschaft). Kein Wahlkampf kann dagegen nur über eine Story aufgebaut werden.

Was bei dieser Geschichte über das Storytelling wirklich störend ist, ist, dass ihre lautstarken Befürworter zu vergessen scheinen, dass die neue digitale Medienlandschaft kein richtiges Drehbuch und keine

Kontrolle mehr duldet. Auf unserer digitalisierten und schnelllebigen Bühne kann keine noch so detaillierte und durchgetaktete Erzählung die erste Minute des digitalen Vorlesens überleben. Politiker und Manager brauchen keine Story, sie brauchen einen Plan. Man kann unsere digitale Epoche nicht mit Stories prägen, sondern mit Spin. Politiker reden gerne, aber sie wissen, dass eine Idee oder ein Programm sich nicht von selbst verteidigen und verwirklichen lässt. Anders ausgedrückt: Auf die Umsetzung kommt es an, und dafür braucht man einen guten Plan. Im Folgenden werden die zwei Bestandteile eines erfolgreichen Plans analysiert und verständlich präsentiert. Erstens die Etablierung eines Netzwerks für die schrittweise Mobilisierung und zweitens die Feststellung des Timings für die optimale Verbreitung.

Wenn man seine Zielgruppe gut beobachtet und richtig kennengelernt hat, wenn man sein Leitbild klar definiert und umrissen hat, kann man die nächste Phase der strategischen Vermittlung in Gang setzen: die Etablierung eines Netzwerks. Es gibt keinen guten Plan ohne guten Clan. Wir reden hier nicht nur von dem inneren Kreis der treuen Diener, von den Arbeitern im Weinberg des Dienstherrn. Diese sind wichtig, ja geradezu lebenswichtig. Warum ist dies so? Weil das politische Leben voller Höhen und Tiefen ist, weil man keinem vertrauen kann, sogar und manchmal besonders in der eigenen Partei, wo man tiefen Zerwürfnissen zwischen verschiedenen Ansichten und Schicksalen begegnen kann. Fragen Sie mal die Herren Merz, Stoiber und Koch und alle anderen, die sich um das konservative Profil der CDU sorgten. Fragen Sie mal die Anhänger von Schröder und Lafontaine während der gesamten 1990er Jahre.

Jeder Leitwolf braucht seinen Clan. In der Politik wird die Spitze vorwiegend individualstrategisch gedacht, aber immer mit Seilschaften erreicht. Jeder Politiker arbeitet mit einem Ökosystem der Vermittlung, welches in konzentrischen Kreisen aufgebaut wird und auch so funktioniert. Der Clan allein reicht nämlich nicht. Man braucht einen Bekanntenkreis und dann die Kreise der Führung und die Spitzenfunktionäre der Partei, die Parteimitglieder kommen danach, dicht gefolgt von aktiven Sympathisanten, und am Rand stehen natürlich die Journalisten und Meinungsmacher. Und überall verteilt sind die potentiellen Wähler, die auch Teil und vor allem Ziel und Zweck dieses Ökosystems der Vermittlung sind.

Durch die Verbreitung der sozialen Medien sollte also jedes Unternehmen seine eigenen Mitarbeiter als Botschafter erkennen und folgerichtig befähigen, das heißt ihnen Postingrechte erteilen und die eigene Arbeit mit kurzen Freigabeprozessen erleichtern. Diese Offenheit kann sich auszahlen, besonders wenn es um die Suche nach neuen Mitarbeitern geht. Diese Erkenntnis hat sich zum Beispiel bei dem deutschen Touristikunternehmen Robinson Clubs durchgesetzt. Auf facebook.com/RobinsonJobs können sich die Bewerber durch die intensiven Dialogmöglichkeiten und zahlreichen lebendigen Mitarbeiter-Testimonials ein präzises Bild des Unternehmens machen.

In unserer offenen und vernetzten Gesellschaft sind auch die User Bestandteil des Unternehmens und dessen Erfolgs. Die Konsumenten sind nicht nur „Ziel" von Botschaften, sie können auch Botschaften kreieren und verteilen, aber auch die Werte des Unternehmens weitertragen und beleben. Es gibt eine Marke, die dieses Prinzip perfekt verstanden und eine Art eigene Inhalts-Community aufgebaut hat: die E-Plus-Gruppe. Seit 2014 bietet die Mobile-Dachmarke zusammen mit der Hamburger Agentur SinnerSchrader exklusive Inhalte auf curved.de, wo User ihr Interesse für das Thema „Mobil" kundtun können. Ein perfektes Beispiel von Content-Marketing, bei dem der Einsatz der langfristigen Bindung der User dient.

Die Medien stellen die Politiker gerne als Einzelkämpfer dar. Die Strategie der CDU während des letzten Wahlkampfes war ganz bewusst: Die Partei sollte hinter ihrer Kanzlerin verschwinden. Diese extrem personalisierende und psychologisierende Darstellung und dieser sehr intime Reflex in der Analyse werden meistens durch der Tatsache erklärt, dass die ideologischen Unterschiede zwischen den Volksparteien nicht mehr so groß seien. Es enthält vielleicht ein Körnchen Wahrheit, aber es entspricht nicht der ganzen politischen Realität. Es bleiben aber doch Meinungsverschiedenheiten und ideologische Unterschiede. Es ist geradezu surrealistisch, dass während des letzten Bundestagswahlkampfes die Haltung der Hand — ob in Form einer Raute oder eines Stinkefingers — wichtiger als die Haltung zur Euro-Krise zu sein schien. Es ist genauso surrealistisch zu betrachten, wie oft die französischen Medien über das Liebesleben und die Leidenschaften von François Hollande berichten, während die andauernde Krise echte Leiden für viele Franzosen bedeutet.

Es könnte tatsächlich von einer „Peoplelisierung" der Politik die Rede sein. „Personalisierung" ist allerdings der traditionelle Ausdruck. Als ob der Politiker ganz allein wäre, um seine Entscheidungen zu treffen, um seine Reden zu schreiben und um die Menschen zu begeistern und zu mobilisieren. Diese Darstellung ist eine Täuschung und spiegelt nur den Individualisierungstrend unserer modernen Gesellschaft wider. Es stellt auch manchmal die kleinen Überreste unserer vergangenen Nostalgie für Personenkult dar. Jeder Politiker braucht jedoch ein Kollektiv. Das Kollektiv ist sozusagen die zweite Haut eines jeden Politikers. Hinter jedem Karriereplan gibt es immer einen Networking-Plan. Der

Spitzenpolitiker kann nicht allein handeln, er muss zum Gesamtakteur werden, er braucht immer eine Organisation und eine Führungskoalition an seiner Seite. Der britische Staatsmann Benjamin Disraeli (1804—1881) erinnert uns zu Recht, dass eine Partei nichts anderes als eine „organisierte Meinung" darstellt. So paradox es klingeln mag, man kann sehr wohl die Vermittlung einer Programmatik oder einer Botschaft in der digitalen Landschaft „organisieren", und zwar durch die Etablierung eines Netzwerks.

Die Amerikaner benutzen eine schöne Redewendung, um die Idee der Vermittlung im digitalen Zeitalter zu beschreiben: „Heads, Hearts und Herds". Um die Wähler oder die Konsumenten begeistern und beeinflussen zu können, muss man „Köpfe, Herzen und Herden" erreichen und bewegen. Die Kommunikationsspezialisten reden von Multiplikatoren. Ich für meine Person rede lieber von Netzwerkern. Die Netzwerk-Metapher finde ich spezifischer und erklärender als die mathematische Multiplikation-Metapher. Ja, man will seinen Einfluss „multiplizieren", indem man die Meinungsführer erreicht. Meinungsführer gab es schon vor der Herrschaft des Internets. Die Netzwerk-Metapher und -Vorgehensweise scheint mir adäquater. Im digitalen Zeitalter beruht die Kunst der Vermittlung auf der Kunst der Vernetzung. Damit ist nicht der Networking-Abend einer geschlossenen Gesellschaft mit Champagner und Appetithäppchen gemeint oder das traditionelle Customer-Relationship-Management, sondern der systematische Aufbau eines offenen Netzwerks, eines „Echo-Systems", welches zur kontinuierlichen Kommunikation und punktuellen Mobilisierung der Zielgruppen genutzt werden kann. Es gibt nicht nur „soziale Netzwerke", jeder Politiker besitzt sein eigenes Netzwerk, eine Art strategisches Beziehungsmanagement-Tool, mit welchem er einen permanenten und intensiven Dialog mit seinen Anhängern führen kann. Es geht hier um ein integriertes Netzwerk — welches alle Parteimitglieder, potentiellen Wähler, politischen Akteure, Beeinflusser und Journalisten verbindet, online wie offline. Damit kann der Politiker sein Leitbild verbreiten, seine Maßnahmen erklären, einen Kontrahenten angreifen usw.: Er nutzt sein Netzwerk. Jede Marke könnte die gleiche Vorgehensweise verwenden.

Die einfache Kommunikation von „Business to Consumer" (B2C) ist Vergangenheit. Im digitalen Raum haben Unternehmen und deren Produkte als Marke die Chance, mit den Menschen direkt zu interagieren und zu kommunizieren, egal an welchem Ort und zu welcher Zeit. Auf diese Art und Weise haben Marken die Möglichkeit, ihr eigenes Netzwerk zu installieren und den langfristigen und transparenten Austausch mit den Menschen ins Leben zu rufen. Ein mittlerweile etablierter Begriff ist „Brand to Network" (B2N). Und dies geht weit über die sozialen Netzwerke hinaus. Es ist die Summe der Markenpräsenz (d.h. das Zusammenspiel aus offline und online: Point of Sale, TV, Print, Internetseite, Social Media Profile usw.) und der Menschen mit ihren Bedürfnissen. Um ein „Brand Network" zu etablieren und mit Leben zu füllen, braucht man interaktive Kampagnen, spannende und ansprechende Plattformen, originelle Applikationen sowie verbindende Inhalte und Programme. Wie schon gesagt, es gibt nicht nur soziale Netzwerke: Jedes Markenunternehmen müsste sein eigenes Markennetzwerk aufbauen. Nur dann kann es seine strategischen und taktischen Ziele in der digitalen Welt erreichen.

In dem französischen Wahlkampfteam haben wir während der Europawahl 2014 unter der Führung von Jean-Christophe Cambalélis, dem damaligen Wahlkampfleiter und Leiter der Abteilung für Internationale Politik sowie gegenwärtiger Vorsitzender der französischen Sozialisten, einen Netzwerk-Ansatz benutzt. Ich weiß, dass mein Kollege von der SPD, Tobias Nehren, eine sehr ähnliche Methodik eingesetzt hat. Welche Schritte müssen bei der Etablierung solcher Netzwerke gemacht werden? Als erstes führt man eine sorgfältige Netzwerkanalyse durch, das heißt, wir analysieren den Ist-Zustand des existierenden Netzwerks und bewerten die integrierte Webpräsenz der Partei: Internetseiten der Bundes- und Lokalpolitiker, Partei-Seite, Social Media Profile, YouTube Channel, aber auch die digitale Präsenz und Aktivitäten der Parteimitglieder und Sympathisanten. Man kartographiert die Netzwerksmitglieder und stellt so ihre jeweilige Position, Einfluss- und Aktivitätsgrad fest. Man identifiziert die Knoten des Netzwerkes und sucht nach der Präsenz der Mitglieder im echten Leben.

Digital heißt in der Tat mehr und mehr lokal. Diese Dimension ist wichtig für die zweite Phase des Netzwerk-Ansatzes, nach dem Netzwerkaufbau kommt dessen Erweiterung bzw. Aktivierung. Die geographische Herkunft ist hier mit der Einstellung zu der Partei bzw. den Politikern und der Themenaffinität kombiniert. Um die Identifizierung und die Rekrutierung von Meinungsführern und Experten außerhalb des Netzwerks zu gewährleisten, analysiert man ihre eigene Reichweite und ihre Beziehung zu anderen Netzwerken. Diese Mitglieder sind extrem wichtig und stellen dar, was man „Konnektoren" nennt. Diese sind die eigentlichen Treiber des Wachstums des Netzwerks. Aber die beste Art und Weise, das Netzwerk zu erweitern, besteht darin, dieses fest und längerfristig zu verankern. Stichwort: Community Management. Ein Netzwerk ist nicht nur ein Resonanzboden für Botschaften, es ist vor allem eine Quelle von präzisen und relevanten Informationen und Erkenntnissen über die Anhängerschaft. Deshalb arbeitet man als Wahlkampfmanager mit permanentem Feedback und Themenwelt-Dashboard, um die inhaltlichen Aktivierungen anzupassen und die gesellschaftlichen und politischen Trends aufzuspüren. Mit einem sogenannten Themenwelt-Dashboard kann das Wahlkampfteam viele Hinweise zu einem präzisen Feld — Gesundheitspolitik, Integration usw. — gewinnen und besser reagieren. Ein Dashboard enthält die Aktualität des Themas auf sozialen Plattformen oder in der Presse und präsentiert auch das, was die Top-Beeinflusser gerade erzählen und publizieren.

In jedem Netzwerk gibt es einen Kern. Der Kern ist im vorliegenden Fall der erste Kreis der aktivsten und/oder der am meisten respektierten Nutzer. Super Software und Plug-Ins nutzen nichts, wenn man diesem Kern nicht zuhört und ihn gut betreut, mit offenem Ohr und Respekt und gut bedient, mit richtigen, d.h. neuen und nützlichen Informationen.

Das digitale Zeitalter funktioniert nicht mit „Reason to believe", sondern mit „Reason to share". Die Glaubwürdigkeit der Marken ist zweitrangig geworden, weil die Nutzer sowieso extrem skeptisch geworden sind und alle Botschaften mit Fakten-Checks überprüfen und vergleichen können. Reputation ist wichtiger als Image geworden, weil die Community der neue Richter der Legitimität und der Glaubwürdigkeit geworden ist. Die richtige und einzige Positionierung ist die Positionierung auf den Suchergebnisseiten von Google — und Google arbeitet mit Backlinks (Links, die auf eine Website verweisen) und sozialen Signalen. Also konkret: Wie oft ein Content genannt und geteilt worden ist. Die Erfolgsfaktoren sind bekannt: Einzigartigkeit, Reichhaltigkeit und Aktualität. Das digitale Zeitalter ist das Zeitalter des Teilens: Die Menschen sind, was sie online teilen. In unserer vernetzten Epoche geht es um Verbreitung und Fortpflanzung, auf Latein: „propagere".

Propaganda heißt also Verbreitung und nicht Terror und Manipulation. Es geht um die Macht der Ideen, die stärker als Waffen sind. Moses wusste dies schon zu nutzen. Erst recht Jesus und später die katholische Kirche, die wahrscheinlich über die effektivste Marketingabteilung der westlichen Geschichte verfügte, haben diese Macht erkannt und genutzt. Aber Ideen sind nur stark, wenn sie sich verbreiten. Besser und genauer gesagt: Wenn man sie verbreitet. Dies ist das Geheimnis hinter der sogenannten Obama-Strategie: Digitales Campaigning kann Wunder bewirken, aber man braucht dafür einen realen Generalstab, eine effiziente Befehlsstruktur und hochmotivierte Offiziere und zahlreiche begeisterte Helfer vor Ort.

Ich habe zum Beispiel die ersten zwei Monate des Europawahlkampfes 2014 damit verbracht, den Kern des Betreuungspersonals für jeden Bereich — Analyse, Inhalt, Inhaltsverteilung — zu strukturieren, zu schulen, zu motivieren und das wichtigste: zusammenzubringen und zu verzahnen. Dafür braucht man ein hervorragendes Support-Team und sehr effiziente Online-Tools, weil alles auf Bundesebene stattfindet. Und dann, und erst dann, haben wir unsere Kampagne wirklich gelauncht und zwar Anfang April 2014. Man kann die hierarchische Natur unserer konzentrischen Organisation an der Struktur der Mail-Verteiler erkennen. „Generalstab", „Offiziere", „Befehlsstruktur" etc. Wir nennen uns allerdings nicht wirklich so, sondern wir reden von Team A, B, C usw. Es klingt trotzdem alles übergenau, sogar martialisch. Man redet aber nicht von ungefähr vom „War Room". Es ist aber tatsächlich so, wenn man eine Gruppe in ein Team verwandeln will. Wenn man weiß, dass es im digitalen Zeitalter nicht um Botschaften geht, sondern um Bewegung.

Ein guter Plan fängt also immer mit dem Aufbau des Teams und mit der Aufstellung des operativen Betriebs des Teams an, und zwar aus einem extrem wichtigen Grund: Das Betreuungsteam ist das Betriebssystem der Kampagne. Die Reihenfolge ist hier von zentraler Bedeutung: Erst die digitale Organisation der Kampagne und dann die Organisation der digitalen Kampagne. Die Organisation der Kampagne ist nicht so kompliziert. Wenn das Team steht, die Kernstandpunkte definiert, die wichtigsten Aussagen in *Soundbites* geschmiedet sind und das Netzwerk bereitsteht, dann kann die Kampagne anfangen, und man kann die geballte Energie auf das zentrale Element fokussieren: das Timing. Es ist nämlich so: kein Plan ohne Zeitplan. Wenn das Netzwerk steht, dann muss es zum Leben erweckt werden, damit es expandiert. Womit? Wie schon gesagt, mit interaktiven Kampagnen, spannenden und ansprechenden Plattformen, originellen Applikationen sowie bindenden Inhalten und Programmen.

Auf die Orchestrierung kommt es an: Wann reden, wann zugreifen und wann schweigen. Wir haben schon von „Kairos", der günstigen Gelegenheit, gesprochen und wissen jetzt, dass der richtige Augenblick zwischen zu früh und zu spät liegt. Die Anpassungsfähigkeit ist die wichtigste Fertigkeit, da wir uns ständig in einer Art permanentem Wahlkampf befinden. Die politische Strategie hängt von der Beherrschung der Zeit ab, weil die Strategie eine Kunst der Durchsetzung ist. Das Wissen muss immer zum Handeln werden. Die Art und Weise, wie Nokia die entscheidende Entwicklung der Touchscreen-Technologie total verpasst hat, ist ein Musterbeispiel. Damit hat der finnische Telekommunikationskonzern den Trend zu Smartphones und Tabletcomputern verschlafen und entscheidend an Boden gegenüber dem Konkurrenten Apple verloren. Handys mit berührungsempfindlichen Displays waren Anfang der 2000er die Zukunft. Nokia war aber nicht beweglich und schnell genug, trotz ihres dominierenden Marktanteils.

Oder vielleicht gerade deswegen. Im April 2014 verkauften die Finnen ihre Mobiltelefonsparte für 5 Milliarden Euro an Microsoft.

Jede Hauptstadt, ob Berlin, Paris oder London, ist eine riesige Informationsblase, in der sowohl Politiker und Wirtschaftsleute als auch die Medien um Aufmerksamkeit und, wichtiger noch, um Deutungshoheit kämpfen. Die Themenstrukturen der medialen Berichterstattung entscheiden in hohem Maße über das Schicksal einer politischen Karriere. In diesem Prozess spielt etwas, das man „Agenda Setting" nennt, eine wesentliche Rolle. Dieser Begriff beschreibt das Ziel der proaktiven Gestaltung der Themenwahrnehmung in unserer Mediengesellschaft. Das Ziel besteht darin, das Publikum zu veranlassen, einige Fragen und Themen für wichtiger zu halten als andere. Die Fähigkeit des Wahlkampfteams, politische Themen der öffentlichen Diskussion zu *setzen,* ist der Erfolgsfaktor schlechthin. Die große Herausforderung ist dabei, dass die Medien die Medienagenda gerne selbst bestimmen wollen und dass andere politische Kräfte sich natürlich auch einmischen wollen. Alle Beteiligten ringen um diese Strukturierungsfunktion der Agenda. Es ist nicht geradezu leicht, die dominierenden Schwerpunkte zu setzen. Die Europawahl 2014 war zum Beispiel einerseits von der wirtschaftlichen Solidarität der europäischen Idee geprägt und andererseits von der Rückkehr des Populismus.

Die Streitfragen sind eigentlich immer schon da. Die Krise in Europa ist an sich kein Thema, es ist eine Realität. Die Frage lautet vielmehr: Wie soll ich als Politiker darüber reden? Der gute Politiker steht nicht für Probleme — diese Assoziation sollte um jeden Preis vermieden werden —, sondern für Problematisierung. Was ist wichtig in dieser Infoflut? Aus welcher Perspektive soll ich diese oder jene Dimension betrachten? Wie kann ich meine Vision und meine Überzeugungen mit der Realität verknüpfen und verzahnen? Mit welchen anderen Faktoren soll ich die Euro-Krise zum Beispiel verbinden? Mit der osteuropäischen Immigration? Oder mit dem Aufstieg Chinas? Jeder Politiker muss als Scheinwerfer — oder noch besser als Leuchtturm — fungieren und für Verständlichkeit und Komplexitätsreduktion sorgen. Und zu guter Letzt muss er sagen, was getan werden kann. Hinter jeder Themenpriorität versteckt sich eine konkrete Präferenz für spezifische Maßnahmen. Die gute Planung endet also immer mit der Notwendigkeit des Handelns, und der Politiker propagiert das präzise Ergreifen von Maßnahmen bzw. die Zustimmung zur Umsetzung dieser Maßnahmen.

Um das Ganze zusammenzufassen: Alles unterliegt dem Imperativ der Themensetzung. Kombiniert mit der Stärke des Netzwerks und animiert von einem hochmotivierten Wahlkampfteam kann man jede

Das Spin-Dreieck

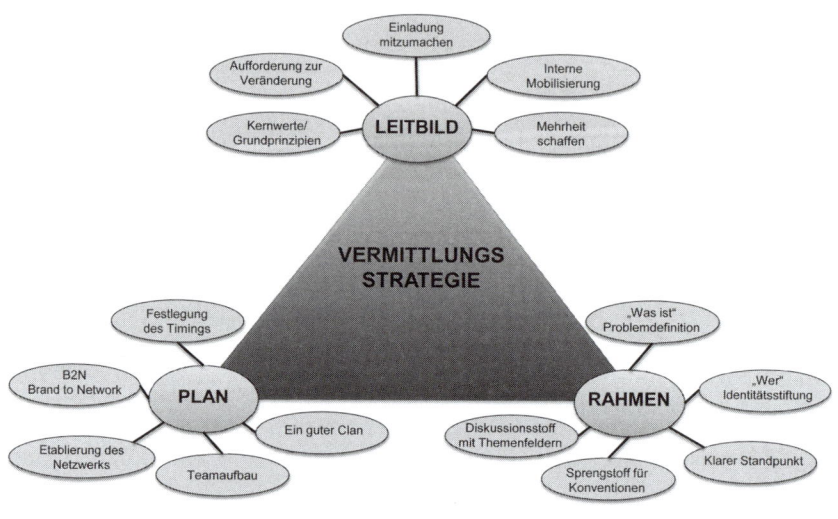

Abbildung 2

Position angreifen, jede Organisation reformieren und jede Firma führen. Jede Führungskraft muss die zentralen strategischen Spin-Elemente klären und definieren: Leitbild, Rahmen, Team, Netzwerk und Zeitplan (siehe Abbildung 2). In unserer heutigen digital saturierten Gesellschaft werden Politik und Wirtschaft mehr denn je über Spin entschieden. Der Leader muss permanent das Für und Wider abwägen. Am Ende muss er jedoch etwas wagen. Unsere Epoche hat nämlich weniger mit Geschichte erzählen, sondern viel mehr mit Geschichte schreiben zu tun.

Soundbites
„Die strategische Kunst der Vermittlung"

> Solodenken ist genauso inadäquat wie Silodenken, Teamarbeit jedoch genauso wichtig wie die Arbeit von Spezialisten.

> Es ist wie in einem Krimi: Suchen Sie das Motiv und Sie werden den Erfolg finden.

> Firmen machen keine Geschäfte, Mitarbeiter und Kunden machen Geschäfte.

> Der beste Rahmen ist ein klarer Standpunkt.

> Wer sich durchsetzt, der setzt sich aus. Wer einen Standpunkt vertreten will, der muss diesen auch verteidigen.

> Ein starkes Vermittlungskonzept baut Brücken zwischen Ihren Standpunkten und der Realität Ihrer Zielgruppe, zwischen Ihrer Identität und deren Welt.

> Ihre Vision sagt nicht nur, wer Sie sind, sondern wer Ihre Zielgruppe werden könnte, wenn sie Ihnen folgt und mitmachen würde.

> Das beste Framing besteht darin, den Entscheidungsprozess der Wähler/Nutzer einzurahmen.

> Ohne eigenen Schlachtplan wird man geschlachtet.

> Es gibt keinen guten Plan ohne guten Clan.

> Reputation ist wichtiger als Image geworden, weil die Community der neue Richter der Legitimität und der Glaubwürdigkeit geworden ist.

> Erst die digitale Organisation der Kampagne und dann die Organisation der digitalen Kampagne.

> Der Leader muss permanent das Für und Wider abwägen. Am Ende muss er jedoch etwas wagen.

II. Wie sieht die Welt für einen Spin-Doktor aus?

Dieses Kapitel wird sich mit unserem vernetzten Zeitalter auseinandersetzen und wie es eine Art Veränderung der Veränderung verursacht hat. Es ist nicht mehr so einfach, unsere chaotische Umwelt zu gestalten, und es ist ganz schwierig und heikel geworden, nicht getrieben zu werden. Dennoch stellt Chaos keine Ausrede für Nichtstun dar. Handeln ist genau die adäquate Reaktion, um mit dieser neuen Welt umgehen zu können, genauso wie man die Stimmungen und die Meinungen von Kollegen und Kunden verändern kann. Dabei dient der Spin-Doktor als perfektes Vorbild. Es ist nämlich so: Die Digitalisierung des Wirtschaftslebens und des Marketings entspricht der tatsächlicher Demokratisierung. Chaos und Instabilität müssen als Normalfall akzeptiert werden. Transparenz und Pluralität müssen als Chancen begriffen werden. Der Spin ist der richtige Schlüssel zum Verständnis und ermöglicht das Anpacken der Herausforderungen dieser schönen neuen Welt.

1 Die schönen Seiten der chaotischen Zeiten

„Wie am Zusammenstrom zweier Flüsse fand ich mich zwischen
zwei Jahrhunderten; ich stürzte mich in ihre trüben Wasser,
entfernte mich mit Bedauern vom alten Ufer, wo ich geboren wurde,
und schwamm hoffnungsvoll auf ein unbekanntes Ufer zu."
François-René de Chateaubriand[7]

Jede Generation hat zwangsläufig den natürlichen Eindruck, eine besondere Generation zu sein und in einer einzigartigen Periode zu leben. Dieses Gefühl ist wahrscheinlich meistens trügerisch, diesmal aber scheint es trotzdem ein kleines Stück Wahrheit in sich zu tragen. Tatsächlich, was für ein unglaubliches Zeitalter! Wer könnte es bestreiten, die letzten 100 Jahre haben viele Veränderungen gebracht, viel mehr als in den letzten 10.000 Jahre zusammen.

Wir haben künstliche Herzen produziert, wir können die Sehkraft wieder herstellen, unser Genom kartographieren, das Atom meist beherrschen. Wir sind in der Lage, neue Pflanzen- und Tierarten zu erschaffen und sogar menschliche Stammzellen zu reproduzieren. Wir haben unseren ersten Labor-Burger entwickelt und gebraten, ein Burger aus der Petrischale und nicht vom Rind. Wir haben einen Satelliten aus unserem Sonnensystem geschickt und schon Tausende von Exoplaneten identifiziert. Und im November 2014 konnten die Europäer (ESA) im Rahmen der Rosetta-Mission mithilfe einer Raumsonde das kleine Landefahrzeug Philae nach einer zehnjährigen Flugreise auf einen Komet herablassen. Es geht darum, die 4,64 Milliarden Jahre alte Urmaterie des Sonnensystems und damit die Wurzeln der Entstehung des Lebens auf unserem Planeten zu analysieren.

Bei all diesen Errungenschaften greift der Mensch auf sogenannte Supercomputer zurück, die unsere verrücktesten und schönsten Gedanken testen, justieren und in die Welt bringen. Tianhe 2, der schnellste Supercomputer der Welt aus China, hat eine Rechenleistung von 33,86 Petaflops, das heißt — damit Sie das Fachchinesisch besser verstehen — 33,86 Billiarden Rechenoperationen pro Sekunde. Die Digitalisierung unserer Welt hängt eng mit der immer weiter steigenden Leistungsfähigkeit der Mikroprozessoren zusammen, die immer mehr intelligente Steuerungstechnologie ermöglichen. Dabei besteht die Gefahr, dass uns unsere Erfindungen — kleine wie große — aus den Fingern gleiten, wie der Computer HAL 900 im Film *2001: Odyssee im Weltall*. Wir sollten also darauf achten, dass diese großen

---

7 Erinnerungen von jenseits des Grabes, III, 43,8.

Erfindungen nicht als Waffe gegen die Menschheit eingesetzt werden, und müssen daher immer wachsam bleiben und alles tun, damit unser Gewissen unsere technische Macht stets bändigen kann. Da wir „Meister und Besitzer" der Natur geworden sind, wie Descartes einst schrieb, sollten wir mehr denn je Meister unserer selbst bleiben und im Besitz eines perfekten und moralischen Geistes sein.

Dieses Zeitalter erweckt wunderschöne Träume und erfüllt zugleich unsere Herzen mit Angst. Aber keine Panik: Wir werden nicht das Ende der Welt erleben, nur das Ende *einer* Welt. Und dies macht unsere Epoche so spannend: Die alte Welt ist noch nicht komplett verschwunden und die neue nicht komplett geboren. Wir befinden uns eigentlich zwischen zwei Welten, *„wie am Zusammenstrom zweier Flüsse"*, um Chateaubriand noch mal zu zitieren. Wir wissen nicht genau, welche Möglichkeiten und Chancen wir gewinnen werden, und können noch nicht wirklich ermessen, welche Fähigkeiten und Fertigkeiten wir vermissen werden.

Wie in der Einleitung dieses Buches bereits beschrieben, mangelt es unserer Welt nicht an Komparativen: „schneller", „gefährlicher", „komplexer" usw. Was wir aber brauchen, sind Begriffe, um diese neue Welt zu denken und zu beleuchten. Dabei könnte der Spin-Doktor wirklich nützlich sein. Der Spin-Doktor muss die demographischen, wissenschaftlichen und soziologischen Megatrends ständig beobachten und interpretieren. Er kennt eigentlich nur Veränderungen und lebt in einer Welt voller Ungewissheiten. Aber eines weiß der Spin-Doktor ganz gewiss: Egal wie dick der Nebel ist, er muss immer den Hebel des Handelns finden und in Bewegung setzen.

Ich beginne dieses Kapitel mit einer kurzen Beschreibung der Veränderungen, vor denen unsere Gesellschaft steht, und wir werden versuchen, ihre genaue Natur zu identifizieren (a. „Veränderung der Veränderung"). Dann werde ich die auf schlechtem Urteilsvermögen beruhenden und daher bedauerlichen Fehler in den Reaktionen einiger Manager und Entscheidungsträger auf diese skizierten Herausforderungen analysieren (b. „Falsche Reaktionen auf echte Herausforderungen"). Schlussendlich zeige ich, dass die Strategie des Handels der Spin-Doktoren definitiv eine gute Strategie angesichts der sich ständig weiterdrehenden neuen Welt darstellt (c. „Hebel trotz Nebel").

a. Veränderung der Veränderung

Kein anderer Begriff hat so einen schönen und warmen Platz in der Wirtschaftsliteratur gefunden wie „Change Management". Das

Management an sich ist inzwischen fast zum Change Management reduziert worden. Der Manager führt nicht mehr, der Manager soll die Veränderungen begleiten und als „Change Agent" fungieren und handeln. Es geht heutzutage in den Chefetagen fast nur um Veränderungsprozesse und wie die Führungskräfte diese vorantreiben können. Die Manager verbringen also ihre gesamte Zeit damit, ihre Organisation und Belegschaft dafür optimal vorzubereiten: Automatisierung der Produktion, Eroberung neuer Märkte, Digitalisierung des Vertriebs und natürlich: "Change Mindset Workshop". Aber warum sollten wir überrascht sein? Es ist irgendwie ganz normal in Anbetracht der Tatsache, dass die Wirtschaft nichts anderes als eine „schöpferische Zerstörung" darstellt, wie der bekannte österreichische Ökonom Joseph Schumpeter sagte. Fakt bleibt, dass Veränderung nie einfach ist. Viele Manager schwanken zwischen Aktionismus und Attentismus, zwischen Ermutigung und Erschöpfung.

Der permanente Wandel ist für den Spin-Doktor sozusagen Normalität, da seine Welt hauptsächlich aus Ereignissen besteht. Alles nur Ereignisse! Es passiert immer etwas: Ein Flugzeug ist über dem Indischen Ozean verschwunden, neue ungünstige Umfragewerte werden veröffentlicht, eine Autobombe ist explodiert und gefährdet die schon extrem zerbrechlichen Friedensverhandlungen, ein Finanzierungsskandal droht die ganze Partei in den Schmutz zu ziehen usw. Politiker und ihre Spin-Doktoren sind täglich mit Beratungen über solcherlei Ereignisse beschäftigt. Die Welt ist für sie nur eine Kette von Ereignissen, kleine wie große, die den politischen Alltag bestimmen. Der Spin-Doktor hat Heraklit gelesen und weiß, dass nichts beständiger ist als der Wandel und dass das Einzige, was bleibt, die Veränderung ist. Die Kunst des Spin-Doctorings besteht darin, diesen Ereignisse, wenn möglich, vorzugreifen, meistens aber leider nur darauf zu reagieren, und das Wichtigste: sie zu akzeptieren. Ereignisse selbst kann man nicht verhindern und kontrollieren. Man kann aber die Art und Weise kontrollieren, wie wir diesen begegnen, sie interpretieren und dann nutzen.

Die Politikwissenschaftler sprechen gerne von „Agenda Setting", wie wir schon erklärt haben, also von der Schwerpunktsetzung bestimmter Themen. Einige Kommentatoren reden mehr und mehr von „Agenda Surfing", weil die meisten Ereignisse unplanbar sind und einfach vorkommen. Die Kernfrage lautet: Wie kann man mit diesen Ereignissen umgehen? Denn sie sind nicht zu umgehen. Ihr Wettbewerber besitzt ein neues Produkt, welches ihre ganze Branche auf den Kopf stellen wird? Was können Sie dafür? Was können Sie dagegen unternehmen? Sie können bestimmen, wie Sie darauf reagieren. Es besteht bestimmt auch eine Chance, dieses Produkt zu kopieren. Oder eine andere Zielgruppe anzusprechen oder ihren Forschungsetat endlich beim Vorstand zu forcieren. Alles ist Veränderung. Alles nur Ereignisse. Ihre optimale Reaktion auch. Darauf surfen, damit Sie nicht sinken. Damit umgehen, damit Sie nicht untergehen.

Leichter gesagt als getan, oder? Ich stimme Ihnen zu. Und zwar aus einem einfachen Grund: Es gibt immer mehr Ereignisse, immer mehr Veränderungen. Unsere Welt verändert sich in einem bemerkenswerten Tempo. Im März 1989 schrieb der Brite Tim Berners-Lee, ein Mitarbeiter am europäischen Kernforschungszentrum CERN, eine Abhandlung namens „Informations-Management — Ein Vorschlag". Es ging darum, ein Konzept zur Funktionsweise eines einheitlichen Internets zu präsentieren. Berners-Lee entwickelte damit „http" (Hypertext Transfer Protocol), das Protokoll, das weltweit dem einfachen Austausch von Informationen dient. Das war vor ungefähr 25 Jahren. Im Jahr 2003 gab es noch kein Facebook. Im Jahr 2007 war „Twitter" nur ein Wort, um das Zwitschern eines kleinen Vögelchens zu beschreiben. Im Jahr 2015 wurde Google 15 Jahre alt — ein Teenager, der sich manchmal auch so benimmt. Und vor 2010 war ein Tablet zum Servieren da — meistens aus Silber —, aber definitiv kein PC. Die Zeiten ändern sich, es liegt in ihrer Natur. Genauso wie in der Natur der Menschen. Die „Generation Y" oder „Millennials" werden im Jahr 2025 75 Prozent der Belegschaft ausmachen. Diese neue Spezies wird sehr knapp und sehr anspruchsvoll sein. Es wird also dringend Zeit für die HR-Abteilungen, sich umzustellen.

Wie man also sieht, wird die Welt von morgen eine radikal andere sein. Die Geheimdienste der USA haben diese Frage vertieft und das schwierige Kunststück versucht, in die Zukunft zu schauen, in das Jahr 2030, um genauer zu sein. Alle vier Jahre erstellt der National Intelligence Council (NIC) seinen „Global Trends"-Bericht auf der Grundlage verschiedener Variablen. Die sogenannten Megatrends sind nicht wirklich unbekannt: die rasant steigende Weltbevölkerung, die Ressourcen-Knappheit, der politische Machtverlust der westlichen Welt, der Zuwachs der globalen Mittelschicht verbunden mit dem Empowerment der Einzelpersonen. Der Strategiebericht kombiniert diese Megatrends mit sogenannten „Game-Changers", also bahnbrechende, disruptive Trends, sowie mit technischen Fortschritten wie etwa „Schnittstellen zwischen dem menschlichen Gehirn und leistungsstarken Computern", und macht daraus politische Analysen.

Die Geheimdienstler haben in ihrem Bericht verschiedene mögliche Drehbücher entwickelt, welche die Konsequenzen der Änderung des globalen Kräftespiels in Erwägung ziehen. Im Jahr 2030 wird China größte Wirtschaftsmacht sein. Endlich — würde man fast hinzufügen wollen, da dieses Thema schon seit Jahren auf den Titelseiten steht. China kann Amerika aber nicht entthronen, so die NIC weiter, da die USA im globalen Kräftemessen weiter mitmischen und sogar Sieger bleiben, und zwar als „Primus inter pares", als Erster unter Gleichen also. Auch gehen sie davon aus, dass andere regionale Schwergewichte wie Brasilien, Mexiko, Südafrika, die Türkei und sogar Kolumbien zunehmend wirtschaftliche und irgendwann dann politische Bedeutung erlangen werden. Und zwar auf Kosten eines alternden Europas, welches einen immer härteren Kampf führen müssen wird, um seinen Lebensstandard zu halten.

Werden wir also in einer multipolaren Welt leben? Nicht wirklich! Die Welt von morgen wird „ a-polar" sein, sprich: ohne klar dominierende Macht. Ist das gut? Die richtige Frage lautet vielmehr: Kann eine sieben-Milliarden-köpfige Menschheit mit der Anarchie umgehen? Wird die Menschheit endlich verstehen, dass viele wichtige globale Themen eine globale und integrierte Politik brauchen? Das kann man nicht garantieren, aber wir werden sehen.

Eines ist sicher: Unsere vernetze Welt wird also voll von Überraschungen sein. Der Auftragsgeber des Spin-Doktors mag aber keine Überraschungen, deshalb muss dieser die Konsequenzen der gesellschaftlichen, wirtschaftlichen und politischen Veränderungen einordnen, die gerade passieren, während er den Auswirkungen der Veränderungen vorgreift, die gerade auftreten. Parallel dazu muss der Spin-Doktor die kleinen Signale schnell aufspüren und deuten, welche die kommenden Veränderungen ankündigen. Es ist, gelinde gesagt, etwas stressig: Der Spin-Doktor steht fast nie in der Gegenwart, sein Geist ist immer beschäftigt mit dem, was passiert ist und was passieren könnte. Und trotzdem muss er den Überblick behalten und Klarheit schaffen, Tempo aus der Sache rausnehmen und das hilflose Hinterherlaufen vermeiden. Es ist tatsächlich nicht einfach, weil die Ereignisse zahlreicher und, schlimmer noch, immer schneller aufeinander folgen. Aber „do not shoot the messenger!", man sollte niemals den Boten für die schlechte Nachricht verantwortlich machen. Die neue Medienlandschaft und besonders die Live-TV-Berichterstattung von Nachrichtensendern wie CNN, France24, NTV und so weiter tragen gewiss ihre Verantwortung, spielen eine zentrale Rolle in dieser gesamten Beschleunigung. Aber diese Beschleunigung ist wie die Verkleinerung des Raumes das direkte Produkt der Globalisierung.

Die Globalisierung ist ihrerseits auch ein Produkt von menschlichen Aktivitäten. Die Erfindungen und Technologien der vergangenen zwei Jahrhunderte spielen an dieser Stelle eine enorme Rolle und haben eine umwälzende Wirkung. Wissenschaft und Technik haben die

Macht der Religionen und der Staaten in Frage gestellt. Die Globalisierung ist aus dieser Perspektive nur ein Kind der Renaissance sowie der amerikanischen und französischen Revolutionen. Diese haben die Grenze des politischen und wirtschaftlichen Lebens für immer geändert und erweitert. Der Horizont des Menschen ist nicht mehr der seines Heimatdorfes. Sein Schicksal wird nicht mehr von der Entscheidung seines lokalen Fürsten besiegelt. Die globalen Interdependenzen reichen immer mehr in die Innenpolitik und die lokale Wirtschaft hinein. Deutschland ist eine „Exportnation", und das heißt: Unser Wohlstand ist direkt abhängig von externen Akteuren und Variablen. Die Entscheidungen und Machenschaften des amerikanischen Nachrichtendienstes NSA haben zum Beispiel eine direkte Auswirkung auf unseren Alltag und unsere Bürgerrechte. Unsere demokratische Tradition beschwört uns, diese Bürgerrechte zu verteidigen. Dazu ist unsere Fähigkeit, die Achtung der Menschenrechte durchzusetzen, in Europa, aber auch beispielsweise in der Ukraine aufgrund unserer Energieabhängigkeit von Moskau ziemlich begrenzt. Noch einmal: Nichts ist schwarz oder weiß, alles ist hell- oder dunkelgrau.

Fakt ist: Die Grundrahmenbedingungen dieses globalen Dorfes haben die „Ereignisse" radikal vervielfacht. Unsere Umwelt befindet sich im Umbruch. Sie ist nicht nur komplexer, sondern auch dynamischer geworden. Wenn die Teile eines Systems, wie Länder und Weltregionen, mehr Berührungspunkte haben und viel öfter interagieren, dann passiert automatisch einfach viel mehr. Die quantitative Zunahme der Ereignisse mündet in einer qualitativen Veränderung der Realität. Es gibt also nicht nur viel mehr Ereignisse als früher, sondern viel mehr komplett neue *und* verschiedene Ereignisse, die noch nie vorgekommen und absolut unbekannt sind. Das führt zu dem, was ich gerne eine Art von „Veränderung der Veränderung" nenne.

Um dieses Phänomen greifbar zu machen, würde ich gerne den Transformationsprozess des Terrorismus als Beispiel benutzen. Spin-Doctoring hat immer etwas mit Regierungs-/Kriegsführung zu tun. Es existiert keine anderes Regierungsfeld, das so radikale Veränderungen aufweist wie die Terrorismusbekämpfung: Dank der Digitalisierung verfügen diese Extremisten über unendlich viele Möglichkeiten der Kommunikation, Planung und Rekrutierung, die sich offizieller Kontrolle (noch) entziehen. Die Entwicklung ist derart schnell, dass die Exekutive lediglich reagieren und nicht agieren kann.

Der globalisierte islamistische Terrorismus stellt gewiss die virulenteste Bedrohung dar und eine der größten Herausforderungen für unsere Sicherheitsbehörden. Es gab aber schon immer Terrorismus. Es gab die Anarchisten Ende des 19. Jahrhunderts, den Staatsterrorismus ab

1920 und den Linksterrorismus in den 1970 bis 1980er Jahren. Seine Natur hat sich aber qualitativ verändert, und die alten Antworten und Gegenmaßnahmen — Identifikation, Infiltration, Neutralisation — sind nicht mehr so einfach umsetzbar und effizient. Die Bedrohungslage ist diffus geworden. Fundamentalistisch motivierte Einzelne können heutzutage immensen Schaden anrichten.

Was sich auch radikal verändert hat: Hassprediger können ihre propagandistischen Botschaften leicht im Internet weltweit verbreiten, „nützliche Idioten" aktivieren und Nachwuchs rekrutieren. Was auch komplett neu ist, ist die Tatsache, dass die Forderungen der Terroristen gar nichts mehr mit lokalen und nationalen Freiheitskämpfen zu tun haben. Es geht den Djihadisten um eine globale und radikale Neuordnung, nämlich um die Scharia, die für die ganze Welt gelten soll. Weil es nur einen Gott gibt, der Koran das einzige und perfekte Grundgesetz ist und weil die „Ungläubigen" weltweit vernichtet werden müssen. Punkt. Man kann mit Terroristen nicht verhandeln, weil man mit ihnen nicht diskutieren kann.

Der Terrorismus der neuen Generation hat sich in der Tat internationalisiert, nämlich insofern, als seine Hauptakteure jetzt internationale Ziele verfolgen. Und, zu guter Letzt, ist die konkrete Art und Weise völlig anders geworden, wie die Terroristen ihre Anschläge ausüben. Der sogenannte Einsame-Wolf-Terrorist, kampferprobt und entschlossen, braucht keinen staatlichen Unterstützer mehr und nicht mehr als ein paar Hundert Euro in der Tasche. So einsam ist der Wolf aber auch nicht. Er braucht ein weltweit agierendes Netzwerk, für Ausweispapiere, Waffentraining, die Definition der Ziele und die Planungen der ins Visier genommenen Ziele. Die radikal-islamistische Bewegung „Islamischer Staat" (IS) — zuvor „Islamischer Staat im Irak und der Levante" (ISIS) ist eines von diesen Netzwerken. Besorgniserregend ist die Tatsache, dass IS und Al Qaida sich überbieten, um den gesamten Westen zu schädigen und die weltweite öffentliche Meinung zu schockieren. Die grausame und feige Ermordung der Journalisten von Charlie Hebdo, von Polizisten und Mitbürgern jüdischen Glaubens im Januar 2015 im Herzen von Paris ist ein frappierendes Beispiel dieses Horror-Wettbewerbs.

Die Strategie des radikalen Islamismus besteht darin, die Konflikte des Nahen Ostens und Afrikas nach Europa zu exportieren. Es könnten zwischen 3.000 und 5.000 Extremisten aus dem Syrien-Konflikt wieder in ihre Heimatländer in Europa reisen[8], wie zum Beispiel Medhi

8   Rob Wainwright, Europol-Chef vor einem Ausschuss des britischen Parlaments, Europol, Januar 2015.

Nemmouche, der im Brüsseler Jüdischen Museum am 24. Mai 2014 das Feuer auf vier Menschen eröffnete, weil sie Juden waren. Nemmouche wurde radikalisiert, rekrutiert und nach Syrien geschickt. Er war kein einsamer Wolf und auch keine Ausnahme. Diese Art von Terrorismus ist neu und er ist extrem schwer zu bekämpfen. Die Zusammenarbeit zwischen europäischen Ländern ist ein unerlässlicher Baustein der Terrorismusbekämpfung. Wie die Zeitung „Die Welt" Anfang Juni 2014 berichtete, hatte die Bundespolizei eigentlich die französischen Kollegen bereits gewarnt, als Mehdi Nemmouche bei der Einreisekontrolle am Frankfurter Flughafen aufgefallen war, nachdem er über Hongkong, Kuala Lumpur und Bangkok zurück in die EU wollte. Wie man sieht, gibt es noch viel Verbesserungspotential für die internationale Kooperation der Sicherheitsbehörden, aber keine Sorge: Die Staaten lernen schnell.

Wie dem auch sei, bislang wurden mehr als 600 Ausreisen aus Deutschland (Stand 01/2015) in den syrischen Bürgerkrieg registriert. Der pseudo-einsame Wolf ist aber nur ein europäisches Phänomen. In Syrien und im Irak sind die Djihadisten komplett auf Guerilla-Modus eingestellt. Die Ziele sind gleich, aber die Waffen und Taktiken anders. Der „Islamische Staat" ist ein politisches Konzept und hat folglich ein Kalifat errichtet. In Afrika ist Boko Haram sehr aktiv. Boko Haram bedeutet nicht wie üblicherweise gesagt wird: „Moderne Erziehung ist eine Sünde", sondern „Bücher sind Sünde". Boko Haram will in ganz Nigeria einen Gottesstaat auf Grundlage der Scharia errichten. Die Terrorsekte hat die 200 Schülerinnen, die sie am Abend des 14. April 2014 im Ort Chibok verschleppt hat, als Sklavinnen verkauft. Seit 2009 hat die islamistische Bewegung schon 11.000 Christen und moderate Muslime ermordet. Warum kann man diese Bewegung nicht aufhalten? Einige hegen den Verdacht, dass viele Kommandeure der nigerianischen Armee mit Boko Haram zusammenarbeiten. Das bevölkerungsreichste Land Afrikas droht jeden Tag ein wenig mehr in einen religiösen Krieg zu entgleiten.

Einsame Wölfe oder Guerillagruppen sind und bleiben Terroristen, weil sie bewusst und gezielt auf Zivilisten zielen. Sie wollen terrorisieren und verfolgen politisch-religiöse Ziele. Die westlichen Staaten müssen aber extrem klug und überlegt bei der Bekämpfung vorgehen. Der Erfolg der Terroristen und deren Aktionen hängen tiefgreifend von unseren Reaktionen ab. Sie wollen vor allem die Muslime in Europa radikalisieren. Das ist ihr wirkliches strategisches Ziel. Der Westen darf sich auf gar keinen Fall in dieses politische Manöver hineinziehen lassen.

Die Sicherheit der Bundesrepublik Deutschland wird, wie ein ehemaliger Verteidigungsminister einmal sagte, am Hindukusch verteidigt, aber heute auch an den Ufern von Euphrat und Tigris. Was heute in der Welt passiert, betrifft uns direkt zu Hause. Der Staat und die gesamte politische Szene müssen sich dringend anpassen, besonders bezüglich wahrscheinlicher zukünftiger Attentate. Jeder Spin-Doktor weiß doch, dass die früher gültigen Grenzen schwinden und verschwimmen.

Aber ist es in der Wirtschaftswelt anders? Wohl kaum! Grenzen waren auch gestern. Die Kernfrage der Unternehmensstrategie — „Which business are you in?" — ist komplett obsolet geworden. Sie ist längst von der digitalen und vernetzten Realität überholt worden. Um diesen Punkt zu illustrieren, können wir das Beispiel Apple nehmen. Apple war zunächst ein Computerhersteller und hat dann die Handybranche mit der Touchscreen-Technologie des iPhone vollkommen umgestaltet, eine Technologie, die auch von dem damaligen Branchenführer Nokia erkannt, aber nicht weiterverfolgt wurden. Apple hat auch die Musikindustrie revolutioniert mit seiner Online-Plattform iTunes. Hier wurden die Grenzen einiger Branchen völlig umgestaltet und neue Geschäftsmodelle entwickelt.

Man kann an dieser Stelle auch auf das Beispiel BMW verweisen. Der Autobauer verkauft keine Autos, sondern Mobilität. Noch besser: BMW bietet ein städtisches Datennetzwerk, mit relevanten Verkehrs-, Wetter- und Aktivitäten-Diensten. Ein anderes Beispiel: Amazon. Gegründet von Jeff Bezos — dem neuen Steve Jobs sagen einige — wurde das Unternehmen lange Zeit mit dem traditionellen Modell eines Online-Buchhändlers verbunden. Bei Amazon kann man aber auch Kleidungsstücke, Kühlschranke und — seit 2010 in Amerika und England — Tomatensauce bestellen. Amazon bietet darüber hinaus mit Lovefilm einen DVD-Verleih und eine Video-On-Demand-Plattform. Was bei Amazon sehr spannend ist, sind die sogenannten Amazon Web Services, welche eine breite Palette globaler Computing-, Speicher-, Datenbankservices umfassen, mit einem Umsatz von 3,8 Milliarden Dollar. Amazon macht aber auch sein eigenes Tablet, das Kindle heißt. Damit kommt Amazon Apple ins Gehege. Und nicht zu vergessen, Amazon hat ein 3D Smartphone entwickelt. Amazon ist wirklich beeindruckend und spiegelt sehr gut die aktuelle Sprengung der Branchengrenzen wider.

Und es gibt ein weiteres Paradebeispiel: Google. Die Firma aus Mountain View bietet seit langem mehr als eine reine Suchmaschine. Google bietet sehr effiziente Werbung mit Adwords und Adsense, sehr präzise Karten mit Google Maps, einen sehr benutzerfreundlichen E-Mail-Dienst, genannt Gmail, aber auch Betriebssysteme und Browser für mobile Geräte mit Android. Das Internet-Videoportal Youtube ist längst in den Google-Konzern integriert worden. Die Amerikaner haben auch viele Spezialisten gekauft: z.B. ein Unternehmen für künstliche Intelligenz, das zivile Drohnen herstellt oder die Authentifizierung per Ultraschall entwickelt hat. Google hat im Juni 2014 eine halbe Milliarde Dollar für den Konzern Skybox, einen Spezialisten für hochauflösende Satellitenbilder, ausgegeben. Doch warum eigentlich? In erster Linie, weil die Konkurrenz, in diesem Fall Apple, Microsoft und Amazon, dieses sehr spezielle und aussichtreiche Unternehmen zu kaufen drohte. Zweitens, weil mit Wetterdaten und Satellitenbildern Google große Kunden aus der Agrarwirtschaft, der Logistik- und Sicherheitsbranche ansprechen und als potentielle Kunden gewinnen könnte.

Diese Web-Giganten kämpfen vielleicht häufig gegeneinander, aber sie besitzen viele Gemeinsamkeiten, beginnend mit ihrem Riesenerfolg. Diese Unternehmen sind tatsächlich ein Synonym für Erfolg geworden: Die Marktkapitalisierung von Apple beträgt 626 Milliarden Dollar (im Vergleich die von Siemens „nur" 95,3, Stand 12/2014), Googles Marktanteil liegt in Deutschland bei 92 Prozent, und der E-Commerce-Umsatz von Amazon kletterte im Jahre 2014 auf 6,48 Milliarden Euro[9] (im Vergleich der von otto.de auf 2,27 Milliarden Euro). Die jeweiligen Unternehmensgeschichten der Web-Giganten sind natürlich unterschiedlich, aber ihre digitale Dominanz beruht auf ein paar gemeinsamen Gründen:

i. Daten: Sie haben auf die wertvollste Ressource im Internet-Zeitalter gesetzt, und zwar unsere Daten. Jeder Mausklick wird Daten sammeln und auswerten, darum geht es, meistens um Online-Werbung bereitzustellen, womit Google zum Beispiel 56 Milliarden Dollar in 2014 verdiente (+17%). Die Datenauswertung von Amazon ist beeindruckend wie die Produktempfehlungen ihres Algorithmus täglich beweisen. Apple besitzt ein ganz anderes Businessmodell mit dem Verkauf von Premium-Produkten ihres Hardware-Geschäftes, aber hat sein eigenes Echosystem (iTunes) entwickelt, um Content und Apps anbieten zu können.

ii. Innovationen: Diese Tech-Giganten schaffen permanent neue Ideen und greifen neue Märkte an. Der Suchmaschinen-Gigant Google ist an sich ein komplett neues Businessmodell und bietet seine Dienste kostenlos an, welche über Werbung gegenfinanziert sind. Der Versand-Gigant Amazon hat schön den Online-Buchhandel auf den Kopf gestellt, aber viele andere Märkte werden folgen. Das Unternehmen aus Seattle hat in Deutschland 56 Millionen Produkte im Angebot.

9 Institut für Handelsforschung (2014).

iii. Leaders: Diese Giganten waren am Anfang ganz klein und konnten in der Tat in eine Garage passen. Sie sind eigentlich Produkte eines puren unternehmerischen Geistes. Unter jedem von ihnen steht mittlerweile ein weltbekannter Name: der verstorbene Steve Jobs für Apple, Jeff Bezos für Amazon, Mark Zuckerberg für Facebook und Larry Page für Google. Diese Gesichter sind die Verkörperung der Kultur der jeweiligen Marken und perfekte Projektionsfläche für deren Aufmerksamkeitsstrategien.

iv. Investitionen: Die US-Web-Giganten gehen oft auf Einkaufstour, wie wir gerade gesehen haben. Und es wird immer teuer: Google kaufte 2006 YouTube für 1,6 Milliarden Dollar, Facebook kaufte 2012 Instagram noch für „nur" eine Milliarde Dollar, während es für den Instant-Messaging-Dienst Whatsapp im Februar 2014 horrende 19 Milliarden Dollar hinlegen musste. Kaufen, kaufen, kaufen, damit die andere Tech-Firmen es nicht tun können oder einfach damit die Verkauften nicht wachsen können.

v. Unterstützung: Man redet ganz oft von Silicon Valley, aber weniger von dem positiven Umfeld, welches der amerikanische Staat entwickelt hat. Dieser Punkt ist vielleicht weniger bekannt, aber nicht weniger wichtig. Wie die Ökonomin Mariana Mazzucato dokumentierte[10], hatte hinter diesen Erfolgsgeschichten und ihren bahnbrechenden wirtschaftlichen Innovationen ganz oft ein aktiver Staat die Hand im Spiel. Frau Mazzucato beschreibt zum Beispiel zwölf für Apple wichtige Technologien, vom Internet, über Speichertechnologien, den Touchscreen bis zum Positionierungssystem GPS. Dieses beleuchtende Beispiel sollte als Inspirationsquelle für Europa gelten, um schlagkräftige Internetkonzerne zu schaffen. Der Aufholprozess wird dauern, da nur neun der 100 größten Internet- und Kommunikationsunternehmen weltweit aus Europa kommen, so eine Studie der Unternehmensberatung A.T. Kearney aus 2014.

„In welcher Branche sind Sie tätig?" ist also definitiv die falsche Frage. Der neue Leitfaden der Unternehmensstrategie lautet eher: Was für eine Software bieten Sie? Es ist nicht mehr die Rede von Veränderung, sondern von Paradigmenwechsel. Das Digitale verspeist die Welt zum Frühstück. Alle Branchen sind mit der zunehmenden Geschwindigkeit von Veränderungen konfrontiert. Diese Veränderungen wachsen exponentiell, weil alle Bereiche und Abteilungen der Unternehmen — Produktion, Marketing, PR — betroffen sind. Konkret bedeutet dies: Wer im konventionellen Denken verhaftet bleibt, der kann einfach nicht

---

10 Mazzucato, Mariana (2014): Das Kapital des Staates — Eine andere Geschichte von Innovation und Wachstum, Verlag Antje Kunstmann, München.

mehr erfolgreich sein. Das Digitale ist sozusagen eine Meta-Branche, welche alle anderen Branchen auf den Kopf stellt. Was noch tiefgreifender ist, ist die Tatsache, dass es keine Branchengrenzen mehr gibt, weil wir alle in derselben Branche unterwegs sind und zwar in der Aufmerksamkeitswirtschaft. Jeder Werbetreibende ist nur einen Klick entfernt von dem anderen. Jeder Content muss sich gegen alle anderen Contents durchsetzen. Daher die Lebenswichtigkeit des Spins. Daher das Buch, lieber Leser.

b. Falsche Reaktionen auf echte Herausforderungen

Sie kennen bestimmt die Weisheit, die besagt, dass das Leben nicht das ist, was einem zustößt, sondern was man aus dem macht, was einem zustößt. Die bisher skizzierten Umbrüche verschärfen den Handlungsdruck und die Handlungsunsicherheit. Was tun? Warum? Wann? Mit wem? Diese ängstlichen Fragen überschlagen sich. Die gleichen Fragen lösen aber divergierende Reaktionsmuster in uns aus. Sollen wir abwarten oder ausprobieren? Anpacken oder umgehen? Konfrontiert mit dem Richtungsverlust wählen leider die Menschen ganz oft falsche Handlungsmuster aus. Es gibt aus Sicht des Spin-Doktors vier weitverbreitete falsche Reaktionen. Ich werde diese kurz darlegen, bevor ich es wagen will, weniger schlechte Reaktionen vorzustellen, welche jeden Spin-Doktor bzw. Manager in die Lage versetzen, den Hebel des Handels trotz des Nebels zu aktivieren.

i. Nichts Neues

Es ist, wie es ist und wie es immer war, und es wird auch immer so sein. Diese Reaktion ist am schwierigsten zu bekämpfen, weil sie die natürlichste ist. Wer mag eigentlich Veränderung? Kein Mensch. Alle drängen wir auf Sicherheit und Kontinuität. Veränderung ist schwer, Erhaltung des Status quo ist kinderleicht. Diese Reaktion ist also völlig normal. Aber nicht völlig ungefährlich. Sie besteht darin, alle kleinen Andeutungen von Veränderung und die dadurch veränderten Perspektiven zu verdrängen. Diese Reaktion beruht auf einer ganz normalen und verständlichen Angst: der Verlustangst. Man weiß immer, was man verliert, wenn man sich ändert, aber nie mit Sicherheit, was man gewinnen kann.

Die Mehrheit der traditionellen Führungskräfte reagieren auf die umgehende Unsicherheit mit exzessiver Selbstsicherheit. Für sie sind neue Erfindungen oder Technologien fast immer suspekt. „Eigentlich waren wir bis jetzt ohne diese Neuerung erfolgreich, oder?", sagen sie reflexartig. Die Wahrheit aber ist: Der Erfolg von gestern sagt wenig über das Schicksal von morgen aus. Daran erkennt man, dass man sich mitten in einem Paradigmenwechsel befindet. Die alten Muster sagen nichts über die Entwicklungen der zukünftigen Geschichte. Um Erich Maria Remarque (1898 – 1970) zu paraphrasieren, es würde also nichts Neues im Westen, im Osten, auch nicht im Süden oder im Nord geben? Nichts wäre falscher als diese Vorstellung.

Die Regeln und das Spielfeld sind ziemlich neu. Die Geschwindigkeit und die Natur der Veränderungen sind komplett neu. In unserer Zeit sollte man also nicht „out of the box" denken. Man braucht dringend eine neue Box. Möchte ein Mitarbeiter oder eine Mitarbeiterin eine neue Idee vorstellen, reagieren traditionelle Führungskräfte in den meisten Firmen mit dem Wunsch nach einem „Business Case". Das heißt, sie wollen einen Beweis sehen, dass es schon einmal jemanden gab, der diese Idee bereits irgendwo schon einmal umgesetzt hat, was im Endeffekt bedeutet, dass diese nicht wirklich neu sein kann. Der Widerstand gegen Veränderungen liegt ganz oft an der mangelnden Überzeugung des Chefs. Der Fisch stinkt vom Kopf her und das Schiff sinkt immer wegen fehlerhafter Entscheidungen auf oberster Ebene, nämlich wegen einer verhärteter Struktur und einer nicht zeitgemäßen Unternehmenskultur.

Dies zeigt auch eine Ende 2013 erschienene Studie von MIT Sloan Management Review und CapGemini Consulting, die sich dem Thema digitale Transformation widmete. Bei der Lektüre lernt man viel über die organisatorischen und kulturellen Barrieren. So halten zum Beispiel 40 Prozent der Mitarbeiter einen Mangel an notwendigem Reformdruck als wesentliches Hindernis für die digitale Transformation in ihrer Firma. Die traditionellen Führungskräfte sehen die Notwendigkeit der Veränderung nur in der Not, dann ist es aber zu spät. Die Geschichte der Wirtschaft ist ein Friedhof voll von anpassungsunfähigen, zum Teil fast schon arrogant nicht-handelnden Firmen: Pan Am, Polaroid, Neckermann, Saab, Max Bahr, Compaq, Sony Ericsson, Rover, Lehman Brothers. All diese Firmen haben die Zeichen der Zeit einfach ignoriert und die Fakten, die ihrem Glaubenssystem widersprachen, einfach bei Seite geschoben.

ii. Alles über Bord

Alles muss raus, damit alles neu sein kann! Nichts wird bleiben wie es war! Um erfolgreich zu werden, braucht man nur die Vergangenheit zu vergessen und der neuen und aussichtsreichen Zukunft entgegenzugehen. Wie man sieht, ist diese Reaktion das genaue Gegenstück zur vorher beschriebenen Denkweise und genauso furchtbar wie unfruchtbar. Man sollte hinzufügen, dass diese Reaktion ganz oft Hand in Hand mit einem technologischen Messianismus geht, der jede Erneuerung blind anbetet.

In der schon zitierten MIT/Cap Gemini-Studie gibt es die sogenannten „Fashionista", welche aggressiv und systematisch neue Technologien in ihren Firmen einführen, dies aber oft ohne Vision und rücksichtlos tun. „Was? Sie sind noch nicht auf Tumblr? Sie kennen noch nicht Vine? Sie benutzen immer noch nicht Swarm von Foursquare? Sie haben noch nichts auf Pinterest gepostet? Sie kennen Reddit nicht? Sie wissen nicht, was iBeacons sind? Sie haben immer noch keine Bitcoins gekauft? Auf welchem Planeten leben Sie eigentlich?" Die Fashonista sind einfach verrückt nach allem, was neu ist. Diese Besessenheit ist wie eine Droge, man braucht immer mehr und immer öfter davon. Sie benehmen sich ein wenig wie der Hamster in seinem Rad: Man rennt und kommt keinen Schritt voran. Es ist das Paradoxon schlechthin für die, die immer einen Schritt voraus sein wollen. Man lechzt nach jeder Neuigkeit, die am Ende nicht unbedingt etwas bringt und nur ein Trend war und keinen Mehrwert zu bieten hatte. Diese besessenen Trendbewussten sollten wissen, dass nicht alles Gold ist, was wie Zukunft aussieht.

Es ist ein Irrtum zu glauben, dass das Hauptziel jeder Firma darin liegen sollte, ein sogenannter „First-mover" zu sein. So etwas wie einen „Initiator-Vorteil" gibt es kaum. Lieber ein „Fast-second-mover" sein, wie der Wirtschaftsprofessor Costas Markides in einem seiner Texte erklärt hat. Pampers hat nicht die Windel erfunden, es war die Firma Crux im Jahre 1932. Das erste Diät-Soda-Getränk wurde von einer Firma namens Kirsch bereits im Jahr 1952 entwickelt. Pepsi und Coca Cola haben dieses Light-Konzept viel später, nämlich erst in den 1960er Jahren, auf den Markt gebracht. Es ist nicht unbedingt rentabel und weise, ein Innovator sein zu wollen. Ein „Consolidator" zu sein, ist weiser. Diese haben es einfacher als die „First-Mover": Sie brauchen nicht zu viel Geld für Forschung und Entwicklung auszugeben, sie kennen bereits die Tücken des ehemaligen „neuen Marktes" und benötigen nicht zu viel Werbung, um die neue Technologie bzw. das neue Produkt bei den Konsumenten bekannt zu machen oder zu erklären. Im Endeffekt müssen sie sich nicht mit Anfangsschwierigkeiten herumschlagen, das erledigen die First-Mover für sie. Hauptsache sie können ebenfalls einen Riesenmarkt bedienen, und das ist das Wichtigste.

Die Innovationskraft ist wichtig, aber die Skalierbarkeit ist wichtiger. Und zwar besonders für digitale Produkte, vielleicht sogar viel mehr als für industrielle Produkte, weil ganz oft das Wachstum — der Netzwerkeffekt — einen Mehrwert für alle User darstellt. Die größte Herausforderung für solche Firmen lautet: Wie kann man innovativ und zugleich Branchenführer sein? Die Empfehlung besteht darin, sagt uns Costas Markides, der 3M als Beispiel nennt, kleine „baby units" zu gründen, und zwar über den Tellerrand der eigenen Kernaktivität hinaus. Es stellt natürlich einen gewaltigen Balanceakt dar, ein Branchenführer zu sein und dabei zugleich eine Herausforderer-Denkweise zu besitzen.

Bei der Analyse der vergangenen Innovationen und Technologieeinführungen in der Branche, in der man tätig ist, kann man viel lernen. So machen es Business Angels und Investoren: Sie konzentrieren sich nicht nur auf ein Projekt und das Team, sondern auch auf ähnliche Entwicklungen in der Chronik der Branche. Winston Churchill hatte Recht: „Je weiter wir in die Vergangenheit schauen können, desto weiter können wir wahrscheinlich in die Zukunft schauen." Und dies gilt auch für die junge digitale Branche.

iii. Alles unplanbar

Da draußen gibt es einfach zu viel Unberechenbarkeit, zu viel Unwägbarkeit und zu viel Unsicherheit. Man sollte klugerweise die nicht planbare Natur der vernetzten Welt schlichtweg zur Kenntnis nehmen. Die Realität, auf der wir unsere Planung konstruieren, befindet sich immer schon im Niedergang. Kaum ist die Tinte getrocknet, mit der wir unseren Plan geschrieben haben, da ist die Welt da draußen eine komplett andere. Das strategische Denken ist ein Denken in veralteten Kategorien. „Unplanning", so lautet das neue Mantra einiger Manager.

Jeder weitsichtige Manager sollte diese neue Denkweise nachvollziehen können. Jede Führungskraft befindet sich irgendwie in einer permanenten Krisensituation. Alles geht so schnell, die traditionelle Kunst der Strategie ist daher reine Zeit- und Energieverschwendung. Nach der Unplanning-Denkweise ist Strategie nur ein anderes Wort für Ratespiel. Es ist in der Tat so: Strategisches Denken ist altmodisch, ein Konstrukt aus der Welt von gestern, genau der Ort, wo wir nicht gefangen bleiben wollen. Traditionelle Manager brauchen Monate — einige sogar Jahre —, um einen präzisen und detailreichen Plan zu erarbeiten, der jedoch die Marktunsicherheiten an sich nicht überwinden kann, keine neue Strategie entwickelt und sowieso nie implementiert wird. Ein Fünfjahresplan, der fünf Monate braucht, um geschrieben zu werden, und keine fünf Minuten Bestand haben wird, ist in unserer schnelllebigen Zeit sinnlos. Das „Unplanning" ist die Alternative, um das Geschäft in einer komplexen Welt erfolgreich durchzuführen. Dieser Lehrmeinung[11] nach müssen wir den richtigen Sinn der Strategie beachten, und zwar: das Anpassen an die jeweilige Situation. Planung ist viel zu statisch, viel zu unkonkret und schreibt nur den Status quo fort. Schlimmer noch: Planung verhindert die Kernaktivität des Managers, nämlich Entscheidungen zu treffen. Die neue Wirtschaft verlangt Flexibilität, Risikobereitschaft und Bauchgefühl und bedeutsamer noch, Möglichkeiten zu entwickeln und Optionen zu testen.

Die Kernüberzeugung der Befürworter des Unplannings besteht genau darin, ein agiles Denken zu fördern und mit wenigen Informationen trotzdem schnelle Entscheidungen zu fällen. Dann müssen Ideen nicht mehr auf Papier festgehalten werden, sondern man kann sie in der realen Welt testen, direkt auf dem Markt. Das Unplanning ist eine Denkweise, die auf Prototypen basiert und ein konsequentes Handeln bevorzugt. Ein Prototyp stellt ein funktionsfähiges, aber vereinfachtes Versuchsmodell eines geplanten Programms bzw. Produktes dar, an dem eine künftige Anwendung durch den Benutzer simuliert werden kann. Dieses Prototyp-Modell bedeutet, dass kein ausgereiftes Produkt vonnöten ist, um einen Markt zu erkunden und zu erobern. Es ist eine Denkweise mit Alternativen und Möglichkeiten, aber vor allem mit Zukunft. Amazon hat tatsächlich das Potential der Trial-and-Error-Kultur erkannt und bietet einen Freiraum für Cloud-Dienste, die sogenannten AWS (Amazon Web Services). Hier können Unternehmen relativ kostengünstig ihre neuen Produkte durch komplexe Berechnungen prüfen, bevor sie an den Markt gehen. Der deutsche Amazon-Kenner, Carsten Knop[12], erklärt folgerichtig, dass für Jeff Bezos das kostengünstige Cloud-Computing die „schlanke Produktion" des Informationszeitalters bringen wird.

Das Mantra heißt: immer in der Beta-Phase sein, d.h. in der sogenannten frühen Version eines Programms, in der Versionsnummer 0, wo die letzten Bugs gefunden werden sollen. Das eigentlich Gute bei der permanenten Beta-Phase bzw. der permanenten Justierung ist, dass man einfach früher scheitern kann, was bedeutet, dass man sein Produkt schneller verbessern oder auch verwerfen kann. Facebook, Twitter und Instagram waren alle am Anfang Entwurfsmuster. Zur Info: Anfang 2015 lautete die Versionsnummer von Facebook für Mobilgeräte 21.0.

Diese Reaktion auf unsere neue Welt ist weit davon entfernt, irrelevant zu sein, sie ist aber nicht ganz vollständig. Man sollte daher zunächst

---

11 Zum Beispiel: Sanders, Ian und Sloly, David (2011): The faster way to make your business idea happen, Financial Times Press, New Jersey.

12 Knop, Carsten (2013): Amazon kennt Dich schon — Vom Einkaufsparadies zum Datenverwerter, Frankfurter Allgemeine Buch, Frankfurt am Main, S. 91.

die Unplanning-Liebhaber daran erinnern, dass Strategie nicht gleich Planung ist, sondern viel mehr ein kontinuierlicher Verbesserungsprozess. Wie dem auch sei, man kann sich schließlich nicht ständig in einer Beta-Phase befinden. Es ist eigentlich wie beim Katastrophenmanagement, wo das Problem nicht die Krisen an sich sind — Erdbeben, Überschwemmungen und Vulkanausbrüchen wird es immer geben —, sondern die unzureichende Koordination der Hilfsmaßnahmen. Es geht darum, Strukturen zu schaffen, auf die man dauerhaft zurückgreifen kann.

iv. Alles messen

Wir brauchen keine Tests und keine Beta-Phase. Wir brauchen auch kein Bauchgefühl. Wir brauchen auch keine Planung und keine Strukturen. Wir haben einen neuen Gott, die Daten: „Data Unser!". Warum der Realität hinterherlaufen, wenn Daten überall zur Verfügung stehen? Besser noch: Diese Daten sind unsere neue Realität und sind der Schlüssel zum tieferen Verständnis unserer schönen neuen Welt. Willkommen in der Datengesellschaft. Willkommen in der Welt der personalisierten Medizin und der Nahrungsmittellogistik. Willkommen in einer Welt, in der klein- und mittelständische Unternehmen Cloud Computing nutzen, um datengesteuerte Lieferketten aufzubauen.

Die Datenwelt ist eine ideale Welt: Man kann immer den optimalen Standort für Windkraftanlagen ermitteln, Verkehrsstaus verhindern oder Ernteerträge in Entwicklungsländern ganz genau berechnen. Es lebe die florierende datengesteuerte Wirtschaft. Big Data ist die große Sache, das Allheilmittel für schleppende Umsätze und Absatzschwierigkeiten. Damit kann ein Unternehmen seine Kunden besser kennen als sie sich selbst und auf deren Bedürfnisse eingehen. Im Jahr 2012 konnte eine US-Supermarktkette per Datenanalyse die Schwangerschaft einer Minderjährigen aus Minnesota erkennen, bevor deren Vater Bescheid wusste. Die Analyse von getätigten Einkäufen und aufgerufenen Webseiten ergab einfach, dass Schwangere ab einem bestimmten Zeitpunkt unter anderem vermehrt unparfümierte Lotionen kaufen. Was zu beweisen war. Um ein anderes Beispiel zu nennen, American Express behauptet, die Trennungs-Wahrscheinlichkeit von Paaren bereits zwei Jahre vorher mit 80-prozentiger Sicherheit prognostizieren zu können. Privat war gestern. Jedes Mal, wenn wir auf etwas klicken, wenn wir etwas kaufen oder lesen, hinterlassen wir automatisch massenhaft digitale Spuren, und diese Abdrücke verraten viele Details aus unserem Privatleben.

„Big Data" darf aber nicht gleichbedeutend mit „Big Brother" werden. Das ist die schlechte Nachricht. Die gute ist: Unsere große Chance liegt darin, dass diese Daten-Ideologie nicht nur an moralische Grenzen, sondern auch an Analysegrenzen stößt. Es gibt nämlich viele Daten, die keine echten Informationen enthalten. Die Tiefen des Datenmeers verursacht eine Art „Infokalypse". Laut der Europäische Kommission werden jede Minute in der Welt 2,5 Trillionen Bytes an Daten generiert (Stand 2014). Die Massendatenanalyse entwickelt sich nicht so schnell. Warum sind aber Manager von Daten so begeistert? Wahrscheinlich, weil diese schöne neue Datenwelt die Illusion der Kontrolle wiederbelebt. Und weil mit Daten das Treffen von Entscheidungen leichter gemacht würde. Ja, „würde", es ist alles immer noch sehr hypothetisch. Hinter den wirklichen Nutzen von „Big Data" gibt es tatsächlich ein großes Fragezeichnen.

c. Hebel trotz Nebel

Die richtige Reaktion auf die Komplexität der neuen Welt zu finden, ist keine einfache Sache. Und an jeder dieser sogenannten „falschen" Reaktionen ist ein kleines Stück Wahrheit. So neu ist unsere vernetzte Welt auch wieder nicht, und die Globalisierung ist schon seit ein paar Jahrhunderten unterwegs, sogar länger. Die Dinge ändern sich, aber nicht so schnell und tiefgreifend, wie man glaubt. Dennoch sind die alten Denkweisen nicht mehr immer relevant, und die traditionelle Planbarkeit des Handelns muss teilweise in Frage gestellt werden. Gewiss müssen die Datenmengen geprüft und überprüft werden, damit man Smart Data aus Big Data herausfiltern kann. Wer könnte also ernsthaft das Potential der Massendaten ignorieren? Zumindest nicht die Spin-Doktoren.

Die Spin-Doktoren sind eigentlich gegen jede Form von Verallgemeinerung. Sie haben verstanden, dass die alte Welt noch nicht komplett verschwunden und die neue noch nicht komplett geboren ist. Es gibt für sie zwei symmetrische Fehler: die neuen Trends zu eilig anzunehmen und die Traditionen zu lange heilig zu halten. Alle verkürzten Darstellungen sind für Spin-Doktoren übertrieben und überflüssig. Sie nehmen aber nie die unvorhersehbare Natur der Dinge als Ausrede, um die Welt nicht verstehen und gestalten zu wollen. Sie wissen, mit Blick auf die eingebaute Unvorhersehbarkeit unserer Welt und deren permanenten Wandel, wie man etwas loslassen kann. Ein Nachlassen ist jedoch unmöglich.

Dies heißt aber nicht, dass ihre Reaktion die richtige ist — die Spin-Doktoren sind nämlich keine Besserwisser —, man kann aber ruhig behaupten, dass sie gut ausgestattet sind, um die Komplexität der neuen Welt zu bewältigen. Es ist eine Frage der Einstellung: Die Spin-Doktoren haben das Chaos der schönen neuen Welt durch und durch akzeptiert. Sie nehmen die Welt einfach so, wie sie ist, und versuchen permanent, die Regeln ihrer Bewegung zu verstehen und zu nutzen. Für sie ist die Welt nicht einfach nur komplex, sie ist vielmehr komplett chaotisch. Vereinfachung erzielt man heutzutage nicht mehr durch Reduktion, Dissoziation oder Deduktion. In der digitalen Welt interagieren immer mehr Menschen, die über immer mehr Ideen verfügen und in Echtzeit und überall immer mehr Daten generieren. Mehr Daten bringen aber nicht unbedingt mehr Klarheit. In unserer vernetzten Gesellschaft werden wir mit einer steigenden Vielfalt von Meinungen konfrontiert. Dabei ist der menschliche Faktor an der Stelle selten ein Ordnungsfaktor. Die digitale Welt wird von Menschen wahrgenommen und gestaltet, und überall wo es „menschelt", gibt es eine riesige Zufallskomponente.

Wir sollten die Worte des römischen Philosophen und Staatsmanns Seneca im Kopf behalten: „Wechseln musst Du Deine Lebensanschauung, nicht Gegend und Klima." Anders ausgedrückt: Die Art und Weise, wie wir unsere Wirklichkeit erfassen, ist der Schlüssel. Unsere Welt ist undurchsichtig und nebulös geworden, und wer an der Illusion der Kontrolle und der Sicherheit festhält, wird große Schwierigkeiten haben zu überleben. Zufall und Chaos sind jedoch keine fremden Größen für die Spin-Doktoren. Man muss das Herumirren im Ungewissen akzeptieren und den Berechenbarkeitswahn weglassen. Die Spin-Doktoren müssen mit dem Unwahrscheinlichen rechnen, sie versuchen aber nicht, Kontrolle über die Wirklichkeit zu erlangen. Man muss die Unendlichkeit der Möglichkeiten akzeptieren, aber sie auf das Wesentliche reduzieren.

Die Spin-Doktoren wissen, dass sie fehlbare Wesen in einer unvollkommenen Welt sind, und sie leben ganz gut mit dieser Idee. Sie wissen, dass die Menschheit genauso viel Kontrolle über die Ereignisse hat wie ein Wettermoderator über das Wetter. Deshalb ist für sie Beeinflussung viel besser als Kontrolle. Führungskräfte in der Wirtschaft sollten sich auf das konzentrieren, was sie kontrollieren können, und für das Unkontrollierbare eine Vorstellung haben, wie sie darauf reagieren können. Darin liegen das Geheimnis und das Glück des richtigen Handelns. Man muss nicht unbedingt alles überschauen, man muss nur mit dem Unüberschaubaren umgehen können. Man muss die Welt da draußen nicht unbedingt in allen Details verstehen, man muss sich nur darin zurechtfinden. Die Kunst des Irrens und des Nicht-Genau-Bescheid-Wissens muss beherrscht werden, nicht die Welt. Man darf das Chaos nicht fürchten oder sich vor ihm verstecken wollen, sondern man muss es anpacken und von ihm profitieren wollen.

Im Endeffekt ist die beste Reaktion auf nichtlineare Zusammenhänge, sie zu akzeptieren und den Willen zu haben, sich diese nutzbar zu machen. Das Einzige, was man unbedingt kontrollieren sollte, sind die eigenen Gedanken und die Reaktionen während der Meetings, vor der Presse und vor allem in Anwesenheit des Auftraggebers. Nur so kann der Spin-Doktor ruhig bleiben und sich auf sich selbst verlassen. Er muss sich selbst treu bleiben, an seiner Vision festhalten und sich nicht verlieren. Wenn er versucht mitzuspielen, dann muss er durch diese unübersichtliche und in permanentem Umbruch sich befindende Welt zu navigieren versuchen. Spin-Doctoring ist keine Wissenschaft, sondern eine Kunst, welche die Welt lesbar macht. Spin-Doctoring ist keine Wahrheit, sondern eine Tätigkeit, welche die Welt greifbar macht. Für den Spin-Doktor sollten Unberechenbarkeit und Unvollkommenheit keine Ausrede für Fatalismus sein. Der Spin-Doktor hat kein Interesse, nur Zuschauer zu sein, er will vielmehr Protagonist werden.

Die Grundbedingung dieser Grundeinstellung ist in der Tat die Ruhe. Für ein überlegtes Handeln braucht der Spin-Doktor unbedingt Momente der Entschleunigung. Er braucht richtige Reflexionsschleifen, um über die Welt und seine eigenen Entscheidungen nachzudenken. Dafür muss er sich bemühen und um jeden Preis einen kühlen Kopf bewahren. Sein Kopf ist nämlich sein wirksamstes und unersetzbares Arbeitsinstrument — wie bei jedem Manager auch. Das disziplinierte Nachdenken ist sein Muss. Der Lärm der Welt und deren Geschäftigkeit dürfen ihn nicht lähmen, er muss sich konzentrieren können.

Man stellt sich häufig den Spin-Doktor fälschlicherweise als jemanden vor, der ständig damit beschäftigt ist, die Journalisten mit seinen Soundbites zu füttern. Man muss sich den Spin-Doktor jedoch als jemanden vorstellen, der in aller Stille an seinem Bürotisch sitzt und die Lage studiert. Für ihn kann die Geschäftigkeit die Vergänglichkeit der Ereignisse nicht beseitigen. Der Spin-Doktor ist der Kontrapunkt des lauten Aktionismus und der ständigen Bewegung. Um zum Kern der Sache zu kommen, muss man diese zuerst gründlich analysiert haben. Man sammelt zuerst ZDF — Zahlen, Daten und Fakten —, und dann entstehen Informationen, welche man anhand einer jahrelangen Erfahrung am Ende miteinander verbinden kann. So ist es nun einmal: Spin verlangt Zen und Zeit.

Der Spin-Doktor hat gelernt, dass man mit seiner geistreichen Energie sparsam umgehen sollte. In der Vanity-Fair-Ausgabe vom Oktober 2012 erklärte der amerikanische Präsident Barack Obama, wie man Konzentrationsmüdigkeit vermeiden kann: „Ich trage nur blaue oder graue Anzüge, damit ich mir jeden Tag über eine Sache weniger Gedanken machen muss." Obama lüftet hier ein sehr wichtiges Halbgeheimnis: Aktive Menschen treffen jeden Tag viele Entscheidungen, man muss unbedingt das Entscheidungsvermögen gezielt einsetzen. Deshalb ist es sehr weise, jede Operation zu standardisieren und jeden Ablauf in vorher festgelegter Reihenfolge durchzuführen. Das Glück der Arbeit liegt in den Arbeitsschritten. Diese Routine der Selbstdisziplin ist sehr nützlich und extrem effektiv, aber — mit allem Respekt gegenüber dem Präsidenten — die richtige Gelassenheit erzielt man jedoch, indem man die kognitive Ungewissheit und den Kontrollverlust akzeptiert. Der Spin-Doktor hat verstanden, dass es keine Gesamtrationalität gibt, keine Für-immer-gültige-und-einzige-Lösung. Im Verlauf der Modernisierung haben sich Sub-Systeme der Gesellschaft gebildet: Religion, Wirtschaft, Politik und Moral. Diese Teilsysteme interagieren miteinander, und die wechselseitige Abhängigkeit ihrer Interdependenz generiert natürlich Komplexität.

Diese Teilsysteme und deren Zusammenwirken sind das Fundament und der Sinn unserer Freiheitsgesellschaft. Und die größte Herausforderung des modernen Regierens. Der Spin-Doktor liebt diese Komplexität, weil sie den Preis unserer Freiheit darstellt. Der belastende Druck unserer Epoche kommt von den raschen Wandlungsprozessen kombiniert mit der Zunahme unserer Handlungsoptionen. Dieser Druck ist die direkte Folge der Abschaffung der traditionellen Orientierungssysteme. Dieser Druck ist die unvermeidliche Gegenleistung für unsere Freiheit. Der Spin-Doktor glaubt nicht an Fügung, sondern vielmehr an Prüfung, an die Kraft des eigenen Tuns.

In diesem Chaos kennt der Spin-Doktor die paradoxen Wirkungen jedes Handelns, und er hat akzeptiert, dass aus dem Guten das Böse und aus dem Bösen das Gute entstehen kann. Wenn das Gute einfach aus dem Guten entstehen würde, dann könnte jeder Pfarrer dafür sorgen, unsere Gesellschaft zu beruhigen und in Ruhe zu verwalten. Das Chaos zu akzeptieren und mittendrin gelassen zu bleiben, heißt überhaupt nicht, dass es dem Spin-Doktor komplett egal ist. Der Spin-Doktor entwickelt immer eine Distanz zur Welt. Dies bedeutet nicht, dass er keine Gefühle hat, sondern dass er sich nicht von ihnen beherrschen lässt. Er hat eine selbstreflektierte Einstellung und kommt mit sich selbst ins Reine. Er weiß, dass er nicht alles wissen kann und dass er sich auf sein inneres und begrenztes Wissen verlassen muss, wenn er überhaupt etwas unternehmen will. Er ist gelassen. Und das ist

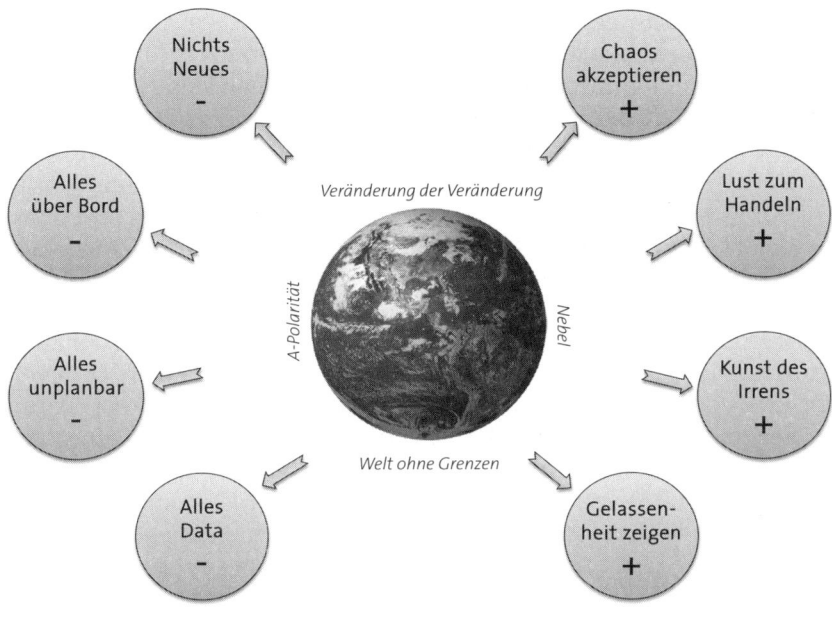

Reaktionen auf die schöne neue Welt

Nichts Neues −

Chaos akzeptieren +

Alles über Bord −

Veränderung der Veränderung

Lust zum Handeln +

A-Polarität

Nebel

Alles unplanbar −

Kunst des Irrens +

Alles Data −

Welt ohne Grenzen

Gelassen- heit zeigen +

Abbildung 3

eine gute Einstellung, eine gute Reaktion dieser neuen Welt gegenüber (siehe Abbildung 3).

Gelassenheit ist kein Ausdruck von Gleichgültigkeit, vielmehr die Vorbedingung der Ausgeglichenheit. Gelassenheit ist für den Spin-Doktor kein Symptom einer ironischen und prätentiösen Distanz zur Welt. Ganz im Gegenteil, er kennt seine Begabungen und Möglichkeiten — das heißt seine Grenzen — und will trotzdem das Schicksal beeinflussen und die Welt erobern. Er ist gelassen, er kann aber auch ab und zu loslassen. Für ihn gehen Entspannung und Hochleistung Hand in Hand. Das Chaos stellt für den Spin-Doktor keinen Grund für Geschäftigkeit und auch keine Ausrede für Nichtstun dar. Hier müssen wir uns noch einmal auf Niccolò Machiavelli beziehen, der das Konzept der „Kontingenz" perfekt interpretiert hat. Der Berater aus Florenz sagte, dass mehr als die Hälfte unseres Handelns von „Fortuna", also vom Glück, entschieden wird, und genau deshalb bräuchte man Entschlossenheit. Das nicht Vorhersehbare ist also kein Grund für Untätigkeit, nur eine Einladung für die Nüchternheit des Handelns. Der Spin-Doktor macht sich diesen Geist zu eigen. Seine Handlungsanweisung lautet so: Nehmen Sie die Welt als eine gigantische Petrischale, verlieren Sie die Furcht vor dem Chaos und pflücken Sie die Früchte des Herumprobierens. Wenn man etwas in der Welt ergebnisoffen versucht, erhält man entweder ein positives oder ein negatives Resultat. Letzteres kann sich aber für zukünftiges Handeln als geldwert erweisen, da man bekanntlich aus Fehlern lernt. Wie man sieht, haben viele Start-ups die Kernbotschaft von Machiavelli verstanden: Das Unvorhersehbare heiligt das Handeln. Daher sind sie experimentierfreudiger als etablierte Unternehmen.

Die Gesellschaftsteuerung muss ohne grundlegende Gewissheit stattfinden, und sie enthält sogar eine spielerische Dimension. Die aktuelle Politik ist ein Spiel mit Glück und Möglichkeiten. Unbestimmtheit und Mehrdeutigkeit sind die zwei größten Determinanten der heutigen Politik. Wie zuvor bereits behandelt, gibt es in menschlichen Angelegenheiten keine gegebenen Realitäten oder unabwendbaren Tatsachen. Politik in einem demokratischen Umfeld ist ein Streit der Perspektiven, wo jeder Vorschlag Einwände und Alternativen erhebt. Politik ist keine Wissenschaft, es ist ein Spiel mit Optionen, wo Rede und Widerrede über mögliche Zukunftsszenarien entscheiden. In der Politik können nicht selten unerwartete und unerwünschte Nebenfolgen von früheren Entscheidungen nur durch eine neue Entscheidung korrigiert werden. Und so weiter. Hier findet ein ständiger Prozess der Justierung statt. Politik ist nichts anderes als die Kunst, mit den Ereignisströmen und dem Unerwarteten umzugehen.

Demokratie mag vielleicht der Inbegriff für Instabilität und Inkonsequenz sein, aber wissen Sie was? Die Welt ist genauso! Die Welt ist kein Platz für berechenbare Kausalität und perfekte Ursache-Wirkungs-Zusammenhänge. Die Welt ist voll von Sinnlosigkeit und Zufälligkeit. Welche Alternativen haben wir also? Zentralverwaltungswirtschaft? Dies ist ein Märchen, das hat uns der sowjetische Misserfolg gezeigt. Die idealtypische Marktwirtschaft mit ihren modellbasierten und probabilistischen Werkzeugen funktioniert auch nicht reibungslos. Das zeigt uns die noch immer schwelende weltweite Finanzkrise seit 2008 und ihre zahllosen Nachwirkungen. Viele Entscheider in der Wirtschaft tendieren dazu, Eindeutigkeit in der Quantifizierung zu finden, und zwar mehr denn je seit der Thronbesteigung von Big Data. Es ist eine gefährliche Illusion, die eine problematische Blickverengung verursacht. Reflexivität und Streitkultur sind viel geeigneter, um die offenen Fragen unserer schönen neuen Welt anzupacken.

Dass unsere vernetzte Welt extrem komplex ist, kann der Spin-Doktor von seiner Warte aus gut bestätigen und erläutern. Die politischen und wirtschaftlichen Umbrüche unserer neuen „a-polaren" Welt stellen neue Regeln auf. Durch diese Machtverlagerung befinden wir uns an einem historischen Scheideweg. Die neue Welt ist überdreht und kann nur ein labiles Gleichgewicht bieten. Diese strukturelle Instabilität wird unsere Epoche noch lange Zeit prägen. Der indisch-amerikanische Autor Parag Khana begreift diese Epoche als eine Art „neues Mittelalter", in dem Städte, religiöse Kräfte und Familien um die Vorherrschaft kämpfen. Er erinnert uns mit Recht daran, dass die Exklusivität der Macht des Staates nur die historische Ausnahme war und wir gerade dabei sind, zum normalen Pluralismus zurückzukehren. Also Willkommen im neuen Mittelalter! Es wird nicht unbedingt ruhig und friedliebend.

Begreifen Sie den Spin als Investition, um die Komplexität der Welt zu verstehen und besser in den Griff zu bekommen. So erfahren Sie, dass die Welt nur durch eine feste Überzeugung regierbar und mit Überzeugungskunst veränderbar ist. Der Spin ist die beste Antwort auf die Komplexität des digitalen „Mittelalters". Der Spin-Doktor kennt und erkennt die Grenzen seines Tuns und findet daran eine Art Ermutigung und sogar eine Art Ästhetisierung seiner Existenz. Wenn die Ereignisse also zu entgleiten drohen, warum nicht den Versuch unternehmen, uns als deren Organisatoren zu inszenieren?

Es ist nun endlich Zeit, Edward Bernays zu zitieren. Der Neffe von Sigmund Freud und Stammvater der modernen Werbepsychologie und Pflichtlektüre jedes Spin-Doktors schrieb in seinem 1928 veröffentlichten Buch *Propaganda*: „Propaganda wird niemals sterben. Kluge Menschen müssen sich darüber klar werden, dass Propaganda das moderne Instrument ist, mit dem sie für konstruktive Ziele kämpfen können, und das ihnen hilft, Ordnung ins Chaos zu bringen." So sieht die Welt für den Spin-Doktoren aus: wie ein Spannungsfeld zwischen Chaos und Handeln. Er versucht immer, die schönen Seiten unserer chaotischen Zeiten zu erkennen und zu nutzen. Er versucht, seine Handlungsmöglichkeiten immer besser auszuarbeiten. Angesichts des Chaos, trotzdem handeln. Ja, das Wort „trotzdem" ist vielleicht sein richtiges Mantra.

Wir werden im Laufe des nächsten Kapitels eine der Kernthesen dieses Buches erläutern: Die Digitalisierung des Wirtschaftslebens stellt eine Demokratisierung bzw. eine Politisierung des Wirtschaftslebens dar. Aber vorher noch ein Wort zum Thema Veränderung oder, um präziser zu sein, noch eine Anekdote. Im Jahr 1971 unternahm Henry Kissinger zwei geheime Reisen in die Volksrepublik China, um in Gesprächen mit dem damaligen Premierminister Zhou Enlai den Weg für eine Normalisierung der Beziehungen zwischen China und den USA zu bereiten. Der Außenminister fragte den Premierminister nach seiner Einschätzung der französischen Revolution. Darauf antwortete

Zhou Enlai: „Too soon to tell." Der Spin-Doktor weiß nicht genau, wie unsere neue schöne Welt sich drehen wird. Eines weiß er aber: Es ist viel zu früh, um es zu sagen, und es wäre viel zu schade, trotz dieser Ungewissheit nichts zu unternehmen. Die Welt ist vielleicht grotesk komplex geworden, aber es ist immer noch unsere Welt. Wir haben keine andere. Noch nicht.

Soundbites
„Die schönen Seiten der chaotischen Zeiten"

> Wir werden nicht das Ende der Welt erleben, nur das Ende **einer** Welt.

> Egal wie dick der Nebel ist, der Leader muss immer den Hebel des Handelns finden und in Bewegung setzen.

> Das Management wird immer öfter auf das Change Management reduziert.

> Alles nur Ereignisse. Ihre optimale Reaktion auch.

> Die quantitative Zunahme der Ereignisse mündet in einer qualitativen Veränderung der Realität. Das führt zu einer sogenannten Veränderung der Veränderung.

> Es gibt keine Branchengrenzen mehr, weil wir alle in derselben Branche unterwegs sind, und zwar in der Aufmerksamkeitswirtschaft.

> Die Datenmengen müssen geprüft und überprüft werden, damit man Smart Data aus Big Data filtern kann.

> Es gibt zwei symmetrische Fehler: die neuen Trends zu eilig anzunehmen und die Traditionen zu lange heilig zu halten.

> Man muss die Welt da draußen nicht unbedingt in allen Details verstehen, man muss sich nur darin zurechtfinden.

> Aktive Menschen treffen jeden Tag viele Entscheidungen, man muss aber unbedingt sein Entscheidungsvermögen gezielt einsetzen.

> Der Spin-Doktor liebt diese Komplexität, weil sie den Preis unserer Freiheit darstellt.

> Das Unvorhersehbare heiligt das Handeln.

> Der Spin ist die beste Antwort auf die Komplexität des digitalen Zeitalters.

2. Das digitale Zeitalter als Demokratisierung des Marketings

> „Die Menschen werden nicht als Staatsbürger geboren,
> sondern erst dazu gemacht."
> Baruch de Spinoza

Vielen Kommentatoren zufolge war die Bundestagswahl 2013 nicht sehr spannend. Sie war geradezu stinklangweilig, mit Ausnahme eines Stinkefingers, der uns kurz vor der Wahl aus unserer Erstarrung hätte lösen können. Und diese traurige Feststellung liegt nicht nur an der mit Erfolg gekrönten Vermeidungsstrategie der Bundeskanzlerin. In der Tat, und nicht komplett zu Unrecht, wirkt die Politik ganz oft nebulös und besitzt einen ziemlich schlechten Ruf unter den Vertretern der Wirtschaftswelt.

Ihrer Meinung nach verstehen die Politiker nicht im Detail, was die Wirtschaft wirklich tut und benötigt. Viel zu wenige Abgeordnete haben berufliche Erfahrungen in der Wirtschaft gesammelt. Logischerweise treffen daher Politiker ab und zu falsche Entscheidungen. Damit macht die Politik den Managern das Leben nicht unbedingt einfacher. Die politischen Entscheidungsprozesse sind viel zu langsam, viel zu unbefriedigend, so lautet die Wahrnehmung der Manager. Seit Jahrzehnten gewinnt der Wirtschaftsliberalismus in der politischen Sphäre an Boden und erklärt die staatliche Einmischung für ein notwendiges, aber gefährliches Übel. Parallel dazu sind die Regierungen und Behörden aufgefordert, die Methodik des Betriebsmanagements zu übernehmen, um ihre Effizienz zu verbessern, Geld zu sparen und Defizite zu reduzieren.

Vor diesem Hintergrund stellt sich die Frage, ob die Manager überhaupt etwas von der Vorgehensweise und dem Führungsstil von Politikern und deren Kommunikationsmodellen lernen können. Können Letztere eine Inspirationsquelle für die Führungskräfte der Wirtschaft in den Zeiten der Digitalisierung sein? Ich werde diese Frage in diesem Kapitel — Sie haben es bereits geahnt, lieber Leser und liebe Leserin — mit einem klaren „Ja" beantworten. Die Wirtschaft sollte sich ein bisschen von den Mustern der Politikvermittlung beeinflussen lassen. Und in der Tat hat die Finanzkrise auch gezeigt, dass Märkte nicht unbedingt bessere wirtschaftliche Entscheidungen treffen und auch Irrationalität und Ineffizienz generieren können. Zusätzlich geben die Terrorismusbedrohung und die Rückkehr des Krieges an den Grenzen Europas dem Staat und seinen Hoheitsrechten eine neue Dimension.

Man braucht gewiss keinen paternalistischen, aber definitiv einen strategischen Staat, welcher die Energie und Motive der Menschen erkennen und kombinieren kann.

Die Politik ist eine sehr relevante Inspirationsquelle für Top-Entscheider. Ja, weil die Politik einer der ältesten Berufe der Welt ist und viel über unser aktuelles digitales Zeitalter erklären kann. Ja, weil Politiker und ihre Vermittlungsberater, ihre sogenannten Spin-Doktoren, Spezialisten der Willensbildung, der Beeinflussung und der Mobilisierung sind. Diese Spezialisten beherrschen Fähigkeiten, welche auch die Manager in unserer vernetzten Gesellschaft unbedingt beherrschen sollten. Ja, weil die Digitalisierung neue Fakten geschaffen hat. Ja, weil die Digitalisierung des Wirtschaftslebens und des Marketings deren Demokratisierung und gegebenenfalls deren Politisierung entspricht. Um diese Kernaussage deutlicher und präziser zu machen, werde ich die neuen Entwicklungen des Marketings aus drei Blickwinkeln betrachten: Aus den Perspektiven der Konsumenten (a. „Konsumenten sind Staatsbürger"), der Geschäftsführer (b. „CEOs sind Politiker") und deren Beziehungen (c. „Das permanente Campaigning").

a. Konsumenten sind Staatsbürger

Es ist immer schwierig, eine neue Marketing-Epoche zu identifizieren. Es ist ziemlich kompliziert, diejenige Charakteristik zu identifizieren, die wirklich einzigartig ist, die ausschlaggebende Veränderung mit sich bringt, die wirklich etwas ändert, die zwei Epochen scharf trennt, die bahnbrechende Innovationen ins sich trägt. Es ist umso schwieriger, wenn die neueste Innovation nicht die ehemaligen aus dem Weg räumt, sondern sich einverleibt. Die Innovationen der Medienlandschaft — Print, Radio, Fernsehen, Internet — folgen aufeinander und kombinieren sich. Medieninnovationen sind wie Schichten, die sich überlagern, wie Sedimente in der Geologie. Sie sind immer unter unseren Füße, egal wohin wir uns bewegen. Das Marketing hat sich immer weiterentwickelt, hat eigentlich immer gut auf diese Innovationen reagiert und hat sie ausnahmslos integriert. Die Kunst der Kundenverführung ist permanent dabei, sich zu verfeinern.

Wo liegt also heutzutage der neue Meilenstein, der uns in eine neue Marketing-Epoche führt? Welche sind die neuen Fakten, die von der Digitalisierung geschaffen wurden? Was ist das Neue an den Neuen Medien? Ganz klar: Jeder User wird zum Medium. So lautet die einfachste und wesentlichste Beschreibung des digitalen Zeitalters. Das Digitale ist eine Revolution in der Medienlandschaft, weil jeder Konsument seine Meinung veröffentlichen kann. Wenn der Kunde damals

„König" war, dann ist er jetzt Staatsbürger. Kundenorientierung ist nicht neu und prägt die traditionelle Markenführung genauso wie heutzutage die neusten Techniken der Konversionsoptimierung — sprich, wie viele Besucher einer Webseite sich zu einer bestimmten Handlung, zum Beispiel Bestellung, Newsletter-Abos usw. entschlossen haben — im Online-Marketing. Die Digitalisierung der Wirtschaft und des Marketings verleiht aber dieser vorherrschenden Denkweise eine neue Dimension und vielleicht sogar ihre wirkliche Dimension. Hier ist nicht die Rede von Kundenorientierung, sondern von Kundenermächtigung.

„Der Kunde ist König" galt als erprobtes Paradigma des Marketings, aber der Kunde war nie wirklich König, sondern vielmehr so etwas wie ein Ehrenpräsident, dessen Aufgaben vor allem repräsentativer Art waren und dessen Mitspracherecht durch die Einbahnstraßenkommunikation des TV-Zeitalters erheblich beschränkt war. Der Kunde war alles außer mächtig und souverän, ganz im Gegenteil. Er war Objekt von Unterbrechungen und Wiederholungen, von Botschaften bombardiert und nur dank seiner Kaufkraft der Form wegen respektiert. Durch die Digitalisierung ist der Kunde zu einem Subjekt geworden, das sich selbst reflektiert. Der Kunde ist „Nutzer" geworden. Er nutzt nicht nur sein Portemonnaie, sondern Interfaces und, wichtiger noch, seinen Verstand, seine Netzwerke, das heißt im Grunde genommen seine Macht. Die Digitalisierung bedeutet nämlich die Ermächtigung des Kunden. Der König ist tot, es lebe der Staatsbürger Kunde!

Die Digitalisierung hat nicht nur neue Werbemaßnahmen, Arbeitsprozesse und Produktionsmethoden nach sich gezogen, sie hat auch das Machtgefüge radikal geändert. Dank der Digitalisierung ist der Kunde in die Geschichte eingetreten, er ist vom Spielstein zum Spieler geworden. Die Digitalisierung ist nicht nur, wie es oft gesagt und betont wird, eine Medienrevolution, sondern auch eine politische. Das Wirtschaftsleben ist demokratischer geworden, und es gibt kein Zurück mehr. Die „Herrschaft des einfachen Volkes" ist unwiderruflich in Kraft getreten. Es gibt viele starken Parallelen zwischen der Digitalisierung und der Demokratie. In einer Demokratie ist das Volk oberster Souverän und oberste Legitimation der politischen Macht. Das Digitale ist unserer Meinung nach zweifellos ein Machtfaktor. Was aber bedeutet Macht? Der Spin-Doktor würde sagen: die Fähigkeit, auf das Verhalten anderer Menschen einzuwirken und soziale Beziehungen zu bestimmen. Denn es ist Fakt: In unserem digitalen Zeitalter hat die Macht der Konsumenten wesentlich und unaufhaltsam zugenommen.

Nach Artikel 20, Absatz 1 unseres Grundgesetzes ist die Bundesrepublik Deutschland eine parlamentarische Demokratie. Heute gelten in der

Welt 117 Staaten als Demokratien. Woran erkennt man wirklich, dass man in einer Demokratie lebt? Ist es die Gewaltentrennung zwischen den verschiedenen Staatsorganen? Die Garantie der Grundrechte jedes Einzelnen? Eine Staatsform mit einer Verfassung, die allgemeine persönliche und politische Rechte garantiert? Sind es die fairen Wahlen oder die unabhängigen Gerichte? Sind aber nicht alle diese Elemente belanglos ohne die Meinungs- und Pressefreiheit? Wenn man die formellen Kriterien der Demokratie als Staatsform betrachtet, dann muss man ehrlich erkennen, dass das Digitale nur eine Fassadendemokratie darstellt. Die Garantie der Netzneutralität ist geradezu inexistent, die Rechte des Einzelnen, was ihre persönlichen Daten angeht, sind zu bedeutungslos, um das schöne Wort Demokratie nutzen zu können. Deshalb wollen wir vielmehr von „Demokratisierung" sprechen. Tendenziell steigt die Macht der Konsumenten unweigerlich in dieser digitalisierten Phase des Kapitalismus.

Man muss erkennen, dass Demokratie nicht nur eine Staatsform darstellt, sondern vielmehr eine Lebensform. Das ganze Konstrukt „Demokratie" beruht vollständig auf einem Kernbaustein: dem mündigen Bürger. Keine Demokratie ohne Demokraten, das heißt ohne Menschen, die ihre Rechte bewusst ausüben und aufgeklärte Entscheidungen in kollektiven Prozessen treffen können. Die wichtigste Institution in einer Demokratie ist nicht das Parlament oder die Regierung, sondern der Wähler. Demokratie verlangt also mehr Rechte *und* mehr Informationen für den Einzelnen. Ohne ein starkes Bildungssystem kann man keine Demokratie bilden, ohne Pressefreiheit kann man keine Freiheit geltend machen. Die Digitalisierung befördert Demokratiesierung: Sie ermöglicht und verteilt mehr Informationen. Die Kunden können Marken und Produkte begründeter und fundierter auswählen. Die Informationsasymmetrie zwischen Marken und Konsumenten gehört der Vergangenheit an. Wissen ist Macht, und die Verbraucher haben viel mehr davon als früher, und ihre Informiertheit hat deutlich zugenommen. Bevor man eine sogenannte „Informationsüberlastung" feststellt und denunziert, sollte man die disruptive Kraft dieses Informationszugewinns wahrnehmen und berücksichtigen. Dies ist ein zusätzliches Zeichen der neuen Macht: Die Verbraucher bringen Unternehmen zu neuem Denken und Handeln, und zwar nicht nur durch ihre Kaufkraft, sondern auch durch die Kraft ihrer Meinungen.

Im Grunde genommen haben die Unternehmen das Informationsmonopol verloren. Die Kunden geben sich nicht mehr nur mit Schlagworten, einem Foto und dem Preis zufrieden. Sie wollen und können mehr erfahren, über das Produkt, über die Marke und über das Unternehmen, das dahinter steckt, sowie über den Wettbewerb. Die Werbe- und Leistungsversprechen müssen viel sorgfältiger geschrieben werden. Die Suchmaschinen sind der wichtigste Einstiegspunkt ins Internet und dort suchen vor allem die Konsumenten nach Informationen und nutzen gerne Testberichte, Bewertungen und Hinweise anderer User.

Die Informationsbeschaffung findet heute online statt, und eine Marke, die online nicht gefunden wird, wird logischerweise nicht in die Einkaufsentscheidung mit einbezogen. Es ist schwierig zu verallgemeinern, weil die Zahlen extrem branchen-, produktarten- und profilabhängig sind, man kann aber mit Fug und Recht behaupten, dass die Meinung anderer ganz oft und sehr stark die Kaufentscheidung beeinflusst. Der „German Social Media Consumer Report" hat im Jahr 2013 die Relevanz sozialer Netzwerke für den Produktkauf unter die Lupe genommen. Die Forscher der Universität Münster sowie der Strategieberatung Roland Berger haben ein neues Glaubwürdigkeitsranking der Informationsquellen erstellt. Lässt man zwischenmenschliche Empfehlung außer Acht, rangieren soziale Netzwerken nur noch knapp hinter dem Massenmedium Fernsehen. Diese neue Struktur der Beeinflussung ist nicht nur für das Online-Angebot gültig: Rund ein Drittel der Konsumenten bereiten inzwischen ihren Kauf im stationären Handel online vor, wie eine Studie des E-Commerce-Center am Institut für Handelsforschung in Köln zeigt, welches das Cross-Channel-Verhalten der Konsumenten auch im Jahr 2013 untersucht hat.

Die Leistungsdaten und die Online-Bewertungen von Produkten sind überall auffindbar und überprüfbar — und die Kunden erkennen hierbei, wie gering die Qualitätsunterschiede der Angebote geworden sind. Im Endeffekt erzählen die User viel mehr über eine Marke als diese Marke über sich selbst es tut. Die Marke ist nicht mehr das, was das Unternehmen vorgibt, sondern das, was die Konsumenten über sie erzählen. Die Informationsmachtverhältnisse sind völlig anders geworden. Die Marken können keine leeren Versprechen mehr machen und die Konsumenten dulden keine Ungenauigkeiten bei den Produktversprechen mehr. Notlügen und Schönreden sind nicht mehr erlaubt. Alles wird sowieso irgendwann auf irgendwelche Art bekannt gemacht. Auch das Geheimnis aller Geheimnisse: wie jenes der NSA.

Die Digitalisierung geht in der Tat Hand in Hand mit einer gewaltigen Transparenzwelle. Die Politiker kennen diesen unerbittlichen Drang nach permanenter Transparenz. Während jedes Wahlkampfs gibt es Faktenchecks für die digitale Wahrheitsfindung. Kandidaten haben es heutzutage nicht leicht. Jede Aussage und jedes Versprechen, alles was sie äußern und irgendwann mal geäußert haben, wird analysiert und kontrolliert. Der Bürger ist nicht mehr passiv, ja er kann den Glaubwürdigkeitswert jedes Wortes eines jeden Politikers überprüfen, sich kundig machen und sich dann aufgeklärt entscheiden. In der Politik kann jederzeit alles entlarvt werden. Die Politiker können sich Un- und Fastwahrheiten nur noch selten leisten, da sie und ihre Glaubwürdigkeit auf einem Pulverfass sitzen. Und ebenso ergeht es Wirtschaftsbossen und Marken. Man muss sich heute schon darauf vorbereiten: Die digitalen Lügendetektoren werden die Wirtschaftswelt ins Visier nehmen.

Für moderne Markenführung muss Täuschung komplett zum Tabu werden. Jede Firma wäre in der Tat gut beraten, ebenso wie die Politiker zu verfahren. Sonst droht etwas, was panische Angst bei jedem Markenverantwortlichen auslösen kann: ein „Shitstorm", was der Duden mit viel politischer Korrektheit und wenig Genauigkeit mit „Sturm der Entrüstung" übersetzt. Es geht hier allerdings nicht um ein Wetterphänomen, vielmehr geht es um die soziale und kollektive Natur des Internets, mit allen seinen Extremen. Wie dem auch sei, dieses viel kommentierte Phänomen betont die immense Macht und das hohe Schadenspotential, welche die Konsumenten für sich entdeckt haben.

Die wirtschaftlichen Folgeschäden einer solchen Empörungswelle im Netz sind schwer zu beziffern, aber man merkt ab und zu, wie machtvoll ein Shitstorm sein kann. Bei der Deutschen Telekom hat der Shitstorm wegen der angekündigten Drosselung der Datenmenge für bestimmte Nutzer im Jahr 2014 zu einer Aufgabe der Pläne geführt. „Drosselkom" ist nur ein Beispiel des Erfindungsreichtums der Nutzerkampagnen, die überall und jederzeit online auftauchen können. In Folge der Meldungen über in der Kleidung eingenähte Hilferufe chinesischer Arbeiterinnen musste der Textildiscounter Primark mit einem gigantischen Rückgang der Verkäufe im Jahr 2014 rechnen. Was verblüffend an dieser Geschichte ist: Die Echtheit der Hilferufe konnte bislang nicht verifiziert werden.

Ein Shitstorm ist vielleicht nicht immer begründet und berechtigt. Manchmal aber doch. Falsches Versprechen, mieses Produkt oder ungeschickter Tweet: Ein Shitstorm kann viele Auslöser haben. Die User kommentieren gerne, nicht nur die Werbebotschaften der Marken, sondern vor allem und viel mehr, was die Unternehmen tun. Das ist eine weitere umwälzende Änderung, die im Zuge der Digitalisierung entstand: Die Konsumenten üben eine strikte Kontrolle über die Kommunikation — Jahresbericht, Pressmitteilungen oder Werbebotschaften — *und* das Handeln — Produktionsprozesse, Personalpolitik oder Lieferantenpolitik — der Unternehmen aus. Die Konsumenten achten nicht nur auf den Preis, um Produkte auszuwählen. Auch die Bedeutung des CSR, der Corporate Social Responsability, der Unternehmen wächst. Und warum ist dies so? Weil sie es im Gros mit sozialverantwortlichen Konsumenten zu tun haben. Und nicht umgekehrt! Wir sollten hier nicht Ursache und Wirkung verwechseln: Die Unternehmen haben ihre Verantwortung nicht automatisch und gerne wahrgenommen, sondern sie wurden von den zunehmend aufmerksamen und medienaktiven Konsumenten dazu gebracht.

Die Verbraucher übernehmen seit Jahren schon bewusst und immer mehr Verantwortung für ihren Alltagskonsum. Sollen die Verbraucher die drei wichtigsten Attribute beim Einkauf bewerten, so ist der wichtigste Faktor immer noch der Preis. Eine Untersuchung von Fly Research vom Mai 2014 zeigt, dass Ethik und Nachhaltigkeit nur mit 12 Prozent genannt werden. Gewiss, viele Verbraucher in Deutschland greifen immer noch auf Billigprodukte zurück, aber sie wünschen sich andererseits fair und nachhaltig produzierte Lebensmittel und Kleidung. Die Flut an unterschiedlichen Zertifikaten, Siegeln und Labels ist definitiv eine Barriere für fairen Konsum, aber die Macht der Gewohnheit bleibt das größte Problem. Tendenziell gründen sich die Kaufentscheidungen der Verbraucher nicht mehr nur auf auf klassische Kriterien wie Preis und Qualität. Produktionsmethoden, Auswirkungen auf die Umwelt, Arbeitsbedingungen der eigenen Mitarbeiter und der Lieferanten zählen auch immer mehr. Aus ihrer Perspektive hat jedes Produkt einen Ursprung, eine Geschichte und einen Einfluss auf die Gesellschaft und die Umwelt. Wie dem auch sei, jede Kaufentscheidung besitzt damit drei Dimensionen: Logos (rationale Kriterien), Pathos (emotionale Kriterien) und, jetzt neu, Ethos (ethische Kriterien). 80 Prozent der Verbraucher glauben, dass ethisches Handeln für Unternehmen wichtig ist. Die verantwortlichen Verbraucher betrachten zunehmend ihren Einkaufwagen immer mehr als Wahlurne.

Die besten Werbeslogans der Welt können nichts mehr gegen gesundheitsschädliche und ausbeuterische Arbeitsverhältnisse ausrichten. Das Tun der Unternehmen hat einen direkten Einfluss auf die Markenwahrnehmung und die Bereitschaft zur Weiterempfehlung. Die etablierten Hersteller müssen sich dem neuen, tiefgreifenden Trend zunehmend anpassen. Nike muss immer noch mit den imageschädlichen Konsequenzen der „Sweatshop"-Affäre[13] der 1990er-Jahre kämpfen. Und auch die Handy-Hersteller müssen auf eine verantwortungsvolle Rohstoffgewinnung in Afrika achten. Die Konsumenten sind Staatsbürger geworden. Besser noch: Weltbürger geworden. Die Textildiscounter KiK und Co. können die Arbeitsbedingungen in den Textilfabriken Bangladeschs nicht mehr ignorieren, weil die extrem gut informierten Verbraucher es nicht mehr tun.

---

13 https://web.stanford.edu/class/e297c/trade_environment/wheeling/hnike.html

Die Abschaffung der Informationsasymmetrie zugunsten der Verbraucher ist nicht der einzige Grund für ihre neue Macht. Die Konsumenten profitieren im digitalen Zeitalter von mehr Information, aber auch von mehr Vernetzung. Die Demokratie besteht auch darin, die Meinungen und den Willen der Bürger zu bündeln und in Macht zu verwandeln. Die Demokratie ermöglicht es den Bürgern, sich zu verbünden und die institutionalisierte Macht der Menge auszunutzen, um die Willkür und die Verfügungsgewalt des Staats zu beschränken. In unserer digitalen Gesellschaft sind die Konsumenten vernetzt wie nie zuvor und können dank einschlägiger Foren und Vergleichsportale die Werbeinformationen mit Testberichten vergleichen und die Versprechen der Hersteller anhand anderer Quellen überprüfen. Ihre Meinung hat zweifellos an Gewicht gewonnen, weil die digitalen Technologien die Konsolidierung der Meinungen ermöglicht haben. Das Internet schafft vielleicht den Shitstorm, aber es gibt der „Weisheit der Vielen" dadurch eine völlig neue Geltung. Die Macht der Vielen kann auch neue Marktplätze entstehen lassen, was wir „Sharing Economy" nennen. Nutzen statt besitzen: So lautet das Programm. Es ist wie in der Demokratie: Einigkeit macht stark. Ist das eine Utopie? Fakt ist, dass das Tauschgeschäft blüht. Warum sollte ich eigentlich eine Bohrmaschine kaufen, wenn ich diese nur fünf Minuten pro Jahr benutze? Tauschen und leihen sind manchmal besser als kaufen — auch unter Nachhaltigkeitsaspekten, schließlich muss ja nicht alles neu produziert werden. Diese kollaborative Wirtschaft ist eine echte Revolution und eine wahre Herausforderung für die etablierte Marke.

Negativ betrachtet können die Konsumenten ihre Stärke bündeln und Druck auf die Unternehmen ausüben. Positiv betrachtet können die Konsumenten mit der Marke zusammenarbeiten und sogar neue Produkte entwickeln. Im Jahr 2000 veröffentlichte die kanadische und globalisierungskritische Journalistin Naomi Klein einen Bestseller: *No Logo*. Sie hat damit einen guten und wichtigen Beitrag für die Denunziation der „Sweatshops" geliefert. Ich glaube, dass wir uns heute aber in einer komplett neuen Ära der Beziehungen zwischen Konsumenten und Marken befinden: die Ära des „Co-logo". Die Verbraucher wollen nicht die Marken aus Prinzip ablehnen, sondern mit ihnen zusammenarbeiten, unter der Voraussetzung allerdings, dass die Unternehmen ihre gesellschaftliche Verantwortung übernehmen. Die Verbraucher wollen mitsprechen, mitgestalten und mitentscheiden, welchen Mehrwert diese Marken schaffen sollten.

Das digitale Zeitalter ist eine neue Chance für die Zukunft der Marken. Diese Co-Logo-Bewegung ist also kein Problem, sondern ein Problemlöser. Die Unternehmen müssen diese Chance ergreifen. Wenn sie dies nicht tun, dann werden die Konsumenten ihnen den Rücken zuwenden. Und das „Co-" wird nicht Konsumenten und Marken verbinden, sondern nur Konsumenten miteinander. Das heißt vielleicht, dass ein Geschäftsmodell ohne Geschäft entstehen könnte. Undenkbar? Undurchführbar? Man sollte in diesem Zusammenhang auch nicht die Konsequenzen der Einführung der 3D-Drucker unterschätzen. Die Marken sollten wirklich aufpassen, weil die Digitalisierung nicht nur jeden Konsumenten zum Medium macht, sondern zunehmend auch zum Produzenten.

b. CEOs sind Politiker

Bei Amazon.de sind in der Kategorie „Leadership" über 12.800 Buchtitel eingetragen. Antrieb gibt wahrscheinlich die bereits erwähnte „Veränderung der Veränderung". In Zeiten der Globalisierung und der Digitalisierung ist ein neues Führungsverständnis gefragt. Wer heute in unserer vernetzten Gesellschaft etwas aktiv gestalten will, muss eine klare Orientierung anbieten und eine andauernde Begeisterung erzeugen können. Die Wirtschaftsakteure müssen jetzt mit dem selbstbewussten Staatsbürger rechnen. Wir können dabei die Parallele zwischen Digitalisierung und Demokratisierung weiter ziehen. Die Führungskräfte müssen sich logischerweise als Politiker geben und wahrnehmen, weil Konsumenten sich als Staatsbürger wahrnehmen und benehmen. Diese Parallele lässt Schlussfolgerungen für moderne Manager zu, was eine gute Führung ausmacht. Auf den folgenden Seiten wollen wir der Frage nach der politischen Führung als Inspirationsquelle für Manager nachgehen. Durch- und Umsetzung verlangen in der Politik meistens Fingerspitzengefühl und Mobilisierungskraft. Fertigkeiten, welche die Manager gut gebrauchen können.

Leadership war immer eine Kernkompetenz politischer Akteure. Eine Partei braucht eine anerkannte Hierarchie. In den meisten Fällen besitzt das Führungspersonal ein großes Erfahrungswissen, kombiniert mit einer beeindruckenden Richtungskompetenz. Sowohl in der freien Wirtschaft als auch in der Politik hat Leadership genauso viel mit Führung wie mit Orientierung zu tun. Ein politischer Leader redet viel über Ziele, aber noch öfter über Kontext. Der Leader kennt die Umfeldbedingungen und weiß, dass man nicht über die Symptome von Problemen, sondern über deren Ursachen reden und nachdenken sollte. Der politische Leader ist für die Richtungsfragen zuständig und liefert vor allen Dingen eine Art inhaltlichen Korridor, in dem der Kollektivakteur — Land, Partei, etc. — sich selbst definieren und bewegen kann. Er vermittelt ständig eine kontextsetzende Orientierung.

Diese Fähigkeit zur Zentrierung der Gemeinschaft ist das wichtigste Merkmal des Leaders. Nur ein Leader kann sich trauen, die Bühne zu betreten und ein Leitbild auszusprechen. Wie wir gesehen haben, ist das Leitbild die Chefsache schlechthin, die Mut und eine feste Überzeugung verlangt. Es gibt in solchen Angelegenheiten keinen Raum für Zweifel und Unsicherheit. Ein Leitbild muss ganz am Anfang durch eine starke Persönlichkeit getragen werden. In der Politik gibt es meistens ein zentrales Wahlkampfelement: Es ist der Kandidat. Alle Scheinwerfer sollten auf den Spitzenkandidaten gerichtet sein. Das war genau die Strategie von Matthias Machnig für den Europa-Wahlkampf im Mai 2014. Der Spitzenkandidat der SPD, Martin Schulz, sollte das Gesicht der Europapolitik werden. Und so war es, und es war ja nicht komplett erfolglos für die SPD, welche 27 Prozent erzielte.

In der Politik orientieren sich viele Bürger bei ihren Entscheidungen an den Spitzenpolitikern. Jeder Spitzenpolitiker ist vor allem eine Identifikationsfigur. Die CEOs haben im digitalen Zeitalter auch eine starke identitätsstiftende Funktion. Damit ist der CEO heutzutage mehr denn je für die Profilierung seiner Firma zuständig. Der CEO ist die Person, die das Unternehmen nach innen zusammenhält und nach außen vertritt. Nach innen trägt der CEO zur Bündelung der Energie und Handlungen bei. Nach außen vermittelt er die Unternehmensziele und transportiert die Werte des Unternehmens. Er oder sie gibt die Richtung vor, sorgt für das Unternehmenswachstum und somit für den Unternehmenswandel. Und deshalb kann man die Wichtigkeit der strategischen CEO-Kommunikation nicht genug betonen. Ein moderner – oder eine moderne – CEO muss natürlich für etwas stehen und ein Leitbild tragen. Jochen Zeitz ist ein gutes Beispiel dafür. Der ehemalige CEO von Puma hatte eine Vision und hat sich immer für die Nachhaltigkeit stark engagiert.

Jeder CEO muss verstehen, dass alle Unternehmen Medienunternehmen geworden sind. Der CEO ist nicht mehr nur ein wirtschaftlicher Akteur, er ist auch Teilhaber der digitalen Öffentlichkeit. Er darf nicht nur mit Zahlen hantieren. Er muss mit sorgfältig ausgewählten Themen die Bühne betreten. Seine Vision kann die Komplexität durchdringen und Klarheit schaffen, seine Aussagen können Orientierung geben.

Heutzutage sollten CEOs viel von den charismatischen politischen Führern lernen. Was macht aber einen demokratischen Chef aus? Es ist nicht einfach, ein politischer Leader in einem demokratischen System zu sein, welches gegen jede Art von Bevormundung allergisch ist. Aber auch in anderen Demokratien betrachtet man die heroischen politischen Leader mit viel Skepsis, und man ist sehr kritisch gegenüber mächtigen politischen Einzelkämpfern. Silvio Berlusconi und Nicolas Sarkozy waren oft zu undemokratisch und zu laut. Sachkompetente Führungspersönlichkeiten sind viel akzeptabler für die demokratische Öffentlichkeit. Angela Merkel mag wenig charismatisch wirken, sie wird aber extrem respektiert, weil sie sozioökonomische Probleme lösen kann und sich sogar gegen ihren Ziehvater Helmut Kohl durchsetzen konnte. Von einem demokratischen Leader wird erwartet, dass er oder sie zugleich überlegen und ähnlich ist. Der französische Politikwissenschaftler Jean-Claude Monod nennt diese besondere Art von Führungsstil das „Charisma der Gleichheit". Der moderne Leader muss greifbar, aber gleichzeitig unerreichbar sein. Er muss aus dem einfachen Volk stammen, muss dieses aber auch begeistern und lenken können. Das einzige „Privileg" des politischen Leaders ist es, als Erste oder Erster auf die Bühne gehen zu dürfen. Der demokratische Leader muss groß werden können, ohne aufzuhören, ein guter Mensch zu sein. Die Politikverdrossenheit, die wir seit mehreren Jahrzehnten in unseren demokratischen Breitengraden leider feststellen müssen, kann paradoxerweise eine Sogwirkung für starke Führungspersönlichkeiten erzeugen. Die Menschen sind gelangweilt von der reinen „Steuerung" und von der „alternativlosen" Politik. Die Menschen wünschen sich starke Persönlichkeiten und mehr Leidenschaft und Engagement unserer Führungskräfte.

Es gibt viele Beispiele von heroischen politischen Führern in der Geschichte des Abendlandes. Ihre wesentlichen Merkmale und ihre eindeutige Art und Weise zu sein, sind bekannt und werden bewundert. Der Leader führt sich selbst und respektiert sich selbst. Es würde uns nicht viel weiter bringen, diese allgemeine Beschreibung fortzuführen. Es ist viel interessanter, ein weltbekanntes Paradebeispiel zu analysieren, nämlich Winston Churchill. Wir wollen hier keine kurze Biographie anbieten, sondern uns auf den Extremfall seiner Verhandlungskunst konzentrieren. Churchill ist hier ein Beispiel, dem jeder Manager folgen könnte. Wie hat sich Churchill auf Verhandlungen vorbereitet? Es überrascht nicht, dass er die Sachlage gewissenhaft studierte. Der Leader ist ein Arbeitstier. Der Spin-Doktor muss immer zweimal überlegen, ob er eine Information weitergeben will, weil die Wahrscheinlichkeit sehr hoch ist, dass sein Dienstherr diese Information schon zur Kenntnis genommen hat. Der Leader liest viel, trifft sich ständig mit Spezialisten und engagierten Akteuren. Churchill hat jede seiner Entscheidungen sorgfältig begründet. Er ließ seine Berater mitten in der Nacht für ein kleines Detail wecken, um zum Beispiel den genauen Bestand der Munition zu erfahren. So konnte er die Amerikaner überzeugen, nicht Japan, sondern zuerst Deutschland anzugreifen.

Zweites Merkmal seiner Kunst: sich in die Logik der anderen hineinversetzen zu können. Mit Roosevelt klärte Churchill seine Standpunkte rational und detailreich. Mit Stalin viel kürzer und bündiger. Seine Argumentationskette war jedes Mal anders, und der Leader ist in der Lage, die Reihenfolge der Argumente dem Kontext und dem Ansprechpartner anzupassen. Es gibt keinen Führungsstil, der immer gültig ist. Jede Situation verlangt eine spezifische Argumentation, um seine politischen Ziele zu erreichen. Das Führen ist wie eine Klaviatur, bei welcher der Leader situationsabhängig und publikumskonform zwischen den Modi „autoritär“, „partizipativ“ oder „unterstützend“ differenziert spielen kann. Dies heißt aber nicht, und dies ist unser letzter Punkt, dass der Leader sprunghaft ist, ganz im Gegenteil.

Er kann sich gut anpassen, seine Meinung ändern, aber er darf auf gar keinen Fall willensschwach sein. Churchill wurde ganz oft von Zweifeln ergriffen. Der Leader muss stets sein eigenes Zweifeln als unausweichlich und als normales Stadium seiner Reflexion betrachten können. Man muss am Anfang seine eigene Unentschlossenheit akzeptieren. Erst dies ermöglicht die Betrachtung aller Blickwinkel und Optionen. Die Gegenpartei oder die Ansprechpartner dürfen zweifeln, der Leader nutzt dann diesen Moment als Probe für seinen Standpunkt und seine Argumente. Der Leader muss die Einwände und die Zweifel hören und ernst nehmen. Wer fragt, der führt. Aber wenn die Entscheidung einmal getroffen ist, dann gibt es keinen Platz mehr für Unentschlossenheit. Das hat Churchill sehr oft gesagt und sogar dem kollegialitätsliebenden Roosevelt im Jahr 1944 geschrieben: Man kann nicht jeder Zeit jeden über alles befragen. Es muss entschieden werden. Churchill erinnert uns also meisterlich daran, dass das Führen nur eins bedeutet: das durchsetzungsstarke Treffen von Entscheidungen.

Die Sachkompetenz, der Weitblick, das Gespür für das Wesentliche, das Zuhören, und die Durchsetzungsfähigkeit: Alle diese Merkmale sind von grundlegender Bedeutung, weil ganz oft schmerzhafte gesellschaftliche Transformationsprozesse verlangt werden. Eine Reformpolitik ist keine einfache Angelegenheit. Erfolge zeigen sich — wenn überhaupt — manchmal erst viele Jahre später. Politische Führung bedeutet hier, den Preis des Machtverlustes notfalls zu akzeptieren. Es bringt aber dem CEO nichts, unbedingt zu versuchen, die traditionellen Eigenschaften des politischen Führers an sich zu kopieren oder nachzuahmen. Warum ist dies so? Weil in der Politik das Schaffen von Beziehungen viel wichtiger als der Besitz der richtigen Eigenschaften ist. Die nötige Akzeptanz für den Reformkurs zu schaffen und eine Programmatik zielsicher umzusetzen, all dies beruht auf einer zentralen Fähigkeit: Vertrauensbildung. Die Vertrauensbeziehung ist das politische Kapital schlechthin. Sowohl nach innen wie nach außen.

Zunächst nach innen. Es klingt vielleicht banal, aber es stimmt absolut: Ein Leader ist nichts ohne seine Gefolgschaft. Seine Macht ist leer ohne die Fähigkeit zur Motivation der Mitarbeiter, welche für die Umsetzung der definierten Politik zuständig sind. Der Leader muss seine Mitarbeiter und den Verwaltungsapparat zu aktiven Mitspielern machen. Wie wir bereits untersucht haben, kommt eine Richtlinie oder eine Botschaft nur als inspirierendes Leitbild verpackt gut an. Die emotionale Verbindung ist maßgeblich, aber die Einladung mitzumachen noch maßgeblicher. Transparenz ist an der Stelle eine zentrale Forderung, weil dieses gemeinsame Ziel teilweise verhandelbar sein sollte.

Man kann nicht mehr auf Kommando führen, die Menschen müssen einbezogen werden. Der Leader weiß ganz genau, dass er auf die immer begrenzte Leistungsfähigkeit seines Teams angewiesen ist. Deshalb ist das Vertrauen in die Leistungsfähigkeit des Teams durch den Leader der Eckstein jedes guten politischen Managements. Die Mobilisierung der Unterstützung bei der Wahl ist unmöglich ohne die Mobilisierung des Teams. Der „Yes, we can"-Wahlkampslogan von Barack Obama wurde viel kommentiert, weniger aber die Worte, die am Eingang seines Wahlkampf-Hauptquartiers standen: „Respect. Empower. Include. Win." Der Respekt gegenüber den Mitarbeitern muss makellos sein. Besonders, wenn die Mitarbeiter einen Sachverhalt falsch einschätzen. Wenn zum Beispiel der Spin-Doktor einen Fehler macht — und dies kommt ab und zu vor —, dann muss der Dienstherr ruhig bleiben und respektvoll neues Denken anmahnen. Der Spitzenpolitiker muss auch loben können. Wenig, aber gezielt. Anerkennung für die Anstrengung kostet nicht viel, bringt aber Motivation und Qualität im Team. Wertschöpfung durch Wertschätzung, so handelt ein zielsicherer und respektvoller Leader.

Zweite Bedingung für den Leader ist die Befähigung der Mitarbeiter. Management durch Zielevereinbarung ist gut, aber Management durch Ermächtigung ist besser. Es reicht nicht, die Gefühle und Gedanken anzusprechen oder eine „Story" zu erzählen. Vertrauensbeziehungen entstehen wirklich nur durch Verantwortungsdelegierung. Das bedeutet, Freiräume zu gewähren und jedem Mitarbeiter die Chance anzubieten, sein Verantwortungsgebiet auszusuchen und selbst gestalten zu können. Die Leute sind effizienter in dem Bereich, der sie interessiert und begeistert, egal ob Agrarpolitik oder Netzneutralität, Hauptsache ihre Leidenschaft kann dem gemeinsamen obersten Ziel dienen.

Dritte Bedingung für den Leader ist die Einbindung der Mitarbeiter. Nicht in erster Linie die Einbindung der Teammitglieder, sondern der Menschen, die sich für eine Veränderung ihrer politischen Realität einsetzen wollen. Obama beherrschte perfekt das Grassroots-Campaigning und wusste, dass eine effektive Mobilisierung der Wähler nur möglich ist, wenn das Team auch aus Wählern besteht. Geschätzte sechs Millionen US-Bürger haben im Jahr 2008 mitgemacht und sich auf sehr unterschiedliche Art und Weise für ein bestimmtes Thema im Namen Obamas in ihrer lokalen Gemeinschaft eingesetzt. Die Vertrauensbildung nach außen ist von zentraler Bedeutung für einen authentischen und „digitalisierten" Führungsstil und für das Gewinnen der Wahl. Alle Bemühungen laufen in einem Punkt zusammen — nämlich die Umsetzung des Leitbilds und die Veränderung der politischen Realität. Egal ob Mitarbeiter oder Wähler, egal ob Vollzeit oder nur vorübergehend, Hauptsache dabei sein und einen Teil der Geschichte mitschreiben.

Der Leader muss permanent das große Ziel vor Augen haben und Optimist bleiben. Wenn ein Leader die Mitarbeiter mobilisieren kann, dann haben diese ein persönliches Interesse am gemeinsamen Erfolg. Motivierte und ermächtigte Mitarbeiter bringen einfach bessere Leistungen. Deshalb ist Selbstmotivation der Mitstreiter eine der wichtigsten Führungsaufgaben des Politikers. Es ist eine Frage der Kultur. Jeder Manager fühlt, dass unter anderem wegen Fachkräftemangel die Macht auf die Arbeitnehmerseite gegangen ist. Es gibt tatsächlich zunehmend mehr Arbeitsplätze zu besetzen, als es geeignete Kandidaten gibt. Bei der Jobsuche ist die Unternehmenskultur das Auswahlkriterium Nummer eins geworden. Es sollte also die höchste Priorität eines jeden Managers werden.

Die Bürger und die Politiker bilden zusammen eine Schicksalsgemeinschaft und arbeiten zusammen in einer gesellschaftlichen Wertschöpfungskette. Die Politiker haben seit langem erkannt, dass das Top-Down-Prinzip ausgedient hat. Genauso wie das Inside-Outside-Prinzip. Respektierte und ermächtigte Mitarbeiter sind sehr gute Kommunikatoren und Botschafter. Eingebundene Wähler sind sehr erfolgreiche Mitarbeiter und Unterstützer. Die Manager können die oben beschriebenen Prinzipien als Wegweiser betrachten und zusammen mit den Politikern die Konsequenzen des Endes des Silo-Denkens und des Solo-Denkens bereits jetzt spüren.

Jeder Manager braucht ein tiefgreifendes Verständnis und kompetentes Beherrschen der neuen sozialen und technologischen Kräfte, die diese neue Welt strukturieren. Wir haben es hier mit einer neuen Welt zu tun, in der die Grenzen nicht mehr klar umrissen sind. Wer in traditionellen Silos denkt, hat keine Chance zu überleben. Um effektiv und erfolgreich zu sein, muss eine Marke in unserer vernetzten Gesellschaft mit seiner gesamten Umgebung zusammenleben. Im Grunde genommen erleben wir eine Art „Hyperkonvergenz" zwischen Business und Marketing, zwischen Mitarbeiter und Verbraucher, zwischen Produzenten und Konsumenten, zwischen Offline und Online und nicht zuletzt zwischen Marketing und dem Leben.

Es geht nicht mehr darum, die verschiedenen Kanäle zu integrieren, sondern darum, die Menschen in die Denkweise und die Vorgehensweise des Unternehmens zu integrieren. Die Demokratisierung des Marketings macht die Integration der Nutzer im Markenaufbau mehr als erforderlich. Der Nutzer kann mitmachen und mitbestimmen, er kann auch Teil der Geschichte der Marke und sogar Teil der Firma werden. Nur ein Beispiel. Die Firma Local Motors produziert Autos, aber mit nur wenigen Festangestellten. Das eigentliche Team besteht aus 36.000 Autofans weltweit, die zusammen Fahrwerk und Antrieb entwickeln. Local Motors ist sehr transparent und postet online Baupläne und Informationen. Offen und selbstsicher, so funktioniert es.

Man sollte hierbei die Rolle des Digitalen nicht überbewerten und den Einfluss des Analogen nicht unterschätzen. Das hat uns das Grassroots-Campaigning gezeigt: Die Nutzer haben ihre Mediennutzung stark digitalisiert, aber kein einzelnes Medium ist an sich entscheidend, sondern die inhaltliche und organisatorische Integration von Online- und Offline-Aktivitäten. Wichtig sind die Integration der Nutzer und der Abschied des Solo-Denkens. Unsere neue Gesellschaft spricht für einen neuen Managementstil, weg von betonierten Hierarchien, ein neues Management, das zu einer Art effektiver sozialer Technologie umgeformt werden kann. Und dabei spielt der CEO eine wesentliche Rolle. Der CEO ist das Gesicht der Marke und manchmal sogar selbst eine Marke an sich. Der CEO muss diese neue Dimension seiner Funktion akzeptieren und aktiv an dieser neuen Front tätig sein. Der Opel-Chef Karl-Thomas Neumann hat es verstanden, er benimmt sich sehr demokratisch. Er kommuniziert viel mit den verschiedenen Stakeholdern, er twittert persönlich und spricht auf Augenhöhe über sein Programm „Kosten, Wachstum, Kultur", Worte, die fast wie ein richtiger Wahlslogan klingen. Vernetzung statt Hierarchie, Agilität statt Autorität: Der Opel-Chef hat verstanden, dass unsere neue Gesellschaft neue Führungsprinzipien erfordert. Und neue Leader. Für jeden CEO sollte also gelten: Profil ist genauso wichtig wie Profit.

c. Das permanente Campaigning

Der Digitalisierungsprozess betrifft jeden Aktivitätsbereich unserer Gesellschaft und deren Verfahrensregeln tiefgreifend. Natürlich macht hierbei die Werbebranche keine Ausnahme. Die Digitalisierung der

Werbung kann als wahrer Paradigmenwechsel betrachtet werden, da ihr Hauptprodukt und wichtigster Output — die Werbekampagne — radikal in Frage gestellt wird. Die Kampagne als heiliges Kernstück und zentrale Maßnahme jeder Markenkommunikation hat ausgedient. Die Zeit der 12-Wochenpläne für Werbekampagnen ist bereits Vergangenheit. Die Kampagne als zeitlich begrenztes Produkt und sich selbst genügender Bausteine ist nicht mehr relevant in unserem heutigen Zeitalter. Die Ära der Sonderbotschaften und der Einbahnstraßenkommunikation wird nie wieder zurückkehren, ebenso das Zeitalter des „spray and pray" in der traditionellen Kampagnenplanung. Die Konsumenten haben die wahre Fernbedienung der Medienmacht ergriffen: ihr Smartphone. Willkommen in dem permanenten Campaigning Zeitalter.

Die Kommunikation findet nicht nur während der Werbeblöcke statt, sondern überall und dauernd. Der digitale Verbraucher konsumiert viel mehr Medieninhalte und hat heute deutlich mehr Berührungspunkte mit einer Marke als früher. Unternehmen müssen an jedem Touchpoint ein positives Erlebnis schaffen. Das Ziel der digitalen Markenführung ist es, nicht mehr punktuelle Werbekampagnen zu entwickeln, sondern Charaktereigenschaften der Marke zu kommunizieren und weiterzuentwickeln. Es geht nicht mehr um eine 360-Grad-Werbung, sondern um eine 365-Tage-Kundenbeziehung. Es geht nicht um Kanalkonformität, sondern um permanentes Beziehungsmanagement. Es geht auch nicht mehr darum, Werbeflächen zu kaufen. Die ganze Welt ist durch die Vermehrung den Endgeräten und der Emergenz des Internets der Dinge zu einem riesigen Medienraum geworden. Aber die große Mehrheit dieses Raums kann man einfach nicht mehr kaufen.

Die erfolgreichen modernen Werber wissen allerdings, dass Teile dieses Raums kurzzeitig erobert werden können, und reden dann von „earned Media". Dies geschieht, wenn der Markeninhalt so gut ist, dass dieser die User verleitet, ihn weiterzuleiten. Zum Beispiel in Form einer App oder eines Dienstprogramms, wenn ein konkreter und für den Alltag nützlicher Mehrwert für die Verbraucher und keine reine Werbefloskel vorliegt. Und wenn die Marke die Aufmerksamkeit und die Partizipation mit guter Unterhaltung zu erzielen sucht, dann macht sie es lieber mit richtigem Content als mit einem 30-Sekunder im TV. Es geht weniger um kurzfristige Kampagnen und vielmehr um Plattformen, die zumindest mittelfristig ihre Gültigkeit bewahren und die permanent inhaltlich aktualisiert werden können. Wie man sieht, geht es um Nachhaltigkeit in der Kommunikation und Ehrlichkeit in der Ansprache.

Fakt ist: Die Digitalisierung der Mediennutzung ist fast vollendet. Die Entwicklung der Internetnutzung in Deutschland, welche die ARD/ZDF-Online-Studie seit 1997 analysiert, spricht eine recht deutliche Sprache. 77,2 Prozent der Erwachsenen ab 14 Jahren in Deutschland sind online. Onliner verbringen im Schnitt 169 Minuten täglich im Internet. Smartphone, Tablet und Co. treiben die Online-Nutzung unterwegs weiter an: Diese hat sich 2013 im Vergleich zum Vorjahr fast verdoppelt. Die Europäer surfen laut Booz & Company täglich durchschnittlich über 1,3 Stunden im Internet, mehr als doppelt so lange wie vor sieben Jahren. Laut dem von den Medienanstalten vorgelegten Digitalisierungsbericht 2013 empfangen mehr als die Hälfte der Kabel-Haushalte Fernsehen mittlerweile in digitaler Qualität. Knapp 43 Prozent der Bevölkerung nutzen Videoinhalte über das Internet. Die „U25-Studie" des Deutschen Instituts für Vertrauen und Sicherheit im Internet (DIVSI) zeigt uns, dass das Alter, in dem Kinder das erste Handy bekommen, in den vergangenen Jahren stetig gesunken ist und die mobile Internetnutzung währenddessen rasant zunahm. Im Endeffekt sind Jugendliche Durchschnittlich heutzutage drei Stunden täglich online.

Die einzige Frage für die Werbetreibenden lautet: Welchen Impact hat dieses Phänomen auf die Art und Weise, wie sie ihre Werbeansprache konzipieren und durchführen? Was von zentraler Bedeutung erscheint, ist die zeitliche Dimension dieser Revolution. Die Werbetreibenden können nicht mehr entscheiden, wie sie mit den Verbrauchern in Berührung kommen wollen. Die Digitalisierung trägt in sich ein ganz anderes Zeitgefühl für die Marken. „Prime Time" ist Geschichte, jetzt herrscht „My Time". Die Zeit der absoluten Kontrolle ist vorbei. Der Nutzer entscheidet, wann und wo er ansprechbar sein will. Die Touchpoints (stationär, mobil und jetzt „tragbar" wie zum Beispiel die Google-Brille oder die Apple Watch) haben sich radikal vermehrt und die Inhaltsquellen sind auch zahlreich geworden: hunderte TV-Kanäle, tausende Blogs und dutzende sozialer Plattformen und sogar Millionen von Internetseiten. Die Nutzer sind selbst zum Medium geworden und generieren ständig Content und zahlreiche Meinungen. Die Kommunikation findet also permanent statt, und zwar an vielen verschiedenen Orten und mit vielen unterschiedlichen Akzentuierungen. Wenn ein Unternehmen einen neuen Claim oder ein neues Produkt für seine Marken launcht, dann fängt eine Kampagne vielleicht an, doch darf diese nie wirklich enden. Ein Unternehmen muss immer präsent und im Gespräch sein, den Dialog steuern und vorantreiben, aber auch permanent auf der Hut sein und manchmal sich rechtfertigen.

Das permanente Campaigning bedeutet nicht nur ein konsistentes Markenerlebnis an allen Berührungspunkten mit dem Kunden. Das permanente Campaigning verlangt einen permanenten Mobilisierungszwang der Firma (Vertrieb, Marketing etc.) und eine permanente und mitreißende Präsenz nach außen. Die eigene Organisation sollte also wie eine Partei funktionieren und agieren können, die ihre Doktrin und Programmatik generiert sowie Unterstützer begeistert. Der heutige Konsument erlebt die Marke längst nicht mehr allein durch Markenkommunikation. Das Markenerlebnis ist das Ergebnis einer umfassenden Erfahrung, wo Kommunikation, Produkterlebnis und unternehmerische Gesellschaftsverantwortung sich verzahnen. Die Auswirkungen der wirtschaftlichen Aktivität der Marken und mögliche Nebeneffekte ihrer Produkte auf die Natur und auf die Gesellschaft werden von den Nutzern sorgfältig beobachtet. In der Kommunikation geht also nicht nur um leere Versprechen und lustige Slogans, sondern um einen andauernden Dialog über die richtigen und wirklich wichtigen Fragen.

Jede Ansprache muss auch als eine Corporate Social Responsability (CSR) Maßnahme verstanden werden. Jede Firma sollte nicht nur Produkte schaffen und Botschaften senden, sondern ihre aktive Rolle in der Welt wahrnehmen und akzeptieren. Die Meinungsbildung ist von wesentlicher Bedeutung für die Erzielung von Gewinnen geworden. Die Ausstrahlung von Werbespots ist also nicht so wichtig wie der Austausch von Fakten und Meinungen. Die Konsumenten kaufen viel mehr als nur ein Produkt, sie wählen einen Standpunkt aus und entscheiden sich für Werte. Es geht um die Realwirtschaft und die Realgesellschaft. Es geht nicht nur um kurzfristigen Profit, sondern um das nachhaltige Wohl und den Zusammenhalt der Gesellschaft. Es geht also im Endeffekt um Politik.

Was ziemlich neu für die Marken ist, stellt das tägliche Brot für Politiker dar. Das Zeitalter demokratischer Transparenz hat längst begonnen. Die Informationen fließen ohne Unterbrechung. Die Politiker stehen unter Dauerbeobachtung. Die Politik ist eine transparente und permanente Dauersendung. Nachrichten werden ständig aktualisiert, wenn neues Material oder eine exklusive Faktenlage vorliegen. Die politische Welt ist ständig in Bewegung. Unaufhaltsam. Eine Welt, die sich ständig erneuert und verändert. Nonstop. 24/7/365.

Der Zuschauer wird auf diese Weise permanent mit den neuesten Informationen versorgt. Der Informationsfluss über das aktuelle politische Geschehen kennt keine Pause, und damit müssen der Politiker und seine Spin-Doktoren umgehen können. Wer nämlich nicht medial präsent ist, den gibt es nicht. Der Wettkampf um mediale Beachtung und um Themensetzung kennt keine Pause. Die Politiker kämpfen um Aufmerksamkeit, und zwar nicht nur mit anderen Politikern, sondern auch mit anderen Prominenten. Sie bleiben immer abhängig von Wetterkatastrophen oder geopolitischen Ereignissen, die irgendwo auf der Erde stattfinden können und die Medienpräsenz des Politikers zu untergraben drohen. Darüber hinaus müssen sie sich mit der Boulevardisierung abfinden und mit einer medialen Aufbereitung, die ständig politische Entwicklungen, Skandale und Machenschaften mischt und vermischt. Die Recherchezeit der Journalisten wird immer kürzer, und Schnelligkeit schlägt dabei leider oft die Wahrheit. Die Aussagen des Politikers in der Medienberichterstattung sind meistens verkürzt. Nachrichten im Viertelstundentakt und eine stets adäquate Reaktion auf das inquisitorische Medienumfeld auf täglicher Basis ist definitiv keine leichte Sache.

Die Marken stehen mehr und mehr in unserem heutigen Zeitalter unter einer permanenten Dauerbeobachtung. Die Unternehmen können nicht mehr entscheiden, wann und wie über sie diskutiert und berichtet wird. Um den 24/7/365 aktiven und kurzlebigen Inhaltsgenerierungen der Informationsmedien die Stirn bieten zu können, sind für jeden Manager die Techniken des Spin-Doctorings ein nachahmenswertes Modell. Diese Techniken sind auch außerhalb von Wahlzeiten und über die Parteigrenzen hinaus gültig. Die Kunst der strategischen Inszenierung ist unvermeidlich und besitzt viele verschiedene Dimensionen. Die erste und wichtigste Grundeinstellung besteht darin, immer die Oberhand bei der Problemartikulation und dem Agenda Setting zu behalten. Die Politik muss um jeden Preis ein langfristiger Prozess bleiben und nicht zur bloßen Ware verkommen. Diese Einstellung muss jederzeit bei der Pflege des Kontaktnetzes mit leitenden Journalisten im Kopf behalten werden. Deshalb variiert der Spin-Doktor zwischen Zuckerbrot und Peitsche, zwischen exklusivem Briefing, offener Kritik oder sogenannten „unter Drei" Informationen, deren diskrete Inhalte nicht für eine öffentliche Verwertung gedacht sind und lediglich der Hintergrundinformation dienen. Darüber hinaus darf sich der Spin-Doktor bei Journalisten wegen unangemessener und/oder parteiischer Berichterstattung beschweren. Es ist erlaubt, es ist Teil der Einwirkung auf die Presse, es ist Teil seiner Arbeit.

Der Auftraggeber des Spin-Doktors steht für bestimmte Werte und Grundorientierungen, und an diese Kursbestimmung muss immer erinnert werden und jede Maßnahme und Stellungnahme muss daraus abgeleitet werden. Der Spin-Doktor kann situativ und auch spielerisch agieren — er hat meistens keine andere Wahl —, aber seine Aktivität muss unbedingt einen strategisch-proaktiven Charakter besitzen. Die Ereignisplanung ist aus dieser Perspektive extrem wichtig, um die Kommunikationsplanung erfolgreich durchführen zu können. In der Französischen Sozialisten Partei (PS) — der Partei des Präsidenten François Hollande — erstellen wir zum Beispiel wöchentlich im Leitungsstab eine präzise und umfassende Übersichtstabelle mit allen politischen und wirtschaftlichen und sogar sportlichen Ereignissen auf regionaler, nationaler und internationaler Ebene.

Proaktiv sein: Das ist das Wesentliche. Der Spin-Doktor hat drei zentrale Aufgaben: Medienbeobachtung, Zentralisierung und Kontroverse. Bei der Auswertung der Medien spielt die Sammlung verwertbarer Informationen eine zentrale Rolle. Diese hat sich durch die Einführung geeigneter Software professionalisiert. Der Spin-Doktor muss für seinen Dienstherrn eine Bühne schaffen und den Bedingungen der Medienwelt entsprechend die Ereignisse optimal antizipieren und integrieren. Die Zentralisierung der Kommunikation ist die zweite wichtige Dimension der Arbeit des Spin-Doktors. Der Spin-Doktor muss dafür sorgen, dass die Parteilinie respektiert und vermittelt wird. Die Koordination jeder Maßnahme und jeder Stellungnahme hat höchste Priorität. Letztendlich ist der Spin-Doktor für die Kontroverse zuständig. Er muss jede Äußerung der politischen Gegner unter die Lupe nehmen und Gegenargumente entwickeln. Es gibt ein schnelles Erwidern („rebuttal") und auch Antizipation von schädlichen Berichten („prebuttal"). Bei negativer Kommunikation müssen Spin-Doktoren auf dem schnellsten Weg reagieren, weil lange Antwortzeiten ganz einfach katastrophal sind.

Die Unternehmen verstehen, dass ihre Kommunikationsabteilungen langsam zu einer permanenten „Kampa", bzw. Wahlkampfzentrale umstrukturiert werden müssen. Die Kommunikation findet auf Twitter, Facebook und Co. minütlich statt, und die Unternehmen wären gut beraten, aktiv Kundenpflege zu betreiben und das Konfliktmanagement als zweite Muttersprache zu lernen, wenn sie diese digitale demokratische Hyperaktivität überleben wollen. Die digitale Welt ist ständig aktiv und macht die Krisenkommunikation zur Normalität, was vieles grundsätzlich ändert (siehe Abbildung 4, S. 110). Die tatsächliche Macht der digitalen Marken ist die Deutungsmacht. Die Kontrolle über den Spin hat die Kontrolle über den Werbeblock ersetzt.

In unserer digitalisierten Gesellschaft steuern die User in zunehmendem Maße die Informationsströme und damit auch die Aufmerksamkeit anderer. Die Vermittlung von Anschauungen und Meinungen hat den stärksten Einfluss auf die User. Wegen dieser wachsenden Bedeutung der Mundpropaganda, wie etwa durch Empfehlungen bzw. Bewertungen im Internet, müssen Unternehmen Beeinflussungsmaßnahmen indirekter einsetzen. Es gibt einen Begriff in der internationalen Politikwissenschaft, erfunden von Joseph Nye, ein Begriff, der den Sachverhalt adäquat beschreibt: Soft Power. Wenn man lieber Klartext

KOMMUNIKATION	SPIN
CEO	Leader
Konsumenten	Mitbürger
Positionierung	Themensetzung
Wettbewerbsvorteil	Deutungsrahmen
Zielgruppe	Publikum
Reason to believe	Reason to share
Markenvision	Gesellschaftsentwurf
Markenimage	Ruf in der Öffentlichkeit
Alleinstellungsmerkmale	Standpunkte
B2C–B2B	B2N
Werbekampagnen	Permanente Wahlkampagne
Werbeslogans	Soundbites
Kanäle integrieren	Menschen integrieren
Story	Spin
Profit	Profil

Abbildung 4

sprechen und Anglizismen vermeiden will, kann man auch von Krieg der Ideen sprechen.

Soft Power setzt voraus, dass die Wahrnehmung beziehungsweise die Meinung der Öffentlichkeit das neue Schlachtfeld der internationalen Politik darstellt. Die wirtschaftliche Macht alleine reicht nicht mehr aus. Deutschland versucht seiner traditionellen Bestimmung als geistige und moralische Führungsmacht treuzubleiben. Berlin merkt aber, dass politischer Einfluss nur mit ökonomischer Stärke nicht zu erreichen ist. Ein ganz anderes Beispiel ist China, das eine reine ökonomische Macht darstellt. Die Volksrepublik China kann die Menschen mit ihren Filmen und Musik nicht wirklich begeistern und besitzt auch keine große kulturelle Anziehung auf globaler Ebene. Die Amerikaner haben in diesem Bereich einen deutlichen Vorsprung. Aber Soft Power ist fragil, und der NSA-Skandal hat sicherlich Spuren hinterlassen. „Yes, we can" hat sich in „Yes, we scan" pervertiert.

Die Amerikaner wissen, dass der Wettstreit der Ideen und der indirekte Weg der politischen Machtausübung von zentraler Bedeutung geworden ist. Die Fähigkeit zur Beeinflussung und Formung politischer Präferenzen ist wichtiger denn je. Die Dschihadisten aller Schattierungen haben diese Tatsache auch akzeptiert und verstanden, dass der Krieg vor allem ein Krieg der Ideen und ein Kampf der Wahrnehmungen ist. Der digitale Dschihad ist ziemlich erfolgreich, und die spezialisierte Firma Al-Furqan Media Productions veröffentlicht regelmäßig Propagandavideos wie „Das Klirren der Schwerter", damit der „Islamische Staat" (IS) den potentiellen Nachwuchs in sozialen Netzwerken rekrutieren und radikalisieren kann. T-Shirts mit IS-Labels können online eingekauft werden, was Bestandteil des islamistischen Feldzugs im Netz ist. Alles Soft Power. Alles Beeinflussung. Alles Spin.

Frankreich und sein Außenminister, der ehemalige Premier Laurent Fabius, setzen Soft Power ein, nennen es aber „diplomatie d'influence", übersetzt: eine Diplomatie der Beeinflussung. Doch was soll eigentlich beeinflusst werden? Ist nicht die Diplomatie die Beziehungspflege zwischen bevollmächtigten Repräsentanten verschiedener Staaten? Nicht mehr ausschließlich. Willkommen in der Epoche der digitalen Diplomatie, wo Likes und Teilen genauso wichtig wie Kommuniqués und Depeschen sind. Gemeint ist die Verbreitung von Standpunkten, der Aufbau von Beziehungen mit gesellschaftlichen und wirtschaftlichen Kräften. Le Quai d'Orsay, das französische Außenamt, hat seit 1995 eine Internetseite und ist mit @francediplo — ja, Sie haben richtig gelesen, Frankreich mit einem kleinen „f" geschrieben — seit April 2009 auf Twitter vertreten. Zum Vergleich @AuswaertigesAmt ist erst seit März 2011 aktiv. Jeder Mitbürger und Weltbürger kann also die französischen Diplomaten mit dem Hashtag #QRdiplo befragen. Sinn und Zweck der französischen digitalen Diplomatie ist die Beeinflussung der Öffentlichkeit, der Nichtregierungsorganisationen und der Medien anderer Staaten. Frankreich investiert viel in die Etablierung einer weltweiten Präsenz von diplomatischen, kulturellen und wirtschaftlichen Akteuren, welche zusammen vernetzt und artikuliert bewirken, dass „die Rolle Frankreichs wichtiger als sein Gewicht ist", wie Laurent Fabius es spitz formuliert hat. Dabei können die französischen Bürger ihrer Regierung helfen, Kulturen und Menschen des Landes, in dem sie leben, besser zu verstehen und auch ihr Land repräsentieren und manchmal falsche Vorstellungen korrigieren. Frankreich kann sich dabei auf seine Kultur, seine Geschichte und seinen Ruf stützen und auf sein weit aufgestelltes diplomatisches Netzwerk und wirtschaftliche Vertretungen zurückgreifen. Frankreich kann aber auch auf seine militärische Präsenz zählen. Frankreich wettet eigentlich auf eine Mischung aus „Soft" und „Hard Power", was Joseph Nye die „intelligente Macht" genannt hat, wo Militärmacht und Deutungsmacht Hand in Hand gehen.

Die Transportwege von Informationen sind viel dynamischer geworden, was andere Methoden und ein neues Identitätsbewusstsein verlangt. Das Ziel ist bekannt: die Beeinflusser beeinflussen. Der Kontext ist klar: Der Kampf der Deutungen findet permanent statt. Die Methodik ist einfach: strategisches Spin. Im Jahr 1961 fragte John F. Kennedy den berühmten Fernsehjournalisten Edward R. Murrow, ob er seine Kommunikationsstrategie mitgestalten könnte. Murrow war einverstanden, aber nur unter einer Bedingung: Wenn er bei einer Bruchlandung präsent sein sollte, dann musste er unbedingt auch beim Abflug dabei sein. So ist es: Der Spin-Doktor muss von Anfang an im Entscheidungsraum sitzen. Nicht am Rand. Im Kern des Handels. Im Fluss der Ereignisse. Der Krieg der Spins geht immer weiter. Gerade jetzt. Rüsten Sie lieber auf, weil es heftig werden wird. Und versuchen Sie dabei so viel wie möglich, wie ein Spin-Doktor zu denken.

Soundbites
„Das digitale Zeitalter als Demokratisierung des Marketings"

> Jeder User wird zum Medium. So lautet die einfachste und wesentlichste Beschreibung des digitalen Zeitalters.

> „Der Kunde ist König" galt als erprobtes Paradigma des Marketings, aber der Kunde war nie wirklich König, sondern vielmehr so etwas wie ein Ehrenpräsident.

> Dank der Digitalisierung ist der Kunde aktiv in die Geschichte eingetreten, er ist vom Spielstein zum Spieler geworden.

> Die verantwortungsbewussten Verbraucher betrachten zunehmend ihren Einkaufwagen als Wahlurne.

> Die Konsumenten profitieren im digitalen Zeitalter von mehr Information, aber auch von mehr Vernetzung.

> Willkommen in der Ära des „Co-logo".

> Alle Unternehmen sind Medienunternehmen geworden.

> „Prime Time" ist Geschichte, jetzt herrscht „My Time".

> Das permanente Campaigning verlangt einen permanenten Mobilisierungszwang der Firma.

> Die Kontrolle über den Spin hat die Kontrolle über den Werbeblock ersetzt.

> Das Ziel ist bekannt: die Beeinflusser beeinflussen. Der Kontext ist klar: Der Kampf der Deutungen findet permanent statt. Die Methodik ist einfach: strategisches Spin.

III. Wie denkt ein Spin-Doktor?

Dieses Kapitel analysiert die Hintergründe, warum der Spin-Doktor vor allem für ein scharfes, eindeutiges und präzises Denken steht. Als Ideengeber muss er Überblickwissen und fachliche Ratschläge anbieten können. Als Vermittlungsberater muss er die Denkweise und die Entscheidungsprozesse seines Dienstherrn nachvollziehen können. Der Spin-Doktor will die Welt und deren Logik verstehen, damit er die Räume für Handlungsmöglichkeiten ausloten kann. Das dialektische Durchspielen der Spannungssituationen gehört auch zum Handwerk des Spin-Doktors. Die Tätigkeitsbeschreibung des Spin-Doktors verlangt ein plastisches Denken, welches ein ausgewogenes Verhältnis von Ratio und Intuition erfordert. Wir werden zeigen, wie zentral es ist, vom Ende und Ganzen her zu denken. Nicht weniger wichtig ist es, kreativ, kombinatorisch und praxisorientiert zu sein, um neue Ideen und Begriffe anbieten zu können. Das Beste an einem Spin-Doktor befindet sich zwischen seinen beiden Ohren. Genauso wie bei jedem Manager.

1. Vom Ende und Ganzen her denken

„Die richtige Schule der Kunst des Befehlens ist die Allgemeinbildung. Dank dieser kann man seinen Verstand ordnen, das Wesentliche von dem Nebensächlichen scharf trennen, die Folgen und die Interferenzen wahrnehmen. Kurz ausgedrückt, sich auf das Niveau erheben, wo das Gesamtbild auftaucht, ohne den Detailreichtum zu verlieren. Es gibt keinen berühmten General, der keine Freude am menschlichen Denken besäße. Hinter den Siegen von Alexander dem Großen findet man immer wieder Aristoteles."

Charles de Gaulle[14]

Politische Spitzenämter gelten als Stressjobs. Das Ansehen der Politiker ist immer schlechter geworden, und parallel dazu ist das Tempo ihrer Aktivitäten rasant angestiegen. Politik ist das gehetzte Berufsleben schlechthin: Besprechungen mit Mitarbeitern, Hinterzimmergespräche mit Journalisten, Reden vorbereiten, Gesetzesentwürfe abändern und all dies zwischen der Hauptstadt und dem Wahlkreis. Es bleibt immer weniger Zeit, um das Ganze in die richtige Perspektive zu rücken. Man trifft Entscheidungen, die eher auf Reflexen als auf Reflexion beruhen. Genau dies ist das Problem mit der Beschleunigung und dem Teufelskreis der Hektik: Man hat keine Zeit zum gründlichen Nachdenken mehr. Und ganz oft denkt man erst danach. Wenn es dann zu spät ist.

Deshalb engagieren fast alle hochrangigen Politiker Sachverständige für die Erfüllung ihrer unterschiedlichen Aufgaben und beruflichen Aktivitäten. So ist die Aufgabe des Spin-Doktors das Denken. Soziale Begabung ist nur eine Facette seiner Dienstleistung, die berühmteste, aber nicht die wichtigste. Der Spin-Doktor ist mehr Weltversteher und Welterklärer als Wahrheitsverdreher. Der Spin-Doktor ist permanent beschäftigt, er muss die Fragen seines Dienstherrn zeitnah beantworten und sich schnell und zuverlässig in immer neue Themengebiete einarbeiten.

Das kurzlebige Tempo des politischen Geschäfts kann keine Ausrede sein, er muss sich ständig mit neuen Ideen und Trends beschäftigen. Schlecht begründete Meinungen oder vorschnelle Urteile werden aber von dem Spin-Doktor nicht erwartet, sie sind für ihn selbst auch nicht hinnehmbar. Der Spin-Doktor kann nicht einfach eine beliebige Meinung ausdrücken, ohne darüber sorgfältig nachgedacht und letztendlich seine eigenen Schlüsse daraus gezogen zu haben. Das Hinterfragen und das Analysieren sind seine spezifischen Merkmale und seine

---

14 „In Richtung auf eine Berufsarmee", 1934 (Übersetzung des Autors).

ureigenen Aufgaben. Er hinterfragt alles und nimmt zu fast allem und in jeder Situation eine kritische Haltung ein. Nachdenken heißt für ihn, sich die richtigen Fragen zu stellen: Worum geht es hier gerade? Was steht auf dem Spiel? Welcher Kontrahent ist beteiligt? Was sind die Risiken? Wo liegen die Möglichkeiten und Risiken für seinen Boss?

Der Spin-Doktor verbringt also den größten Teil seiner Zeit mit Begriffen, Optionen und Hypothesen und gehört voll und ganz zum Berufsstand der intellektuellen Dienstleister. Das Wort „intellektuell" stammt aus dem Lateinischen und bedeutet wörtlich übersetzt „den Verstand betreffend". Der Spin-Doktor ist ein Synonym für Wahrnehmung und Erkenntnis, und er kann als eine gut funktionierende intellektuelle Maschine betrachtet werden. Als Intellektueller ist der Spin-Doktor durch seine Einbettung in die Gesellschaft gekennzeichnet. Sein Interesse für gesellschaftliche Vorgänge ist immens, deren Entwicklungen er permanent zu verstehen und beeinflussen sucht. Seine Analysen beruhen auf seinem umfassenden geistigen Überblick. Zu beachten ist, dass seine Fähigkeit, Zusammenhänge rasch zu erfassen und daraus adäquate Entscheidungen für seinen Dienstherrn ableiten zu können, nicht ausreicht. Der Spin-Doktor muss in der Lage sein, eine kompakte Darstellung von komplexen Fakten anzubieten und die Kernpunkte rasch zu begreifen und zusammenzufassen, um Entscheidungsoptionen vorzulegen.

Der Spin-Doktor wird durch unterschiedliche Denkweisen charakterisiert, welche den verschiedenen Erwartungen seines Auftraggebers entsprechen und welche ich in diesem Kapitel thematisieren will. Zuerst beschreibe ich, inwiefern ein ganzheitliches Denken wichtig sein kann und warum das Überblickswissen als wesentlicher Bestandteil seiner Tätigkeit betrachtet werden muss (a. „Immer den Überblick behalten"). Dann werde ich zeigen, wie der Spin-Doktor nach Lösungsansätzen sucht und warum er nur einige spezifische Aspekte der Wirklichkeit berücksichtigt und problematisiert (b. „Die Problematisierung ist die Lösung"). Im letzten Teil dieses Kapitels geht es darum, warum der Spin-Doktor das Richtungsdenken bevorzugt, sich immer auf die Zukunft konzentriert und dabei versucht die Positionen der Kontrahenten mit einzubeziehen (c. „Langfristig und vom Ende her denken").

a. Immer den Überblick behalten

Das Spin-Doctoring kann also als ein geisteswissenschaftliches Fach betrachtet und definiert werden. Der Spin-Doktor ist belesen und besitzt einen hohen Grad an Bildung. Er hat wahrscheinlich einen

Abschluss einer renommierten Universität (eine sogenannte „Grande École" wie die Franzosen sagen). Er hat sich ein Spektrum analytischer, methodischer, kommunikativer und sozialer Kompetenzen erarbeitet und verfügt normalerweise über eine exzellente schriftliche und mündliche Ausdrucksfähigkeit. Er hat sich diese Fähigkeiten durch ein intensives interdisziplinäres Studium angeeignet, welches politische Wissenschaften, Geschichte, Soziologie, aber auch Wirtschaft und Journalismus umfasst. In diesem Punkt mag der Spin-Doktor vielleicht ein wenig altmodisch wirken, aber er liest viel und gern, diskutiert genauso viel und streitet genauso gern mit Akademikern aller Fachrichtungen über aktuelle Entwicklungen.

Sind aber heutzutage die Geisteswissenschaften nicht weitgehend überflüssig geworden? Wer braucht sie eigentlich noch im digitalen Zeitalter? Im Zeitalter von Big Data? Heutzutage werten vollautomatische Softwares mittels Textanalyse unzählig viele Daten aus. Sind also clevere Systeme nicht vielleicht doch besser als der menschliche Geist? Dies wird so schnell nicht geschehen, nicht nur weil Daten-Tracking tatsächlich inkompatibel mit unserem demokratischen Werte- und Datenschutzsystem sind. Ethische Bedenken sind jedoch nicht das einzige Limit, es gibt auch ein großes Fragezeichen bezüglich der Relevanz der Technik. Die Datensammler, unabhängig davon, ob es sich um Sicherheitsdienste, Politiker oder Manager handelt, sollten zuerst lernen, richtig mit den bereits vorhandenen Daten umzugehen. Der Informationsgehalt der Daten ist schwer zu definieren, wenn zum Beispiel zahlreiche Familienmitglieder dasselbe Tablet im Haushalt nutzen. Smart Data ist also nicht eine Frage für die Zukunft. Unternehmensspezifische Erkenntnisgewinne sind nur mit einer sinnvollen Zusammenführung der Datenmengen und -vielfalt möglich. Der Mensch ist der einzige, der diese Zusammenführung erstellen kann, deshalb wird er auch weiterhin Herr über die Computer bleiben.

Die Bedeutung der geistwissenschaftlichen Fächer solle auf gar keinen Fall unterschätzt werden. „Und was kann man damit später mal machen?", wird oft gefragt, wenn von Geisteswissenschaften die Rede ist. Die Gestaltung und der Einsatz komplexer Informatiksysteme verlangen auch die Fähigkeit zum Analysieren und zum Problematisieren. Die heutigen geheimdienstlichen Abhörmethoden SIGINT (Signals Intelligence) brauchen immer noch HUMINT (Human Intelligence), um gesammelt und bewertet zu werden. Wer Daten in der Wirtschaft sammelt, muss auch definieren, zu welchem Zweck er es tut, er muss es aber auch strategisch durchführen. Darüber hinaus braucht unsere digitale Gesellschaft mehr denn je neugierige Menschen, die neue Perspektiven auf Gewohntes eröffnen, die Sachverhalt aus verschiedenen Blickwinkeln betrachten und die Sinnfrage stellen. Unsere „Welt der

Komparative" braucht dringend Menschen, die Dinge hinterfragen und vorschnelle Lösungen kritisieren. Es wird immer schwieriger, das Entscheidende zu erkennen und zwischen Wichtigem und Unwichtigem zu unterscheiden. Der leider viel zu früh verstorbene F.A.Z.-Herausgeber und Feuilletonist Frank Schirrmacher war ein Vertreter dieses intellektuellen Wissensdursts und hat dessen essentielle Bedeutung betont, wenn wir „die Kontrolle über unser Denken zurückgewinnen" wollen, wie er schrieb. Es geht hier nicht um die Generationengrenze zwischen „Digital Natives" und „Digital Immigrants" und auch nicht um dogmatische Verkrustungen, sondern um das Wohl unserer gemeinsamen Zivilisation und ihre harmonische Entwicklung. Der wesentliche Unterschied zwischen Demokratie und Diktatur ist etwa 40 Prozent der deutschen Jugendlichen nicht bekannt, wie eine Studie des „Forschungsverbunds SED-Staat" im Jahr 2013 zeigte. Es fehle ihnen an Denken in Zusammenhängen, Allgemeinbildung, Quellenkritik und Methodenwissen, welche viel mehr als bloße Anhängsel seien. Sie sind die tragenden Wände unserer Gesellschaft.

Der freie Wille ist zerbrechlich. Wenn das menschliche Denken erodiert, dann ist alles möglich. Vor allem das Schrecklichste, wie unsere Geschichte dramatisch gezeigt hat. Wir glauben nicht, dass das Digitale „unser Gehirn vermanscht" — wie Schirrmacher schrieb —, aber wir müssen die mit analogen Mitteln arbeitenden Denkprozesse auch bewahren. Man kann das Denken nicht an smarte Computer delegieren. Man sollte vermeiden, menschliches und digital gestütztes Denken gegeneinander zu stellen, aber man sollte die unersetzbare Natur des ersteren deutlich erkennen. Nur so können die digitalen Technologien ihr befreiendes Potential entwickeln. Auch der Datenwissenschaftler, der sich mit der Analyse riesiger Zahlenberge beschäftigt, muss Zusammenhängen herstellen und sich ein richtiges Bild machen.

Auch der Spin-Doktor ist permanent bestrebt, den Überblick zu behalten. Er ist im besten Sinne des Wortes Generalist. Der Spin-Doktor sollte als Generalist denken, weil er sich in die unterschiedlichsten Probleme und Situationen einarbeiten und aktiv einbringen muss. Er geht auf jede Situation als Generalist ein, weil dieses seine Denkmethode ist. Er betrachtet die Welt aus einer übergeordneten Perspektive, um die Interessen seines Auftraggebers adäquat zu vertreten. Er kennt wahrscheinlich die wichtigste Regel und die höchste Priorität von Miyamoto Musashi, der berühmte Verfasser des „Buchs der Fünf Ringe", die so lautete: „Betrachte alle Dinge von höherer Warte aus und mit einem offenen, ungetrübten Geist." Die Situation aus der Vogelperspektive zu betrachten, hat nicht nur im Japan des 17. Jahrhunderts seine Gültigkeit.

Bevor er Empfehlungen und Handlungsoptionen präsentieren kann, muss der heutige Spin-Doktor zuerst ein objektives und umfassendes Bild der Lage erstellen und zu Erkenntnissen über das Wesen der betrachteten Situation gelangen. Bevor er Handlungsstrategien entwickeln kann, muss er erkennen, worum es geht, und die Informationen verstehen und einordnen. Das alles verlangt, dass der Spin-Doktor das Ganze betrachtet. Alle Informationen müssen in den Gesamtkontext gestellt und in ihren Wechselwirkungen konsequent verstanden werden.

Kurz ausgedrückt, der Spin-Doktor muss eine Art Kontextintelligenz entwickeln. Jede politische Entscheidung besitzt eine wirtschaftliche, eine soziale, eine machttaktische und heutzutage nicht selten eine internationale Dimension. Dies können wir anhand des Fachkräftemangels verdeutlichen. Vier von zehn Unternehmen in Deutschland haben derzeit Probleme, geeignete Bewerber zu finden, wie das Ergebnis der Studie „Fachkräftemangel 2014" des Personaldienstleisters ManpowerGroup gezeigt hat. Unabhängig davon, ob man der Erhebung vollständig trauen kann, dürfte die Tendenz aber korrekt wiedergegeben sein.

Wie sollen die Unternehmen darauf reagieren? Außerhalb der eigenen Region nach Talenten suchen oder mit Bildungseinrichtungen kooperieren? Die eigenen Mitarbeiter weiterbilden? Mangelnde Fachkenntnisse sind jedoch nicht der eigentliche Grund, sondern einfach eine mangelhafte Zuwanderungspolitik. Es ist nicht einfach, für die deutschen Unternehmen ausländische Arbeitnehmer anzuwerben. Die Hürden für Zuwanderer aus Nicht-EU-Ländern in Fachberufen, die keinen Hochschulabschluss voraussetzen, sind besonders problematisch. Aber genau diese mittlere Qualifikation ist von zentraler Bedeutung für unsere Wirtschaft. Migrationswillige mit diesem beruflichen Hintergrund könnten helfen, den Fachkräftemangel zu mindern, werden aber etwa durch bürokratische Hürden (etwa im Anmeldeverfahren), sprachliche Barrieren oder dem kulturellen Hintergrund gehemmt. Es sind also viele Variablen in der Gleichung und viele Faktoren am Spiel. Der Spin-Doktor muss sich unbedingt auf eine übergeordnete Ebene begeben, um Zusammenhänge zu erkennen, Wichtiges von Unwesentlichem zu unterscheiden und klare Empfehlungen zu formulieren.

Im Allgemeinen kombiniert der Spin-Doktor seine Analyse komplexer Sachverhalte mit Interpretationskontexten, um eine lesbare Wirklichkeit liefern zu können. Nur durch diese Lesbarkeit kann die Welt geordnet und verfügbar gemacht werden und richtige Entscheidungen im Sinne des Auftraggebers ermöglichen. Um im Beispiel zu bleiben: Hier war es die Aufgabe des Spin-Doktors, eine direkte Verbindung zwischen Fachkräftemangel und Zuwanderungspolitik herzustellen sowie zu betonen, dass der Standort Deutschland dadurch mit einem ernsten Wettbewerbsnachteil konfrontiert ist.

Um die Welt geordnet und verfügbar zu machen, analysiert der Spin-Doktor meistens globale und übergreifende Entwicklungen, und er tut dies aus verschiedenen Blickwinkeln. Er ist nämlich für die Beobachtung des Umfelds zuständig und diese verlangt Abwägung, Augenmaß und Verständnis systemischer Zusammenhänge. Der Mathematiker Blaise Pascal (1623–1662) sagte einmal: „Wie sollte es möglich sein, dass ein Teil das Ganze erkennt? Die Teile der Welt sind alle derart aufeinander bezogen und derart miteinander verkettet, dass ich es für unmöglich halte, einen Teil ohne den anderen zu erkennen und ohne das Ganze." Das Ganze zu erfassen ist die ganze Sache für den Spin-Doktor. Diese Hubschrauberperspektive zu behalten, ist zugleich die Herausforderung schlechthin. Der Spin-Doktor muss in der Lage sein, die Lage mit rücksichtloser Objektivität zu erfassen. Er muss sozusagen die Situation von außen betrachten, was eine große Portion intellektueller Redlichkeit verlangt. Es gibt hier keinen Raum für Selbsttäuschung, für Selbstgefälligkeit oder für Überschätzungen. Jede Art von Subjektivität bezüglich Informationsgewinnung und Kräfteeinschätzung sollte vermieden werden. Man sollte nicht zu hart sein, aber stets auf Fairness achten. Der Spin-Doktor handelt fast wie ein unbeteiligter Beobachter, wenn er die Situation seines Dienstherrn, mit seinen Stärken und Nachteilen, und dessen Umwelt, mit ihren Chancen und Bedrohungen, erfasst. Nichts darf in der Beschreibung der Ausgangssituation vergessen oder vernachlässigt werden, weder Meinungsklima, Medienagenda und Unterstützungsbasis noch konkurrierende Akteure oder Machtverschiebungen. Die Lageanalyse ist die Voraussetzung eines jeden erfolgreichen Handelns und definiert die Grundlage aller weiteren Schritte.

Man redet hier nicht von „der Lage der Nation", sondern von einer ungeschminkten und schonungslosen Lageanalyse, in der Wunschdenken keinen Platz hat. Für eine scharfe und brauchbare Lageanalyse sind Denkfehler ebenso gefährlich wie Wunschdenken. In seinem Bestseller „Die Kunst des klaren Denkens" hat Rolf Dobelli eine kleine Liste der größten Denkfehler erstellt. Diese Denkfehler, die lustige oder manchmal abstruse Namen wie „Superresponse-Tendenz" oder „The Base-Rate Neglect" tragen, verursachen häufig Fehlwahrnehmungen und Fehlentscheidungen. Sie sind schwer zu vermeiden, weil sie nichts anderes als eingespielte Denkmuster sind, auf die wir immer wieder hereinfallen, denn wir verwenden sie, um schnell reagieren und urteilen zu können. Diese Denkfehler entstehen überwiegend aus zwei Fehlurteilen: Entweder weil wir die Sache nur aus unserer eigenen

Perspektive betrachten oder weil uns von einem Detail der Blick verstellt ist. Sich auf die gesamte Situation zu konzentrieren, darum geht es. Und immer den Überblick behalten, darum geht es ebenfalls. Die Lage muss unbedingt objektiv und in ihrer Gesamtheit erfasst werden.

Der Spin-Doktor sollte die systemische Dimension von Problemen sehen. Er findet dafür eine gute Inspiration bei dem Meister der genauen Beobachtung und der logischen Schlüsse, nämlich Sherlock Holmes. Gemeinsam mit seinem treuen Gefährten Dr. Watson löst die Kultfigur von Arthur Conan Doyle die kompliziertesten Fälle. Holmes ist launisch, alkoholsüchtig und konsumiert Kokain, steht aber für kühle Rationalität und perfekte Deduktion. Seine Methodik ist äußerst effektiv: Er sammelt durch diverse Informationen und eigene Beobachtungen zahlreiche objektive Tatsachen und daraus zieht er verblüffende Schlussfolgerungen. Jedes Detail kann der Schlüssel sein. Deshalb beobachtet er alles äußerst genau. Und alles kann sein analytisches Interesse wecken. Er nimmt alles und alle unter die Lupe „mit so viel Aufmerksamkeit und so wenig Gefühl wie ein Wissenschaftler, der ein Präparat ansieht", wie Doyle es auf seine unverwechselbare Art und Weise in der Kurzgeschichte „Die einsame Radfahrerin" schreibt. Einige kluge Beobachter haben diese rationale und effektive Betrachtungsweise bei der Kanzlerin identifiziert, eine Charakteristik, die wahrscheinlich ihrem Studium der Physik zu verdanken ist.

Die New Yorker Psychologin Maria Konnikova hat wie viele andere den berühmten Londoner Schlapphut auch unter die Lupe genommen. In der „Kunst des logischen Denkens" analysiert Frau Konnikova geistreich und detailgetreu die Holmes-Methodik „des achtsamen Umgangs mit der Welt". Nichts zu übersehen und sich ganz auf das Problem zu konzentrieren, so lauten die Kernmerkmale des Detektivs. Maria Konnikova benutzt eine sehr einfache, aber sehr klare Metapher, nämlich die der „Hirnmansarde": Der Raum der Aufbewahrung der Dinge und Fakten in unserem Kopf. Die gespeicherten Inhalte sind assoziativ geordnet und der Trick besteht darin, diese Fakten und Details immer präsent und griffbereit zu haben. Man sollte jeden Gedanken und alle Fakten stets hinterfragen und ständig über sein eigenes Denken nachdenken. Diese Distanz zu uns selbst ist nicht immer leicht, aber notwendig und wegweisend.

Die zweite Fähigkeit besteht darin, jedes Detail als Teil eines Ganzes zu betrachten und zu bestimmen, ob es nebensachlich oder von Bedeutung ist. Der Spin-Doktor muss das ganze Spielbrett beobachten, jedes Element als Teil des Ganzen sehen und die Verbindungen zwischen diesen Elementen und ihren Veränderungen erkennen und abschätzen können. Er muss erkennen können, ob ein Ereignis einmalig ist, eine neue Entwicklung darstellt oder einfach eine alte Entwicklung in neuem Gewand ist. Man kann an dieser Stelle die Wichtigkeit der schwachen Signale nicht genug betonen. Diese Signale sind unverzichtbar, um den Überblick zu behalten und einen echten Wandel zu erkennen und zu interpretieren.

Auch auf die Gefahr hin, dass ich mich wiederhole: Alles ist von unserer Art der Beobachtung abhängig. Alles ist von unserer Art und Weise, diese Hirnmansarde zu füllen, abhängig. Sherlock Holmes merkt sich nicht alles, er kann es auch gar nicht. Er bemerkt aber alles, was für seine Aufgabe von Bedeutung ist. Er verteilt seine Aufmerksamkeit sorgfältig und strategisch. Er weiß, auf welche Details er achten muss und welche er ruhig ignorieren kann. Er erkennt, wie die entscheidenden Elemente sich in den Zusammenhang eines größeren Gesamtbilds einfügen. Holmes weiß, wonach er als nächstes suchen soll. So funktioniert seine logische Vorgehensweise, die auf jahrelanger Übung und unersättlicher Neugier basiert. Wie Holmes muss jeder Spin-Doktor die Welt erkennen und filtern können.

Die Methoden des Spin-Doktors bestehen aus Analyse und Synthese. Analyse heißt: das Ganze in seine Bestandteile zerlegen. Synthese heißt: die relevanten Elemente und Faktoren zusammenstellen. Es klingt weder beeindruckend noch besonders neu oder originell, es ist aber so. Der Spin-Doktor beherrscht die Dialektik zwischen Detailansicht und Gesamtblick. Er weiß, dass das Ganze die Elemente beeinflusst und jedes Element Großes bewirken kann. Er weiß, dass es keine perfekte und noch viel weniger eine allgemeingültige und für immer gültige Distanz gibt. Er muss einfach immer in Bewegung sein und wachsam bleiben, viele Berichte und Notizen lesen und viele Experten und Akteure treffen. Er weiß aber ganz genau, dass Akteure ihre eigenen Interessen verfolgen und Experten immer nur hinterher genau sagen, warum ihre Prognosen nicht gestimmt haben. Er muss also auf seine Erfahrung zählen und sich auf sich selbst verlassen können. Dafür benutzt er meistens eine durchstrukturierte Herangehensweise, eine Art Denkmodell: Zooming in/Zooming out. Er richtet seinen Blick abwechselnd auf große Zusammenhänge und auf Details.

Der Spin-Doktor ähnelt sogenannten idealen „T-shaped" Menschen, die Generalisten *und* Spezialisten sind: Der Stamm des T steht hier für die Vertiefung bzw. das Spezialwissen und der Querbalken symbolisiert die angrenzenden Kompetenzen. Die T-förmigen Menschen besitzen die Fähigkeit, in die Breite zu denken, beherrschen also das „Zooming out", und verfügen gleichzeitig über eine Kernkompetenz, die sie in eine gegebene Materie hineinzoomen lässt, das „Zooming in". Der Spin-Doktor muss immer das große Ganze erfassen, er muss aber auch punktuell in die Tiefe einer Fragestellung gehen können. Wenn er bemerkt, dass ein Detail relevanter und wichtiger als ein anderes ist, dann gräbt er tiefer. Je mehr man auszoomen kann, desto besser kann man auf ein bedeutendes Detail hereinzoomen. Der Spin-Doktor versucht mit anderen Worten, die Balance zwischen Breite und Tiefe permanent herzustellen. Er kann nicht alle Details sehen, aber er erfasst den Sinn der Situation und schafft Erkenntnisse und Entscheidungshilfen, um diese Situation mitzuprägen. Es ist sein Job, die Dinge von oben zu betrachten, um passende Handlungs- und Reaktionsfelder zu erkennen.

Der Spin-Doktor hat die Vorgehensweise eines Generalisten, er setzt aber auch sein Spezialwissen ein. Seine eigentliche Fachqualifikation ist ein gutes Gespür für die Synthese. Er besitzt ein fundiertes Expertenwissen, analytisches Denken sowie Überblick. Sein spezielles Gebiet ist das Gegenteil von einem Inselwissen. Das Silodenken wäre für ihn ein schwerer beruflicher Fehler. Er muss die wichtigsten Erkenntnisse der anderen Mitglieder des Führungsstabs geschickt kombinieren und priorisieren. Nur so kann er die Synthese von deren Disziplinen erstellen und den Überblick über die Entwicklung der möglichen nächsten Schritte bekommen. Der Spin-Doktor liebt Kultur, Geschichte und Politik, weil sie ihm zeigen, wie menschliche Angelegenheiten funktionieren und sich entwickeln — wobei er sich der Gefahr von Verallgemeinerungen immer bewusst ist. Aber er liebt dieses schier unüberschaubare und komplexe Netz von Beziehungen zwischen wirtschaftlichen, kulturellen und politischen Faktoren. Jede dieser Situationen ist für ihn Gegenstand seiner Untersuchungen, ist Beobachtungsobjekt und Quelle von Begeisterung. Die Hauptsache ist allerdings, sich auf das zu konzentrieren, was zählt, und sein analytisches Denken dabei einzusetzen.

Der Spin-Doktor weiß, dass man Komplexität mit Allgemeinbildung und analytischen Denkmethoden vereinfachen kann. Er weiß sehr genau, dass die menschliche Welt nur ein riesiges und nahezu unentwirrbares Bündel von Problemen ist. Und hier ist eine andere Lektion, die jeder Leser mitnehmen kann: dass eine präzise und relevante Problematisierung gleichzeitig die Lösung eines Problems darstellen kann.

b. Die Problematisierung ist die Lösung

Um den Denkprozess des Spin-Doktors zu verstehen, sollte man die Natur politischer Prozesse betrachten. Darin befinden sich zwei Parameter, die das Alltagsleben jedes Politikers bzw. Spin-Doktors prägen: eine nie endende Kette an Ereignissen und Zeitknappheit. Wie bekommt man sich überschlagende Ereignisse in kürzester Zeit in den Griff? Eine Situation, die jede Führungskraft in Politik und Wirtschaft kennt und in welcher der Spin-Doktor den widrigen Bedingungen zum Trotz mit seinem produktiven Denken regelrecht erblüht, um Lösungen zu finden. Dabei muss er vor allem effizient sein, das heißt, seine Energie und sein Streben in optimaler Weise ausrichten. Keine einzige Mühe darf umsonst sein, weil jede seiner Aktivitäten mit einem erheblichen Aufwand verbunden ist. Dabei hilft ihm, dass er sich auf die Schnelligkeit und Komplexität der Sachlagen versteht und diese vollständig akzeptiert. Angesichts dieser Herausforderungen reagiert der Spin-Doktor mit Methode. Es reicht nicht, „Nein" zu sinnfreien Terminplanungen oder nutzlosen Aufgaben zu sagen oder verlockenden Ablenkungen zu widerstehen, wie allzu oft wohlwollende Managementberater empfehlen, man muss diese komplexen Anforderungen mit kühlem Kopf betrachten und offensiv angehen.

Der Druck ist hoch und er ist permanent vorhanden. Jedes Thema kann mit der Echtzeit-Berichterstattung seinen Weg in die Massenmedien finden. Auch wenn eine Situation nicht unbedingt negativ erscheinen mag, kann sie sich doch jederzeit krisenhaft entwickeln. Andere Akteure — Medien, Opposition oder Lobbyisten — wollen ihre Interessen auf der öffentlichen Bühne vertreten sehen. Da jeder Politiker mit einer unaufhörlichen und unüberschaubaren Flut von Erwartungen und Anforderungen konfrontiert ist, sollten seine Berater für Identifizierung, Sortierung und Priorisierung sorgen. Ein Spin-Doktor fungiert zuerst als menschliche Sortierstelle. Hierfür reguliert er den Problemstrom stark und bändigt ihn, obwohl er sich meistens einer unklaren Situation aufgrund ungenügender Information gegenüber sieht. Er sollte die Motivation aller Interessen und Anforderungen genau prüfen und parallel dazu die hochkomplexen Sachverhalte im Auge behalten.

Der Spin-Doktor weiß aber ganz genau, dass es keine eindeutigen, sondern nur umstrittene Anforderungen und Probleme gibt. Die Dringlichkeit verschärft natürlich die Zeitknappheit des Spin-Doktors und kombiniert sie mit der Tatsache, dass er es in der Regel mit unklaren Sachlagen zu tun hat. An dieser Stelle gilt aber auch, dass mehr Wissen und mehr Information das Problem der Komplexität nicht besiegen können. Es geht eigentlich nicht um „mehr" Wissen, sondern um weniger, weil es um das Aussortieren von nicht relevanten Informationen geht. Damit meinen wir, dass der Spin-Doktor soziale und politische Probleme unbedingt aussortieren sollte, indem er sie mitgestaltet. Diese Vorgehensweise bildet das Rückgrat des Spin-Doctorings: Nicht passiv die schon in der Öffentlichkeit vorhandenen Anliegen hinnehmen, sondern sie inhaltlich neu ausrichten, andere aus der Medienagenda verdrängen und wiederum andere Anliegen sogar selbst definieren. Die Politikwissenschaftler reden hierbei von „Politikmanagement", um die schwierige Steuerbarkeit des politischen Systems zu beschreiben. Die Spin-Doktoren — Zwitter aus Politik und Kommunikation — greifen hierbei auf das „Issue Management" zurück, ein Konzept aus der PR-Branche. Es spiegelt im Kern die Denkprozesse eines Spin-Doktors wider.

Das angelsächsische Wort „issue" bezeichnet ein öffentliches Problem oder eine politisch strittige Diskussion, in der um Anerkennung und Behandlung gerungen wird. Ich habe in einem vorherigen Kapitel schon betont, dass die Politik wie jede andere menschliche Angelegenheit ein soziales Konstrukt darstellt. Die öffentlichen Probleme und Diskussionsthemen sind da keine Ausnahme. Sie werden gemacht und werden meist erst diskutiert, wenn sie richtig formuliert wurden. Damit meine ich die Fähigkeit, eine Forderung in ein echtes öffentliches Anliegen zu verwandeln. Das bedeutet, dass der demokratische Prozess der Willensbildung mit einer Phase der Problemdefinition und der Problemartikulation beginnt. Der Spin-Doktor benennt Probleme, indem er Zusammenhänge herstellt. Um etwa beim Beispiel des „Fachkräftemangels" zu bleiben: Man kann dieses Thema mit dem Thema der Frauenbeschäftigungsquote verbinden, um eine Teillösung anbieten zu können So kommt man schließlich zu der Forderung an den Staat, mehr Kinderbetreuung anzubieten. „Hier! Wir haben es: eine Problematisierung!"

Die Analyse der Sachverhalte geht Hand in Hand mit der Betonung eines Kernfaktors und mit einer klaren Adressierung an die Verantwortlichen zur Bewältigung des Problems. Ganz oft passiert aber folgendes: Der Spin-Doktor konstruiert einfach einen Kontrahenten, um ein Anliegen besser thematisieren zu können. Ich spreche hier nicht unbedingt von einem Sündenbock. Es geht nicht darum, von internen Problemen abzulenken oder um das Vertuschen der eigentlichen Ursachen, sondern vielmehr darum, die Aufmerksamkeit der Öffentlichkeit besser wecken zu können. Andreas Graf von Bernstoff, Weltaktivist und ehemaliger Kampagnenleiter bei der Umweltschutzorganisation Greenpeace, verwendet den Ausdruck „Gegnerkonstrukt". Jede Kampagne oder jede Politik droht ins Leere zu laufen, wenn keine konkreten Verursacher genannt worden sind. Diese Adressierung erlaubt natürlich eine Zuspitzung der öffentlichen Diskussion. Die Markierung des Gegners ermöglicht in der Tat eine Mobilmachung der potentiellen Unterstützer. Die auf den ebenso bekannten wie kontroversen Staatsrechtler Carl Schmitt zurückgehende „Unterscheidung von Freund und Feind" ist nicht von ungefähr die Kerndefinition der Politik.

Kein Problem gelangt also einfach so in die öffentliche Diskussion, es ist eine Mischung von Sachverhalt, Interessen und Inszenierung. Oder zugespitzter ausgedrückt, jedes Anliegen muss als strategische und öffentliche Konfrontationsinszenierung gedacht werden. Ein Problem an sich gibt es nicht, es wird immer durch Interessen und Erwartungen gestaltet. Ein Anliegen muss genau und richtig benannt und thematisiert werden, damit es die Aufmerksamkeit der Öffentlichkeit und der Politiker überhaupt erreichen kann. Aufmerksamkeit und Wichtigkeit erzielt man nicht einfach durch eine bloße Erklärung. Eine strategisch angelegte Problemdefinition ist hier nicht nur gefragt, sie ist geradezu unentbehrlich. Ein Anliegen muss politisierbar werden, sonst kann es einfach nicht adressiert und diskutiert werden. Um letztlich zur Streitfrage („Issue") zu werden, muss ein Anliegen als „Problem" etikettiert und wahrgenommen werden. Der Spin-Doktor ist ein Spezialist dieser öffentlichen Problematisierung und Abgrenzung. Und der Spin-Doktor weiß, dass es besser ist, klare und einprägsame Begriffe zu entwickeln: „Ozonloch", „Einsamer-Wolf-Terrorist" oder „Fachkräftemangel".

Es gibt zwei Situationen für den Spin-Doktor. Entweder muss er ein Problem erkennen, es analysieren und dann Strategiepapiere bzw. Soundbites verfassen, damit sein Dienstherr reagieren kann. Das heißt, er muss permanent die Stakeholder-Ansprüche identifizieren und antizipieren. Oder er muss selbst ein Problem formulieren, um die Interessen des Dienstherrn voranzubringen.

In beiden Fällen muss der Spin-Doktor in den Kategorien „Problematik" und „Streitfrage" denken. Er konstruiert und grenzt permanent Problembereiche in seiner Realität ab. Deshalb versucht der Spin-Doktor, die wichtigsten und relevantesten Ereignisse, Informationen und Interessen zu identifizieren, um diese zu einem großen Hintergrundbild der Kräfteverhältnisse zusammenzusetzen. Dank des Medienechos kann er jede Position bewerten und seine eigene optimal anpassen. So kann er Probleme richtig erfassen und wirkungsvolle Reaktionsmöglichkeiten entwickeln. Die Einbindung jedes Anliegens in einen großen Wertezusammenhang ermöglicht es ihm, die Betroffenheit der Akteure zu definieren und die konkreten Ursachen der Ereignisse zu identifizieren. Probleme genau zu benennen und zu definieren, ist keine Nebensache, weil von der eindeutigen Definition des Problems die Entwicklung der Lösungskonzepte abhängt. Kurz: Der Spin-Doktor muss problematisieren, wenn er Lösungswege anbieten will.

Oder auf eine Formel gebracht: Der Spin-Doktor ist ein regelrechter Problememacher. Der Experte findet Lösungen, aber der Spin-Doktor findet Probleme, Probleme, Probleme. Doch wer will nur Probleme haben? Ja, eines ist sicher, den Ruf des Spin-Doktors zu verteidigen, ist alles andere als leicht. Das Wort „Problem" ist wahrscheinlich einer der am negativsten beladene und empfundene Begriffe im deutschsprachigen Raum. Es ist trotzdem wichtig, dass jeder, der sich für die Spin-Doktoren interessiert, die Wichtigkeit und sogar die zentrale Rolle der Problematisierung in deren Denkprozessen begreifen kann. Es gibt keine einfache Lösung in der Politik, weil es kein einfaches Problem gibt. Wie schon gesagt, man muss zuerst die Lage verstehen, problematisieren und im Groben identifizieren, wo der Haken liegt.

Der Spin-Doktor mag Haken, und er ist extrem stolz darauf, ein Problemmacher zu sein. Es ist sein philosophischer Charakter und Teil seiner DNA. Der Begriff „Problem" hat sich im modernen Sprachgebrauch leider verengt. Wir verstehen heutzutage unter Problem nur sehr komplizierte Fragestellungen oder unlösbare Aufgaben. Aber die Fragestellung ist der Schlüssel für den Spin-Doktor! Er reagiert auf die Komplexität mit Fragen, weil diese eine Besinnung auf das Wesentliche einer Situation zum Ergebnis haben. Der Spin-Doktor zeichnet sich im Wesen durch das Hinterfragen aus. Zum einen, weil er wahrscheinlich, wie Manager auch, meistens mit Problemen zu tun hat. Und zum anderen, weil er verstanden hat, dass die konstruktiven Fähigkeiten seines Verstands auch Lösungswege vorbereiten.

Probleme sind eigentlich lebenswichtig für die Demokratie. Und Probleme leben von der Kontroverse. An dieser Stelle greife ich gerne auf den Begriff der „kommunikativen Rationalität" von Jürgen Habermas und seine Konsenstheorie zurück. Nur durch eine lebendige Diskussion und Argumentation können politische Probleme in eine Lösung münden. Wahrheit — und eigentlich auch Objektivität — sind für den Spin-Doktor recht illusorisch und sollten lieber durch Ziele wie demokratische Diskussion und allgemeine Anerkennung ersetzt werden. Eine lebendige Streitkultur und eine respektvolle Konfliktklärung sind eigentlich genau das, woran es dem modernen Management mangelt. Die Welt der Wirtschaft kann nur gewinnen, wenn sie demokratischer wird und das Prinzip der Pluralität in das Management einfließen lässt. Eine Umwelt frei von Streitfragen ist eine Umwelt ohne Lösungen. Und auch wenn man die Interessenproblematik gefunden und erläutert hat, heißt dies nicht, dass die Lösung richtig, vollständig und endgültig sein wird.

Es ist vielleicht für das durch seine Ingenieurkultur geprägte deutsche Management nicht leicht zu akzeptieren, aber es gibt oft keine optimale Sachlösung. Wie dem auch sei, eine Lösung kann nur geschaffen werden, wenn das Problem richtig definiert worden ist. Ist es gut definiert, ist es schon halb gelöst, sagt nicht ohne Grund ein altes Sprichwort. Probleme kann man eigentlich nur wirklich verstehen und erfassen, wenn man sie bearbeitet, denkt der Spin-Doktor. Probleme sind für den Spin-Doktor ausdrücklich keine objektiven Gegebenheiten. Die beste Art und Weise, um eine Situation verstehen zu können, besteht darin, die sachlichen Dimensionen mit den vielen unterschiedlichen Interessen und Wahrnehmungen zu kombinieren. Im Endeffekt nimmt der Spin-Doktor nur Teile und Aspekte der Situation und versucht, diese zu verknüpfen, um Wirkungen und Ursachen zu unterscheiden. Er ist bestrebt, diese Situation auf eine Problemstellung einzugrenzen.

Vielleicht sollte man den Begriff Problememacher bei Seite legen und den Begriff „Fokusmacher" bevorzugen, weil es beim Spin-Doctoring genau darum geht: die Konturen des Problems zu erfassen. Die Denkprozesse des Spin-Doktors sind auf das Erfassen eines Ausschnittes der Situation gerichtet, damit er leichter komplexere Sachverhalte durchleuchten und angehen kann. Seine Arbeit orientiert sich stringent an der Abgrenzung der Wirklichkeit und an der Frage, welche Aspekte der Wirklichkeit unbedingt berücksichtigt und zusammengeführt werden müssen. Um es zusammenzufassen: Der Überblick ermöglicht die Exploration einer Situation, während die Problematisierung deren Eingrenzung dient. Das Ganze betrachten, um zu sehen, wo der Haken liegt, und dann nur einen Teilausschnitt beleuchten, so lautet die richtige Reihenfolge. Die Natur der Politik und die Gesellschaftsteuerung favorisieren die Breite und die Sachkomplexität. Deswegen braucht jeder Politiker Qualifizierung und Artikulation oder anders ausgedrückt, eine präzise Verdichtung.

Man sollte nicht aus den Augen verlieren, dass die Ressourcen des Spin-Doktors extrem begrenzt sind. Ereignisströme und Zeitknappheit verlangen viel Energie. Der Spin-Doktor sollte seine Aktivität besser sorgfältig lenken und eher intensive als extensive Arbeit leisten. Seine Energien muss er auf einen entscheidenden Punkt richten, nämlich auf seinen Fokus in Bezug auf das Problem. Der Spin-Doktor denkt also intensiv und problemorientiert. Wie auf dem militärischen Feld lohnt es sich, die Kräfte zielstrebig auf den schwächsten Punkt des Kontrahenten zu richten.

Man kann nicht alle Fragen beantworten und alle Probleme angehen. Wie gesagt, die Rahmenbedingungen der politischen Geschäfte und die Natur der menschlichen Angelegenheiten veranlassen den Spin-Doktor, die Positionen des Politikers zu limitieren und strategisch anzulegen. Strategie ist hier immer eine Fokusstrategie: Welche Aspekte müssen ignoriert werden und wo liegt der Schwachpunkt, auf den wir all unsere Energie konzentrieren müssen.

Jeder Manager sollte sich auf dem Weg machen, das Problem zu definieren, bevor er nach einer Lösung sucht. Es ist eine seiner wichtigsten Aufgaben, die Wirklichkeit in möglichst vielen verschiedenen Varianten neu zu formulieren und das Problem in vielen verschiedenen Formen neu zu strukturieren. Die Art und Weise, wie ein Manager die Wirklichkeit sieht und versteht, sagt viel über seine Führungsfähigkeit aus. Wenn er diese Wirklichkeit und die Umstände nicht hinterfragt, dann setzt er sich der Gefahr des Konformismus und des Hinterherlaufens aus. Er muss die Wirklichkeit entziffern und Zusammenhänge herstellen, um sein Wettbewerbsumfeld zu ordnen und Handlungsmöglichkeiten zu finden.

Digitale Start-ups setzen häufig „Service Design" ein: Es geht bei diesem Design-Prozess darum, das Produkt bzw. die Dienstleistung eng mit der Situationsanalyse des Benutzers zu entwickeln. Dabei arbeiten sie mit sogenannten „Pain Points" (wörtlich: Schmerzpunkte), die sie in „Anforderungen" vom Benutzer an das Produkt umwandeln, um die Kundenprobleme besser lösen zu können. „Problem" ist hier kein negativ beladener Begriff, sondern ein Synonym für Mehrwert und Verbesserungen. „Problem" ist definitiv nicht das Schimpfwort, sondern vielmehr das Zauberwort. Jeder Manager weiß, dass Strategie gar nichts mit vage formulierten Zielsetzungen zu tun hat, dafür aber alles mit mutiger Selbstdiagnose und klarer Identifizierung von Problemen. In seinem sehr empfehlenswerten Buch „Good Strategy, Bad Strategy" erklärt der amerikanische Wirtschaftswissenschaftler Richard Rumelt, was dies für Führungskräfte aus der Wirtschaft bedeutet. Eine „schlechte" Strategie besteht seiner Meinung nach darin, harte Entscheidungen — also Probleme — zu vermeiden. Eine „gute" Strategie entsteht hingegen, wenn Führungskräfte die wahre Natur der eigenen Herausforderung erkennen.

Das Wort „Herausforderung" ist auch eines der Lieblingsbegriffe des Spin-Doktors, weil es die Realität der politischen Geschäfte in der schönen neuen vernetzen Gesellschaft genau beschreibt, wo der Kampf um Relevanz und ums Überleben stattfindet. Das spüren moderne Manager, die täglich mit Verunsicherung, Widerstand und Konflikten umgehen. Sie merken auch deutlich, dass es hier nicht mehr nur um bloßes Change Management geht. Es ist wie in jeder Extremsituation, es geht ums Ganze. Bei einem richtigen und tiefgreifenden Veränderungsprozess ist immer die Identität des Unternehmens und des Managers involviert. Man muss nicht nur besser, sondern vor allem anders werden.

Bei diesen Änderungsprozessen gibt es keinen standardisierten Weg oder eine standardisierte Methodik, die zum Ziel führen. Die üblichen

Denkmuster und Vorgehensweisen müssen beiseitegelegt werden. Ich rede hier nicht von Reduzierung der Herstellungskosten oder Steigerung der Produktivität. Es geht nicht nur darum, eine neue Markenidentität auszubrüten, eine neue Unique Selling Proposition (USP) zu finden, ein neues Produkt zu launchen oder die Organisation mit neuer Technologie auszustatten. Es geht um alles, und zwar gleichzeitig — es geht ums Ganze. Daher sollte man auch nicht mehr nur von Change Management reden, sondern vielmehr von „Challenge Management".

Ein gutes Beispiel für eine gesamte Erneuerung des eigenen Geschäftsmodells ist die Klitschko Management Group (KMG). Die KMG weiß ganz genau, was eine zukunftsgerechte Ausrichtung einer gesamten Organisation bedeutet. Vitali macht Politik. Eine gute Wahl. Wladimir will den Austausch von Expertise statt reinen Imagetransfer bieten, und zwar im Bereich Gesundheit. Eine kluge Entscheidung, aber eine riesige Herausforderung. Die Welt der Gesundheitsbranche folgt anderen Regeln als das Boxgeschäft. Alle Veränderungen bei der KMG müssen aufeinander abgestimmt werden. Es ist nicht einfach und sogar riskant. Und es ist gefährlich für das Image und für den wirtschaftlichen Erfolg der Firma. Man reagiert normalerweise auf Bedrohungen entweder mit Flucht oder mit Kampf. Nicht sehr überraschend, aber sehr mutig, hat sich die KMG für den Kampf entschieden und hat schon zusätzlich ein Programm zum Thema „Challenge Management" zusammen mit der Universität St. Gallen entwickelt. Nicht nur für die Klitschkos kann die Fähigkeit zur stetigen Neuerfindung die Schienen für die Zukunft legen. Zukunft: Auch ein schönes Wort, das in den Ohren des Spin-Doktors gut klingt.

c. Langfristig und vom Ende her denken

In der Politik es ist schwierig, endgültige Lösung zu finden. Es ist sozusagen das Kernproblem der gesellschaftlichen Steuerung. Man kann zum Beispiel das Problem des Gesundheitssystems nicht „lösen". Man kann es klugerweise behandeln oder für eine bestimmte Zeit zukunftsfähig machen. Der Spin-Doktor kann nur mit Möglichkeiten und Handlungsoptionen arbeiten, mehr nicht. Schlimmer noch: Jede politische Entscheidung induziert unerwartete Nebenfolgen und schafft andere Probleme. Sind aber deshalb die Politiker schlecht? Nein. Es ist so, weil in der Wirklichkeit alle wirtschaftlichen Branchen und alle gesellschaftlichen Lebensbereiche miteinander verbunden sind. Es macht die Schwierigkeit und die Einzigartigkeit, aber auch die Schönheit der Politik aus, was ich aus voller Überzeugung im Namen der Spin-Doktoren sagen kann.

Es gibt keine einfachen Lösungen und logischerweise keine einfachen Entscheidungen. Etwas wie die perfekte Entscheidung gibt es auch nicht. Charles de Gaulle (1890 – 1970) sagte einmal: „Es ist besser, unvollkommene Entscheidungen durchzuführen, als beständig nach vollkommenen Entscheidungen zu suchen, die es niemals geben wird." Nicht nur wegen der schon erwähnten Wissenslücken und Rückkopplungsschleifen, sondern auch wegen der beschleunigten Dynamik der Politik. Deshalb braucht jeder Spin-Doktor neue Wege und eine andere Art des Denkens. Ein Denken, welches eine sachgerechte Antizipation und ein zielgerichtetes Handeln ermöglicht. In der Tat besteht die beste Art und Weise, ein Problem zu regeln oder sich in der Wirklichkeit zurechtzufinden, darin, ein Ziel konsequent und ausdauernd zu verfolgen. Ein Ziel fungiert zugleich als Orientierungsschema und als Bewertungskriterium für die Entscheidungsfindung. Dieses zielgerichtete Denken will ich auf den folgenden Seiten kurz unter die Lupe nehmen.

Der Spin-Doktor legt viel Wert auf ein vernetztes Denken und auf die Identifizierung von Abhängigkeiten und Wechselwirkungen — wie im vorherigen Abschnitt bereits beschrieben. Er genießt es, sein ganzheitliches Denken und die Kunst der präzisen Bewertung der Faktoren auszuüben, um die Gesamtheit zu identifizieren. Er weiß aber auch, dass nur eine Art Zieldenken die Voraussetzung für das Treffen von Entscheidungen und das Handeln schaffen kann. Deshalb sollte ein Spin-Doktor immer voraus denken — zielfokussiert und zukunftsorientiert, also strategisch. Was heißt das? Was versteht der Spin-Doktor beispielsweise unter Strategie in der Politik? Dies bedeutet, dass der Spin-Doktor als Stratege sich nicht nur die Frage: „Was ist wichtig und was unwichtig?" stellt, wie zuvor ausgeführt, sondern auch: „Was passiert vorher und was nachher?". Dieses „Wozu-Denken" und „Wenn-Dann-Denken" kennzeichnet ihn. Er denkt vom Ende her. Dies bedeutet konkret, dass der Spin-Doktor die Interessen seines Dienstherrn als Sortierungsmaßnahme für die Zielsetzung und die Entscheidungsfindung benutzt. Bevor ich die Rolle der Interessen und der Kalkulation in der Politik analysiere, möchte ich die Definition von Strategie genauer betrachten.

Kritische Kommentatoren sehen in dem Spin-Doktor den Inbegriff für ein rein taktisches Denken, und sie meinen damit natürlich sein angeblich rein manipulatorisches Wesen. Dabei begehen diese Kommentatoren gleich zwei Fehler: Zum einen verstehen sie die Rolle der Spin-Doktoren und der Meinungsbildung in einer Demokratie immer noch nicht und zum anderen verstehen sie wahrscheinlich nicht die natürliche Interdependenz von Strategie und Taktik. Carl von Clausewitz (1780 – 1831) hat schon vor langer Zeit auf den Unterschied, aber trotzdem Zusammenhang zwischen Strategie und Taktik aufmerksam gemacht. Dem General und Militärtheoretiker zufolge ist die Strategie die „Lehre vom Gebrauch der Gefechte zum Zwecke des Krieges". Damit unterscheidet sie sich von der Taktik, welche von Clausewitz als „die Lehre vom Gebrauch der Streitkräfte im Gefecht" definiert. Die zwei unterschiedlichen Kategorien gehen also Hand in Hand.

Im Endeffekt ist die Strategie die Definition des Ziels *und* der Maßnahmen, um dieses zu erreichen. Der Spin-Doktor ist strategisch, geht aber extrem taktisch vor, da er die Wichtigkeit der Umsetzung genau kennt. Ein Leitbild zu entwickeln, ist wichtig, eine klare Vorstellung der langfristigen Interessen des Dienstherrn unerlässlich, aber eine politische Strategie ohne taktisches Know-how ist einfach chancen- und nutzlos. Jeder Politiker oder jede Partei sollte ein konkretes Ziel identifizieren und die Notwendigkeit zielgerichteter Planung und optimaler Zeitverteilung erkennen. Wie bereits thematisiert, ist in der Politik das Ziel „das Problem". Egal welches sich stellt.

So hat zum Beispiel die SPD definitiv ein Imageproblem. Der Parteivorsitzende, Sigmar Gabriel, hat dies erkannt und das Problem benannt: die mangelnde Wirtschaftskompetenz. Juniorpartner in einer großen Koalition zu sein, ist kein geringer Nachteil angesichts der mit Sicherheit kommenden nächsten Bundestagswahl. Die Umfragewerte der SPD dümpeln Anfang 2015 um das letzte Bundestagswahlergebnis von etwa 25 Prozent herum, während die Union über 40 Prozent erreicht. Gabriels Analyse nach kann die SPD nicht nur für die sozialen Belange der Gesellschaft zuständig sein, sie muss auch unternehmerfreundlicher und auch so wahrgenommen werden. Mit der Wahl des Bundeswirtschaftsministeriums hat er diesen Kurs mit Beginn der Großen Koalition eingeleitet. Die SPD soll dabei allerdings keine Wirtschaftspartei, aber definitiv eine mittelstandsfreundliche Partei werden. Und für ihn heißt die Lösung: die Wirtschaftskompetenz der SPD zu thematisieren und diese intern zum Problem und zur Streitfrage zu erklären. Gleichzeitig haben die Sozialdemokraten also noch ein zweites und leider unvermeidliches Problem: der Richtungsstreit in der Partei.

Die Fähigkeit, das große Ziel popularisieren zu können und die jeweiligen Maßnahmen detailreich und in der richtigen Reihenfolge zu planen, darauf kommt es an. Jeder taktische Zug kann irgendwie als Zwischenziel betrachtet und bearbeitet werden. Kommentatoren wie Amateure sprechen gerne über Strategie, Fachmänner wie Spin-Doktoren sprechen auch darüber, aber sie sprechen ebenso gerne über taktische Umsetzung. Es ist nämlich manchmal lebenswichtig zu wissen, wie sich ein Lokalpolitiker bei der letzten Bundestagswahl verhalten hat, um einen Gesetzentwurf in einem parlamentarischen Ausschuss richtig vorantreiben zu können. Oder die parteiinternen Abstimmungen der letzten 20 Jahre in einem Wahlbezirk zu kennen, um die angemessene Sitzordnung bei einer wichtigen Parteibesprechung, um diese in die richtige Richtung lenken zu können. Dasselbe gilt etwa für die Kundenakquise in der Wirtschaft. Je genauere Informationen vorhanden sind, desto höher ist die Wahrscheinlichkeit, einen potentiellen Kunden zu gewinnen. Ein sehr präzises Wissen des potentiellen Kunden – Profil, Lieferanten, Ziele usw. – ist die beste Maßnahme jeder Kundengewinnung. Nur so können Sie Ihre Argumentation auf seine Bedürfnisse und Erwartungen ausrichten. Wie der Verkaufstrainer Stephan Heinrich sagt[15]: „Der Schlüssel ist das Interesse. Ich bin fest davon überzeugt, dass man Interesse nicht wecken kann. Das ist aber auch gar nicht nötig, weil es ohnehin nicht schläft. Interesse ist immer wach." Das heißt: Bitte versuchen Sie nicht Interesse zu *wecken*, sondern vor allem Interesse an Ihrem Ansprechpartner zu *zeigen*.

Taktik ist von zentraler Bedeutung, wie die Logistik im Krieg, die für das Verhältnis zwischen Kampf- und Versorgungseinheiten sorgt und so den Ausgang des Kriegs meistens entscheidet. Wenn Strategie das große Ziel verkörpert, dann sind die konkreten Maßnahmen die Mittel dazu. Das Wissen, was die taktischen Züge angeht, fällt zweifelsohne in den Zuständigkeitsbereich des Spin-Doktors. Er identifiziert und definiert mit den anderen Beratern und dem Dienstherrn das politische Ziel in der fernen Zukunft und er arbeitet sich zur Gegenwart zurück. Deshalb muss er das Ziel immer vor Augen haben, und deshalb ist die taktische Denkweise für ihn so wichtig. So wichtig, dass ich diese im nächsten Kapitel näher betrachten werde. Wir werden dort sehen, dass der Spin-Doktor strategisch denkt, extrem taktisch handelt und kreativ arbeitet, um immer reaktiv bleiben zu können.

Strategie heißt vor allem Zielvorstellung und verlangt ein Vom-Ende-Her-Denken. Die Vorstellung dieses weit in der Zukunft liegenden Ziels muss extrem klar und präzise sein. Diese Zielvorstellung verlangt eine Einordnung der Entscheidungen in eine langfristige Perspektive. Wir haben die Bedeutung des Leitbilds und des Wertsystems im ersten Kapitel bereits dargestellt. Das Leitbild ist der Soll-Zustand, das zukünftige politische Ziel schlechthin, das die Welt ändern und die Staatsbürger zusammenhalten kann und das es zu erreichen gilt. Vielleicht noch ein Beispiel, um dies zu betonen. Der Amazon-Konzernchef Jeff Bezos hat ein sehr klares Bild für sein Unternehmen skizziert: „Unsere Kunden zu begeistern, innovativ zu sein und dabei langfristig zu denken.[16]" Langfristig, darum geht es. Die folgende Maxime, die in allen Amazon-Lagerhallen der Welt plakatiert ist, sagt auch viel über Bezos

---

15 http://stephanheinrich.com
16 Im Magazin Lead Digital (Ausgabe 25/2014).

Anspruch: „Work hard. Have fun. Make history". Hart arbeiten, Spaß haben und Geschichte machen. Dieser letzter Punkt ist von zentraler Bedeutung: Ein Leitbild ist immer zukunftsorientiert und langfristig gedacht.

Das Leitbild ist das Ziel, das die Partei oder das Volk in Bewegung setzen kann und sie bzw. es über sich hinaus wachsen lässt. Das Leitbild macht den wesentlichen Unterschied zwischen Politiker und Staatsmann. Ein Politiker folgt dem Volk. Das Volk folgt dem Staatsmann oder der Staatsfrau. Letztere denken langfristig, was nie einfach ist. Jeder kennt das Eisenhower-Prinzip. Klar, man sollte die Dinge, die weder wichtig noch dringend sind, einfach weglassen und den Angelegenheiten, die wichtig und dringend sind, sofort unsere volle Aufmerksamkeit schenken. Aber niemand weiß genau, wie man „wichtig" und „dringend" unterscheiden kann und wie man dieses Prinzip richtig einsetzen kann. Dringend versteht man. Aber was ist wichtig? Wichtig ist das, was unsere Zukunft prägen und was langfristige Konsequenzen haben wird. So lautet das Geheimnis der Nachhaltigkeit: Vom Ende her denken heißt langfristig und damit erfolgreich denken.

Im Gegensatz dazu steht ein weitverbreitetes Übel in der Wirtschaftswelt, wie es etwa der Blick auf die Finanzkrise und deren Ursachen offenbart: Quartalsdenken und kurzfristige Profit-Strategien. Die Kurzsichtigkeit der Geldgeber ist aber keine Strategie, Getriebene des Aktienmarkts zu werden, ist kein Schicksal. Tatsächlich schaden kurzfristig gefällte Entscheidungen langfristig nicht nur dem Planeten, sondern auch dem Unternehmen. Andrew Haldane und Richard Davies von der Bank of England haben Aktienkurse und Dividenden von 624 Firmen aus dem Jahr 2011 analysiert und bewiesen, dass Kurzsichtigkeit zu einer Überbewertung der Aktie und zu fehlenden Forschungsinvestitionen führt. Kurzsichtigkeit ist offensichtlich keine Vision. Das Kurzfristdenken ist kein Denken. Das Ziel müsste es sein, den langfristigen Unternehmenswert zu erhöhen, nicht den Aktienkurs.

Bei der in der Managementliteratur beliebten Transaktionsanalyse — die Theorie der menschlichen Persönlichkeitsstruktur — gibt es die sogenannten „Ich-Zustände". Mein Coach, Hannes Sonnberger[17], hat sie mir beigebracht und so erklärt: Es gibt das „Eltern-Ich" — bei dem das Ich wie ein Elternteil denkt, manchmal kritisch, manchmal fürsorglich —, das „Kind-Ich" — das in drei Ausprägungen existiert: trotzig, angepasst und frei — und das „Erwachsenen-Ich" —, bei dem das Ich auf die gegenwärtigen Situation zu reagieren versucht, konstruktiv im Hier und Jetzt. Alle diese Zustände stehen zur Verfügung und sind

---

17 http://www.drsonnberger.com/

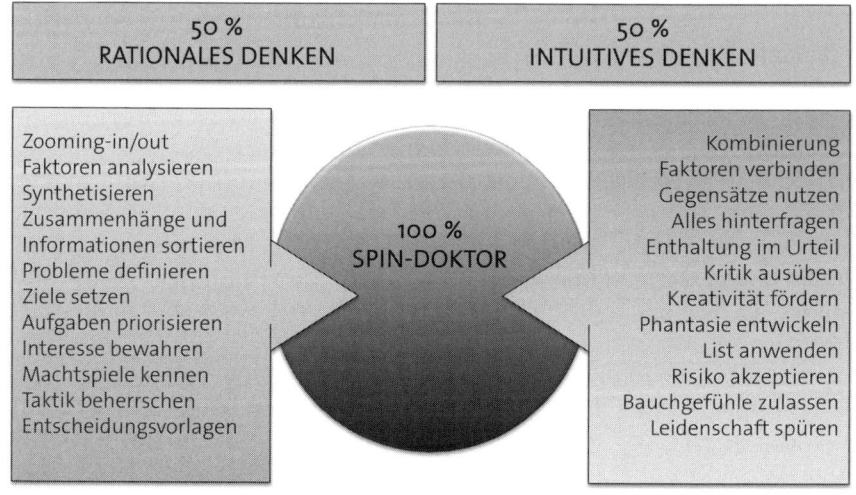

Abbildung 5

akzeptabel. Ich möchte aber hier gerne ein anderes Ich hinzufügen: Das „Zukunfts-Ich". Denken Sie an die Zukunft, denken Sie an Ihre eigene Position in dieser Zukunft!

Darum geht es dem Spin-Doktor in Entscheidungssituationen: Den Augenblick verlassen und sich dem zuwenden, was am Ende sein soll. Er sollte unbedingt eine Metaposition einnehmen, von der heraus er die Dinge betrachten kann. Langfristig denken zu können, bedeutet nicht, im Augenblick und auch nicht in seinen Gefühlen gefangen zu bleiben. Nicht für den Augenblick denken, sondern die Lage aus der Zukunft heraus betrachten. Er muss in gewisser Hinsicht und in gewissen Momenten eine Art Enthaltung im Urteil ausüben. Die antiken Philosophen nennen es: „Epoché", sprich Zurückhaltung. Der Spin-Doktor sollte über die unmittelbaren Gefahren und Pseudo-Dringlichkeiten hinausschauen. Es geht darum — was überhaupt nicht einfach ist —, einen Schritt zurückzutreten, um die Zukunft mitzuprägen und zu determinieren. Nur so kann man mehrere Schritte im Voraus planen. Es ist der Kern der strategischen Arbeit und ein Teil der Denkweise des Spin-Doktors (siehe Abbildung 5).

Die Zieldefinition verlangt nicht nur die Fähigkeit, langfristig zu sehen und zu denken. Vom Ende her denken bedeutet, die Prioritäten auf das Wesentliche zu lenken. Ingmar P. Brunken sagt zu Recht im Vorwort seines Buches „Die 6 Meister der Strategie": „Strategie ist der Weg zur bestmöglichen Zielerreichung, der kürzeste Weg zum Erfolg. Strategie dient dazu, aus der zufälligen oder unnötig mühsamen Zielerreichung einen planmäßigen und Ressourcen schonenden Erfolg zu machen." Es ist nie einfach, eine Entscheidungsvorlage zu präsentieren, denn der Spin-Doktor muss auch erklären können, warum er einige Optionen nicht in Betracht gezogen hat. Es ist vielleicht nicht ohne Risiko, Optionen beiseite zu legen, aber es ist verglichen mit dem Risiko geringer, die Ressourcen auf zu viele Optionen und Zwischenziele zu verteilen. Wie Brunken anführt: Strategie heißt auch optimale Einsetzung der Ressourcen.

Jeder Spin-Doktor betrachtet immer Ziel und Mittel als Ganzes, weil er deren Proportionalität berücksichtigt. Das politische Ziel muss präzise sein, weil die Ressourcen von Natur aus begrenzt sind. Der Spin-Doktor kann nicht zehn Anekdoten oder Zitate in der „Zeit" oder dem „Spiegel" platzieren. Der Dienstherr kann nicht hundert Zugeständnisse pro Tag machen oder plötzlich um zwanzig Gefallen bitten. Deshalb beruht jede Strategie auf einem Fokus, das heißt, auf einem Weglassen. Das Weglassen hängt direkt mit der Fähigkeit zum Problematisieren zusammen und mit der Fähigkeit, andere Probleme oder Faktoren beiseite zu lassen. Ziele setzen heißt eigentlich nichts anderes, als Prioritäten zu setzen und Optionen auszuschließen. Einfacher ausgedrückt: Der Spin-Doktor ist ein gnadenloser Chirurg, und er muss selbst das Messer ansetzen und schneiden. Der Spin-Doktor betreut nicht nur eine To-Do-Liste, sondern auch eine Not-To-Do-Liste. Eine Fokus-Liste auf der einen Seite und eine Unterlassens-Liste auf der anderen Seite. Das ist nicht einfach Zeitmanagement, es ist ein weiteres entscheidendes Element der strategischen Arbeit.

Priorisierung bedeutet nicht nur das oben erwähnte Richtungsdenken, sondern auch eine Art Vorteilsdenken. Spin-Doktoren orientieren sich also an den tatsächlichen Kräfteverhältnissen bzw. den Wettbewerbskräften und wie diese sich in der Zukunft entwickeln und herauskristallisieren werden. Er beobachtet permanent die Handlungen seiner Kontrahenten, versucht, die Ungleichgewichte zu antizipieren und Muster in den fließenden Übergängen zu erkennen. Bevor man eine Kampagne oder eine Aktion auslösen will, sollte man immer eine Analyse der im System wirkenden Kräfte durchführen. Dabei geht es nicht nur um die Branchenkonkurrenten, sondern auch um die Branchenfremden. Wenn Apple sein neues Tablet auf den Markt bringen und positionieren will, dann muss das Unternehmen aus Mountain View ganz sorgfältig analysieren, was Samsung, aber auch Amazon so treiben. Das iPad Air 2 musste sich zum Beispiel im Jahr 2014 gegen das Nexus 9 von Google und HTC, das Surfaces Pro 3 des PC-Herstellers Microsoft oder das Amazon Kindle behaupten. Apple musste auch auf die eigene Konkurrenz achten und sein Tablet gegenüber Mega-Smartphones positionieren, „Phablets" genannt, vor allem das iPhone 6 Plus.

Andreas Graf von Bernstorff spricht zu Recht von „Bezugsystem" und definiert dieses folgendermaßen: Es sind alle, die eine Rolle spielen könnten. Dabei zählt man die, welche klar gegen unsere Interessen sind, dann die, welche Befürworter sind, und zuletzt die, welche neutral sind. Dann kann man seine eigene Position im Kommunikationsraum definieren und festlegen, ob man spezifische Gruppen mobilisieren, ansprechen oder ignorieren sollte. Man erkennt wieder die Kernidee der Unterscheidung zwischen Freund und Feind. Es klingt ein bisschen kriegerisch, es liegt aber in der Natur der Politik in einer Demokratie.

Die Politik beschäftigt sich letzten Endes mit gesellschaftlichen Interessen. Die Parteien und Interessenverbände dienen der Interessenvermittlung, und die Regierung und das Parlament sorgen für eine optimale Interessenartikulation und deren Ausgleich. Interesse, ja! Darum geht es. Man kämpft *für* die Besetzung von staatlichen Positionen *wegen* der Interessen und mit der Vision, welche Politiker sie realisieren sollen. Es reicht nicht, für etwas zu sein, man muss dafür kämpfen wollen und meistens gegen das andere Lager. Ein politisches Ziel ist ein gewünschter Zustand, bei dem die Interessen des Dienstherrn gefördert und seine Handlungsfähigkeit verstärkt werden. Deshalb besteht das Hauptziel des Spin-Doktors immer darin, die Positionen und Ressourcen des Dienstherrn und dessen Verbündeten zu verbessern. Das strategische Denken des Spin-Doktors ist eigentlich wie im Schach ein Positionsdenken. Der Spin-Doktor muss jede Entscheidung oder jede Aussage sorgfältig ausloten und abwägen, und zwar immer aus der Perspektive seiner Auswirkungen auf die öffentliche Wahrnehmung und den politischen Einfluss des Politikers.

Im taktischen und strategischen Spiel um Macht sind Interessen wichtige Denkkategorien und Schlüsselfaktoren. Die Verteidigung und die Vermittlung der Interessen verlangen manchmal komplexe Kalkulationen. Die Denkoperationen des Spin-Doktors sind strategische Berechnungen, welche die strategischen Vorteile zu fördern suchen. Sein strategisches Denken ist also durch und durch ein Vorteilsdenken, bei dem manchmal kurzfristige Nachteile zugunsten langfristiger Vorteile akzeptiert werden. Die Vertretung von Interessen ist in demokratisch verfassten Gesellschaften nicht nur notwendig, sondern das Orientierungsschema schlechthin. Politik ist ein hartes Geschäft, und in diesem permanenten Machtkampf halten die richtig definierten und gut artikulierten Interessen des Dienstherrn die Strategie auf Kurs.

Das digitalisierte Wirtschaftsleben wird immer mehr mit der Logik von Macht und Bündnis arbeiten — es tut es bereits schon —, aber mehr denn je müssen die Manager die Logik des demokratischen Kommunikationssystems übernehmen. Im digitalen Zeitalter müssen Manager ihre strategischen Ziele nicht als rein technisches oder wirtschaftliches Problem betrachten, sondern auch als politische Angelegenheit. Die methodische und zielgerichtete Denkweise des Spin-Doktors stellt hierbei eine strukturelle Hilfe dar. Die Denkweise des Spin-Doktors nur als streng rational zu kennzeichnen, wäre unrichtig und realitätsfern. Der Dienstherr erwartet permanent von seinem Spin-Doktor interessante Anregungen, sprich neues und kreatives Denken. Diese Art von Denken wollen wir auf den nächsten Seiten näher betrachten.

Soundbites
„Vom Ende und Ganzen her denken"

> Der Spin-Doktor ist mehr Weltversteher und Welterklärer als Wahrheitsverdreher.

> Der Spin-Doktor muss eine Art Kontextintelligenz entwickeln, durch Abwägung, Augenmaß und Verständnis systemischer Zusammenhänge.

> Der Spin-Doktor muss in der Lage sein, die Lage mit rücksichtsloser Objektivität zu erfassen.

> Mehr Wissen und mehr Information können das Problem der Komplexität nicht besiegen.

> Ein Ziel fungiert zugleich als Orientierungsschema und als Bewertungskriterium für die Entscheidungsfindung.

> Die Analyse der Sachverhalte geht Hand in Hand mit der Betonung eines Kernfaktors und mit einer klaren Adressierung an die Verantwortlichen zur Bewältigung des Problems.

> „Problem" ist definitiv nicht das Schimpfwort, sondern vielmehr das Zauberwort.

> Ein Ziel fungiert zugleich als Orientierungsschema und als Kriterium für die Entscheidungsfindung.

> Vom Ende her heißt langfristig denken. Kurzsichtigkeit ist offensichtlich keine Vision. Das Kurzfristdenken ist kein echtes Denken.

> Der Spin-Doktor ist ein gnadenloser Chirurg, und er muss selbst das Messer ansetzen und amputieren.

> Der Spin-Doktor betreut nicht nur eine To-Do-Liste, sondern auch eine Not-To-Do-Liste.

> Es reicht nicht, für etwas zu sein, man muss dafür kämpfen wollen.

2. Kreativ und kombinatorisch denken

„Was an Ihrer Aktion interessant ist: Sie setzt die Phantasie an die Macht."
Jean-Paul Sartre zu Daniel Cohn-Bendit im Jahr 1968[18]

Die Globalisierung und die Digitalisierung fordern nachdrücklich Innovation. Die Unternehmen fördern logischerweise die Kreativität ihrer Belegschaften. Die Arbeitskraft muss zur Innovationskraft werden. Die Unternehmen appellieren eindringlich an das „Andersdenken" und wollen die Manager und die Belegschaft kreativer und innovativer machen. Viele weisen in diesem Kontext gerne auf das Musterbeispiel „20-Prozent-Zeit" von Google hin: Hierbei ist ein kompletter Arbeitstag pro Woche für Google-Mitarbeiter nur dafür da, frei denken zu können und eigene Projekte zu entwickeln. Dabei verkennen die Google-Bewunderer aber, dass dieses Programm 2013 eingestellt wurde, nicht weil es nicht funktioniert hat — Gmail und AdSense waren mehr als erfolgreich —, sondern weil Google inzwischen börsennotiert ist und dadurch der Druck, effizienter zu sein, stark anstieg.

Damit bleibt aber die Frage offen: Wie kann die Geschäftsleitung den Einfallsreichtum der Mitarbeiter steigern, um umsatzsteigernde Ideen zu finden? Hapert es an unserer ingenieurgetriebenen und beratungsbesessenen Managementkultur? Einige Unternehmen versuchen es mit Kreativ-Seminaren. Solche Seminare gibt es heutzutage wie Sand am Meer. Unzählig sind deren Techniken: „Klischee-Slalom", „Creative Game Gestaltungsprogramm", „Wortstamm-Übung", „6-Hüte-Methode", usw. Die Namensgebung dieser Angebote ist oft sehr kreativ, und sicher ist deren Besuch ein erster Schritt, aber Kreativität hat weniger mit Technik zu tun, sondern viel mehr mit Einstellungen und Denkprozessen.

Neues zu erschaffen, verlangt nicht nur die Auflösung von Denkblockaden, es benötigt Freiraum und eine Synthese aus Ratio und Intuition. Spin-Doktoren versuchen, soweit wie möglich Denkprozesse mit einer emotionalen *und* sachlichen Grundlage einzusetzen. Man muss anders denken können, wenn man anders sein will. Bei der Strategieentwicklung geht es immer darum, einen Wettbewerbsvorteil durch Differenzierung zu gewinnen. Deshalb muss der Spin-Doktor in der Lage sein, neue Gedanken auszubrüten, zündende taktische Ideen zu finden und vor allem unkonventionelle Lösungsansätze zu entwickeln. Kreativ zu denken und geistig flexibel zu arbeiten sind also not-

---

18 Die Zeit, Ausgabe 22/1968, während der 68er-Protestbewegung.

wendige Fähigkeiten, welche Teil seiner Aufgabenbeschreibung sind. Es gibt keine Standardlösungen in der Politik. Spin-Doctoring ist von daher durch und durch Maßarbeit. Es passt nur zu den Menschen, die ständig darüber nachdenken und daran arbeiten.

Ich habe im letzten Kapitel erläutert, auf welche Art und Weise der Spin-Doktor analytisch und rational vorgeht. Nun soll eine Beschreibung seiner kreativen, fast phantasievollen Denkweise ergänzt werden, wobei seine Fähigkeit, Dinge mit einander zu kombinieren, Voraussetzung ist. Schließlich wird von einem Spin-Doktor erwartet, dass er die Sachlage kritisch betrachtet und die Faktoren schnell mit einander verbindet (a. „Auf das Kombinieren kommt es an"). Anders Denken heißt, auch unorthodoxe Methoden einzusetzen, welche insbesondere in schwierigen Situationen sehr hilfreich sein können (b. „Mit ein bisschen List"). Und zum Schluss werden Sie sehen, dass er nicht immer bewusst denkt und oft auf ein intuitives Denken angewiesen ist (c. „Die Sache mit der Intuition"). In der Politik wie in der Wirtschaft ist das Schicksal launig und kennt keine verlässlichen Regeln. Uns bleibt nur noch unser Denken. Einfallsreichtum ist unser einzig wahrer Reichtum.

a. Auf das Kombinieren kommt es an

Der Spin-Doktor arbeitet mit einer extrem komplizierten Materie, die abstrakte und emotionale Elemente enthält. Die gesellschaftliche Steuerung ist keine Wissenschaft, vielmehr eine Kunst, die ein ausgewogenes Verhältnis von Ratio und Phantasie erfordert. Die Kreativität zu vernachlässigen und nur nach Vernunftprinzipien zu denken und zu handeln, wäre einfach kontraproduktiv. Wie bereits ausgeführt, existieren keine fertigen Lösungen. Die Politiker und ihre Berater müssen ständig neue Wege suchen. Und zwar nicht nur um Aufmerksamkeit zu erregen, sondern damit ihre Handlungen zu ihren Zielen führen.

Anders denken ist ein Muss für jeden Top-Entscheider, egal ob aus Wirtschaft oder Politik, der sich differenzieren und sein Schicksal selbst in die Hände nehmen will. Wer Erster oder Erste werden will, kann nicht einfach nachmachen. Er oder sie muss kluge Wege gehen, sprich: kreativ sein. Gewiss, Beobachtung, Analyse und Deduktion sind Kernfähigkeiten des Spin-Doktors, aber Kreativität sollte auf gar keinen Fall vernachlässigt werden. Kreativität ist ein Bestandteil des Denkprozesses der Politikvermittlung. Ohne Phantasie und ohne Kreativität sind Originalität und Erneuerung schlechterdings unmöglich. Wenn der Vorgesetzte nichts Neues erzählt oder zeigt, dann ist er kein Leader. Wenn der Spin-Doktor keine einfallsreiche Idee auf den Tisch legen kann, dann hat er seine Rolle als Berater nicht erfüllt. In der Politik oder in der Wirtschaft kann man keine Botschaft einfach so in die Gesellschaft bzw. in den Markt drücken. Es kostet immer mehr Geld und funktioniert oft nur mäßig. Man braucht bahnbrechende Ideen, um überhaupt bemerkt zu werden. Um überzeugen zu können, braucht man neue mutige Lösungswege, weil die Modelle der Vergangenheit nicht mehr relevant sind und die Lage sich ständig verändert. Die Belegschaft duldet keine langweiligen und nichtssagenden Reden mehr, sie will zu neuen Ufern aufbrechen, eine neue Marschrichtung mitentwickeln und eine immer neue Wissensgrundlage ausbauen.

Andersdenken ist keine bloße Option mehr, es ist die Kernkompetenz schlechthin eines jeden Managers. Innovationen, neue Ideen, neue Produkte, neue Märkte, neue Geschäftsfelder, neue Prozesse: Der Druck ist enorm. Die Excel-Tabellen sind hierbei eine gute Krücke, aber kein Pilgerstab, der zu neuen Grenzen führt. Man braucht den heiligen Gral des digitalen Zeitalters: Kreativität. So lautet die wichtigste Führungsqualität der Zukunft. Keine Geschäfte ohne Geschäftsideen. Sie ist die beste Antwort auf veränderte Bedingungen. Ihre Funktion in der vernetzten und digitalisierten Marktwirtschaft kann nicht genug betont werden. Es ist nicht die Rede von Reklame im alten Sinn oder integrierter Werbung, sondern von divergentem Denken, und dies heißt, neues, unterschiedliches und entgegengesetztes Denken. Das Denken in Möglichkeiten und Alternativen ist unerlässlich, um neue Geschäftsmodelle entwickeln zu können.

Kreativ sind nicht die Menschen an sich, sondern vielmehr die Prozesse, das heißt die Art und Weise, wie verschiedene Menschen miteinander interagieren und zusammenarbeiten. „Design Thinking" ist ein gutes Beispiel: Es ist ein Prozess und eine Denkweise, welche auf die Zusammensetzung von Teams durch Vertreter unterschiedlicher Disziplinen, Geschlechter, und Altersgruppen basieren, um Produktlösungen zu finden.

Nein, die einzelnen Art-Direktoren in den Agenturen haben nicht das Monopol auf pfiffige Ideen. Bei der führenden Digitalagentur Big Spaceship gibt es beispielsweise auch keine reine Kreativabteilung, sondern cross-funktionale und sogenannte multidisziplinäre Teams mit „Hybrid Expertise". Big Spaceship hat Recht, Innovation kann von überall her kommen. Aber neue Schöpfungen resultieren vor allem aus der Neukombination von Ideen. Lange vor Big Spaceship sagte Alfred North Whitehead: „Alle abendländische Philosophie lässt sich als Fußnote zu Platon verstehen." Es geht nicht nur um neue Ideen, sondern um Ideen, die neu kombiniert werden sollten. Nur so kann man Probleme aus vielen verschiedenen Blickwinkeln betrachten und neue Sichtweisen finden. Kreativität ist also eine Frage der Perspektive. Und dies kommt dem Spin-Doktor bei seiner Problemdefinition, wie im Kapitel III.1.b behandelt, zugute. Er wechselt die Perspektive zwischen Überblick und Fokus ab und sieht so die Wirklichkeit aus einer besonderen Sichtweise. Kreativität ist also eine Frage der Einstellung und Teil des Denkprozesses. Der Spin-Doktor weiß, dass er keine kalte Denkmaschine sein kann. Die reine Beobachtung der Lage und die Sammlung der Fakten sollten unbedingt mit etwas Phantasie analysiert und miteinander kombiniert werden. Der Spin-Doktor ist wissend, aber nicht trocken und phantasielos. Er muss die Fähigkeit besitzen, Dinge zu sehen, die es noch gar nicht gibt. Dafür benutzt er die Kunst, etwas aus einem bestehenden Fakt abzuleiten, d.h. zu kombinieren.

Es ist vielleicht die beste Definition von Kreativität: Das Kombinieren von elementaren Fakten. Der Begriff geht auf das lateinische Wort *creare* zurück, was so viel bedeutet wie „etwas erschaffen". Es bedeutet in der Tat Schöpfung, aber nicht aus dem Nichts, sondern Schöpfung aus der Kombination. Das „Neue", das es vorher nicht gab, war doch die ganze Zeit da. Ideen kommen nicht aus dem Nichts, sondern aus dem Kopf. Es gibt keinen Schöpfergott, nur fleißige Bauarbeiter, die an der neuen Anordnung von existierenden Elementen arbeiten. In phantasievoller und gestaltender Weise zu denken, heißt also nichts anderes, als Neukombinationen zu erstellen. Steve Jobs (1955 – 2011) sagte im Februar 1996 in einem Interview mit dem Magazin Wired: „Kreativität ist nur das Verbinden von Dingen. Wenn Sie kreative Leute fragen, wie sie etwas bewerkstelligt haben, dann fühlen sie Schuld, weil sie es eigentlich nicht wirklich gemacht haben. Sie haben nur etwas gesehen." Die Macht der Kreativität ist also die Fähigkeit, einzelne Punkte miteinander zu verbinden und daraus etwas Neues entstehen zu lassen.

Die Werber sind Spezialisten für Kreativität und für das Produzieren ungewöhnlicher Einfälle. In der Werbung schöpferisch tätig zu sein, hat aber wenig mit Kunst zu tun. Es geht nicht darum, die Fähigkeit zu originellen Leistungen zu haben, sondern den richtigen Blickwinkel auf die Wirklichkeit zu finden. Die Werber reden gern von „Insight", also von Einsicht oder Erkenntnis. Es geht darum, neue, aber bisher verborgene Gefühle und Reaktionen zu sehen, zu verdeutlichen und zu nutzen. Das Ziel besteht darin, quasi unter die Haut des Konsumenten zu gehen und seine Beziehung zur Marke oder zum Produkt zu identifizieren sowie zu reflektieren. Das Paradebeispiel ist für mich die banale Erkenntnis der Snickers-Kampagne: „Du bist nicht Du, wenn Du hungrig bist." In dem TV-Spot „Roadtrip" der Kampagne sitzen vier Freunde im Wagen, als plötzlich Aretha Franklin quengelnd auf der

Rückbank auftaucht. Einer der jungen Männer reicht ihr sogleich den Schokoriegel, der wahre Wunder bewirkt: Aretha verwandelt sich in einen ganz normalen Jungen. Die Idee dahinter: Oft reicht ein kleines Hungergefühl aus, um einen harmlosen, netten Mitmenschen in eine zickige Diva oder einen miesepetrigen Spielverderber zu verwandeln. Aber keine Sorge: Snickers kann den Hunger stillen.

Wie man sieht, basiert eine gute Werbung auf einer brillanten Umsetzung, ist aber vor allem in der Lage, ein „Déjà-vu" auszulösen. In diesem Fall trifft es ins Schwarze: Jeder besitzt sein hungriges Ich. „Die Aufgabe ist nicht nur, zu sehen, was noch keiner gesehen hat, als auch bei dem, was jeder sieht, zu denken, was noch keiner gedacht hat", sagte Arthur Schopenhauer (1788–1860). Dies ist eine sehr gute Beschreibung des Werbebegriffs „Insight". Dieser liegt meistens auf der Straße oder im Supermarkt, und er ist eigentlich nicht mehr als eine Veränderung des Blickwinkels auf unsere Welt, die Relevanz und damit Aufmerksamkeit beim Empfänger erzeugt. Es ist eine neue Perspektive, die viel Kraft besitzt und eine emotionale Verbindung zwischen Marke und Konsumenten herstellt. Es ist ein anderer Blick auf die Dinge, kann alles verändern, Interesse und Energie freigeben und der bekannten Realität eine ungeahnte Dynamik verleihen. In diesem Beispiel hat das Kreativteam mit Erfolg zwei Welten kombiniert: die Welt des Hungers und die Welt der Diva. Diese Kunst der Kombination ist eine der effektivsten Kreativitätstechniken. Die Denkbrücken sind mehr als nur die Geheimwaffe gegen Denkblockaden, sie sind vielleicht das wirkliche Fundament des Denkens.

In seinem Buch „Erfolgsgeheimnis Kreativität" erklärt der Autor und Ex-Offizier Michael Michalko, was man von Michelangelo, Einstein und Co. lernen kann. Er präsentiert keine Rezepte, sondern stellt vielmehr Denkansätze und Methoden vor. Das ganze Buch dreht sich darum, wie man andere Blickwinkel findet. „Richtig sehen" und die richtige Perspektive auf dieser Welt zu finden, darum geht es auch für ihn. Um genauer zu sein: Michael Michalko nennt die Kunst des Kombinierens als das wichtigste Werkzeug der Kreativität und nimmt Gregor Mendel als Beispiel. Dieser Mönch aus Österreich kombinierte zwei voneinander völlig verschiedene Wissensgebiete, Biologie und Mathematik, und entwickelte die Gesetze der Vererbung und schuf damit die Basis der modernen Genetik. Es gibt viele andere berühmte Beispiele des Erfolgs der Kombination. Michael Michalko erwähnt auch das Beispiel von Samuel Morse, den Erfinder der telegrafischen Signale, der seine Idee hatte, als er Relais-Stationen für Pferde observierte. Morse sah, wie die Pferde gewechselt wurden, und dachte, dass telegrafische Signale auch ab und zu einen Energieschub bräuchten. Michael Michalko zitiert auch die bekannte Formel $E = mc^2$ und erläutert, dass Einstein Energie,

Masse oder Lichtgeschwindigkeit nicht entdeckt hat. Einstein hat aber damit die Relativitätstheorie erfunden. Die „Mashups", die unsere digitale Welt bereichern, zum Beispiel die Einbindung von Google Maps in der eigenen Webseite, sind nichts anderes als die Kombination bereits bestehender Inhalte.

Der Spin-Doktor muss tatsächlich sehr oft in Gegensätzen denken, wie das Beispiel des Koalitionsvertrages der 18. Legislaturperiode zwischen der CDU/CSU und der SPD uns zeigt. Die Kunst des Kombinierens war Ende 2013 bestimmt sehr gefragt: Die Verhandlungen dauerten fünf Wochen und spielten sich hauptsächlich in zwölf Arbeitsgruppen und vier Untergruppen mit 75 Teilnehmern ab. Nach einer letzten 17-stündigen Verhandlungsrunde — bis fünf Uhr morgens — stand die Vereinbarung, die 185 Seiten dick ist und eine große Portion Kompromisse und Kombinationen enthält. Alle reklamierten natürlich den „Sieg" für sich. Fakt ist: Die Union hat die Wahl gewonnen, aber die SPD konnte einige ihrer wichtigsten Kernforderungen durchsetzen. So kann man die sozialdemokratische Handschrift bei der Einführung des Mindestlohnes erkennen. Die Union hat aber Abweichungen und Ausnahmen forciert. Die CDU/CSU hat ihr Wahlversprechen verteidigt: Es wird keine Steuererhöhungen geben. Beim Thema erneuerbare Energien hatte die Union für 50 bis 55 Prozent Ökostrom-Anteil plädiert, die SPD für 75 Prozent. Endresultat: Ein Anteil von 55 bis 60 Prozent bis zum Jahr 2030 wird angestrebt. Das nennt man Kompromiss. Die CSU wollte unbedingt ihre Forderung nach Einführung einer Pkw-Maut für Ausländer durchsetzen, die aber „europarechtskonform" sein muss. Die geplante Pkw-Maut sorgt immer noch für heftige Diskussionen innerhalb der Union. Eine heikle Beziehung zwischen den beiden Partnern ist nicht selten.

Der Spin-Doktor muss in Gegensätzen denken, weil er sich in einem demokratischen System bewegt. Und es betrifft nicht nur die zähen Verhandlungen im Vermittlungsausschuss oder die gegenseitige Abhängigkeit von Bund und Ländern im Gesetzgebungsprozess. Auch wenn das Mehrheitsprinzip herrscht, bleibt die Demokratie eine Verhandlungsdemokratie. Auch wenn die Machtausübung durch die Mehrheit stattfindet, müssen Dialog und Konsens zwischen allen angestrebt werden. Der Spin-Doktor versucht, für jede politische Entscheidung einen möglichst breiten gesellschaftlichen Konsens herzustellen und auch Vertreter von Minderheitsmeinungen einzubinden. Es sind eigentlich immer gegensätzliche Interessen, die miteinander verbunden werden müssen.

Wenn zum Beispiel ein neues Agrargesetz auf der Tagesordnung steht, dann bekommt der politische Berater systematisch widersprüchliche

Anforderungen. Das Lustigste — oder das Traurigste — daran ist, dass jeder Akteur die Welt fast nur aus der Perspektive seiner eigenen Interessen und Erwartungen betrachtet. Der Bauernverband glaubt, dass die Welt nur aus Kühen besteht, der Düngemittelhersteller sagt, dass der Umweltverband die Risikobewertung der Nitrate vollkommen übertreibt. Die Konsensdemokratie braucht aber einen gemeinsamen Nenner, um Veränderungen aufzubauen. Konsens bedeutet schlicht nichts anderes als eine Vereinbarung, sprich ein raffiniertes Verknüpfen von Interessen.

Die Bereitschaft, Dinge phantasievoll zu kombinieren, ist Bestandteil des Spin-Doktors. Er kann keine kalte Denkmaschine sein, er sollte immer offen sein. Der Spin-Doktor stellt gerne eine Beziehung zwischen den Dingen her und versucht permanent verschiedene Variationen. Er verwebt Ideen und Gedanken in verschiedenen Kombinationen und sieht auch die Welt als ein Netz von miteinander verbundenen Begriffen und Menschen. Es mangelt ihm vielleicht an Zeit, aber die Möglichkeiten der Kombinationen sind für ihn endlos. Kreativität besteht für ihn darin, neue Beziehungen zu knüpfen und sich von überkommenen Denkschemata fernzuhalten. Er stellt Vergleiche mit anderen Bereichen an und sucht nach Unterschieden und Gemeinsamkeiten. Der Spin-Doktor versucht nicht, alles über eine Sachlage oder eine Streitfrage in Erfahrung zu bringen, er versucht nur, sich auf die Kernfaktoren zu konzentrieren und kombiniert diese. Um Bertrand Russells Worte über Philosophie zu paraphrasieren: Das Spin-Doctoring verringert vielleicht die Gewissheiten, wie etwas ist, vermehrt aber die Möglichkeiten, wie etwas sein könnte.

Warum ist die Sache so und nicht anders? So lautet die Kernfrage für den Spin-Doktor. Er betrachtet die Welt um sich herum und will wissen, warum die Dinge so sind, wie sie sind. Durch intensive Gedankenspiele vergleicht er also die Welt, wie sie ist, und die Welt, wie sie sein könnte. So kann er Möglichkeiten und Auswege entdecken, wo andere keine finden. So kann er sich eine andere Zukunft vorstellen. Jeder Manager, der sich mit dem Thema Innovation tiefgreifend befassen will, weiß, dass man die Gegenwart loslassen muss, um überhaupt etwas Neues denken zu können. Er weiß, dass die Welt das Ergebnis von Wahrnehmungen ist und die Wirklichkeit aus gesellschaftlicher Konstruktion entsteht. Er weiß, dass man unbedingt aus den eigenen begrenzten Perspektiven heraustreten sollte, um neue Ideen haben zu können.

Der Spin-Doktor stellt mit seinem kritischen Denken prinzipiell alles in Frage, denn er weiß, dass blinde Gewissheiten die Wurzel alles Bösen sind. Zweifel sind für ihn niemals etwas Schlechtes, sie helfen ihm, die Lösungswege zu finden. Der Spin-Doktor ist das Gegenteil von anmaßend, aber auch von gutgläubig oder leichtgläubig. Er betrachtet nichts als selbstverständlich und reflektiert kritisch sogar ständig sein eigenes Wissen, was die Voraussetzung für sein Verantwortungsbewusstsein darstellt. Wie so oft kann auch hier die Etymologie erleuchtend sein: Das Wort „kritisch" geht auf das griechische „krínein" — unterscheiden, trennen — zurück. Das kritische Denken unterscheidet also und ermöglicht dadurch Begriffsschärfe. Damit kann man die Realität besser erfassen. Kritisches Denken ist für den Spin-Doktor lebenswichtig, weil es Kehrseiten erzeugt, Grenzziehungen ermöglicht und schließlich neue Denkmöglichkeiten eröffnet.

Er weiß genau, dass nicht alles unbedingt das ist, was es scheint und was wahr ist, deshalb untersucht und prüft er alle Tatsachen und Meinungen. Es ist an dieser Stelle unmöglich, die Begründung für den Irakkrieg 2003 nicht zu erwähnen. In seiner Rede vor dem UN-Sicherheitsrat präsentierte der damalige US-Außenminister Colin Powell vermeintliche Beweise für mobile Biowaffen-Laboratorien und für die Lagerung von Chemiekampfstoffe im Irak. „Hier wird getäuscht, hier wird versteckt und gelogen", sagte Powell. Und wie. Mit diesen Aussagen bereitete er den Angriff auf Bagdad den Weg. Auf diese Behauptung reagierte der damalige Außenminister Joschka Fischer auf der Münchener Sicherheitskonferenz mit dem bekannten Satz: „I am not convinced" (Ich bin nicht überzeugt). Man kennt das Ende der Geschichte, Saddam Hussein war durch und durch ein Schurke, aber weder entwickelte noch besaß er Massenvernichtungswaffen.

Der US-amerikanische Politiker aus Kalifornien Hiram Johnson hatte Recht: „Das erste Opfer des Krieges ist die Wahrheit". Drei Wochen nach der Rede von Powell begann der Krieg, was zu heftigen Konflikten zwischen den USA, Frankreich und Deutschland führte. Paris, Berlin und ihre jeweiligen Nachrichtendienste haben damals die US-Regierung darauf hingewiesen, dass sich Powells Angaben nicht bestätigt hätten. Souveränität heißt auf der Weltbühne einfach Informationsbeschaffung. Es ist so: Information ermöglicht Kritik und Selbstbestimmung.

Es mag erstaunlich klingen, aber der Spin-Doktor muss unglaublich skeptisch bleiben — auch und vor allem gegenüber Aussagen einiger seiner Kollegen. Sein Leben ist voller Fragen, und er mag das. Es fördert seine Kreativität und sorgt für Abwechslung. Er muss beständig neugierig sein, weil seine Arbeit daraus besteht, immer neue Ideen zu haben: Ideen zur Abänderung eines Gesetzentwurfs, Ideen bei Personalfragen oder für Gegenargumente in einem TV-Duell. Der Spin-Doktor braucht Ideen, wir brauchen sie eigentlich alle. Ideen, die umhauen, Ideen, die alte Gewohnheiten umhauen und solche, welche die Konkurrenz umhauen. Außerdem ist sein Netzwerk von Ideen genauso wichtig wie sein Netzwerk von Kontakten. Er braucht immer Ideen und ab und zu einige kleine Tricks.

b. Mit List und Tücke

Obwohl wir es meistens gar nicht wahrhaben wollen, zeigen die Geschichte, aber auch die Erfahrung doch Folgendes: Die Welt funktioniert leider nicht auf der Basis von Vernunft. Wenn man dennoch die Welt mitgestalten und seinen Werten Gewicht verleihen will, muss man Machtpolitik ausüben. Nur wer über Macht verfügt, kann seine Ideen durchsetzen und verwirklichen. Macht bekommt man nicht geschenkt, man muss dafür kämpfen, man muss sie sich erarbeiten und sie sich holen. Oft ist es unabdingbar, konventionelle Einfälle mit listigen Wegen zu kombinieren, um zum Ziel zu gelangen. Der Spin-Doktor bevorzugt immer sein vernünftiges Denken, aber kennt auch dessen Grenzen. Manchmal steht man einfach ratlos da, und die Situation sieht ausweglos aus. Gerade in diesen Spannungssituationen kommt es auch auf Phantasie und sogar auf unorthodoxe, zuweilen schräge Ideen an.

Der Spin-Doktor setzt in diesen Fällen kluge und originelle Wege des Denkens ein und löst sich dabei von den traditionellen oder erprobten Handlungsmustern. Er muss die Regeln der Macht in- und auswendig kennen, aber sie auch unorthodox auslegen können. Hierbei ist viel Phantasie gefragt, um neue Ansätze zu kreieren und situationsbezogene Vorgehensweisen zu entwickeln. Der Spin-Doktor ist praxisorientiert und bleibt daher für neuartige Taktiken immer offen. So würde er sich etwa in manch einer bedingt ausweglosen Situation an das trojanische Pferd erinnern. Paris aus Troja hat die schöne Helena entführt. Trotz zehnjähriger Belagerung gelang es den Griechen nicht, die stark befestigte Stadt zu erobern und Helena zurückzuholen. Militärische Mittel versagen, die Griechen brauchen etwas anderes, einen Paradigmenwechsel, eine List. Die Griechen bauen bekanntlich ein riesiges hölzernes Pferd, in dem sich ausgewählte Krieger verstecken, während die Abfahrt ihrer Schiffe vorgetäuscht wird. Die Trojaner nehmen dieses angebliche Abschiedsgeschenk an. Und Troja wird erobert. Dieses zentrale Ereignis der griechischen Mythologie, welches lediglich 51 Tage der zehnjährigen Belagerung darstellt, ist das Sinnbild dafür, dass eine scheinbar ausweglose Situation geändert werden kann und dass mit den Mitteln der Täuschung ein Gegner doch zu überwinden ist. Die Sache ist klar: Mit List kann man viel erreichen, das dialektische Durchspielen jeder Situation ist möglich, wenn man mit den herkömmlichen Mitteln nicht mehr weiterkommt, aber dringend eine Lösung benötigt.

Die List wird heute immer noch als fester Bestandteil in der Kunst des Krieges betrachtet. Der Guerillakrieg, mit seinen Angriffen aus dem Hinterhalt, Sabotage und ferngesteuerten Bomben, ist von Natur aus ein Spiel der Täuschungen, weil der Gegner klar im Vorteil ist. Der Anti-Guerillakrieg ist mittlerweile auch voller heimtückischer Taktik. Die traditionelle Kriegsführung enthält bereits viel Täuschung. Ein Paradebeispiel dafür ist die Schlacht von Gaugamela am 1. Oktober 331 v. Christus, deren Verlauf ich nicht im Detail darstellen möchte, deren Studium ich aber empfehlen kann. Der listige Alexander der Große besiegte König Dareios III., indem er eine Umfassungsbewegung nach rechts vortäuschte, aber am Ende das persische Zentrum mit einem direkten Angriff attackierte. Es bleibt bis heute gültig: Ein guter Feldherr stellt seinem Gegner eine Falle, so dass er den Irrtum selbst begeht. „Wie der Witz eine Taschenspielerei mit Ideen und Vorstellungen ist, so ist die List eine Taschenspielerei mit Handlungen", schrieb Carl von Clausewitz im 10. Kapitel des 3. Buches seines Werkes „Vom Kriege". „Operation Fortitude" wurde zum Beispiel im Zweiten Weltkrieg zur Verschleierung der Landung der Alliierten in der Normandie entwickelt. Dabei wurde alles Mögliche erfunden: Eine fiktive Heeresgruppe, ein riesiges Erdöllager aus Pappe, Flugzeuge aus Holz und so weiter. Die Operation war so erfolgreich, dass der selbsternannte oberste Kriegsherr, Adolf Hitler, fest überzeugt war, dass die Landung in der Normandie ein Täuschungsmanöver war. Noch lange nach dem 6. Juni 1944.

Die Politik ist unter diesem Gesichtspunkt eine bloße Fortsetzung des Krieges mit anderen Mitteln. Der schlechte Ruf der Spitzenpolitiker ergänzt hierbei ein weit verbreitetes Klischee und ein düsteres Bild: Sie sind kaltherzig, berechnend, rücksichts- und gnadenlos. Politiker würden nur für Intrigen, Korruption, Täuschung und Machtspiele stehen. Einige TV-Serien haben das kreative Potential von politischen Machtmenschen sofort erkannt. Francis Underwood ist das Paradebeispiel dafür. Der Protagonist der Fernsehserie „House of Cards" ist die Inkarnation par excellence des diabolischen Politikers. Der „House Majority Whip" (= „Mehrheitsbeschaffer") — was mehr oder weniger dem deutschen Fraktionsvorsitzenden der stärksten Regierungspartei im Bundestag entspricht — der Demokraten bringt auf beängstigende Art und Weise Abgeordnete auf Partei- und Regierungskurs. Dafür geht er auch über Leichen. Er zeigt niemals Herz, hat aber immer eine Maxime parat. Der Bösewicht schlechthin. In „House of Cards" sind Intrigen, Ränkespiele und Hinterlist an der Tagesordnung. Der fiktive Blick hinter die Kulissen ist spannend und beschreibt realitätstreu viele

Aspekte der Politik hinsichtlich der Beziehungen zwischen Politikern und Journalisten sowie die innerparteilichen Machtkämpfe. Die Serie zeigt auch, dass Macht das stärkste Aphrodisiakum ist. Die Macht enthüllt alle Seiten der Menschen, die guten wie die schlechten. Abraham Lincoln (1809–1865) behauptete nichts anderes, als er sagte: „Willst du den Charakter eines Menschen erkennen, so gib ihm Macht." Die Macht kann düster sein, keine Frage. Die „dunkle Seite der Macht" ist wahr, aber sie ist genau das: nur eine Seite. Diese wollen wir hier kurz und bündig beschreiben.

Politik ist nichts für schwache Nerven. Man muss aufpassen, Macht macht süchtig und blind. Das Allmachtsgefühl und die Besserwisserei sind nie weit. Die prinzipielle Ablehnung von Macht führt jedoch nicht automatisch zur Tugend. Es gibt Macht ohne Machtmissbrauch. Aber es gibt keine Gesellschaft oder Organisation ohne Macht. Die Macht ist die Konstante der Menschheitsgeschichte. Das soziale Leben war immer ein Zusammenleben, welches Regeln und gegenseitige Kontrolle verlangt. Inzwischen geht die Macht nicht mehr vom körperlich Stärksten aus, und Führung muss als nützlich anerkannt werden. Gewalt siegt vielleicht kurz-, aber nicht langfristig. Man sollte sich daran erinnern, dass Machiavelli selbst den Herrscher dahingehend beraten hat, im Interesse der Staatsräson vor Gewalt und Terror nicht zurückzuschrecken, aber auch — und vielleicht viel mehr — sie zu vermeiden und sie nicht anzuwenden. Gewalt kann nur den Hass des Volkes provozieren, was „Der Fürst" um jeden Preis vermeiden sollte. Tricks und Taktiken sind für Machiavelli ein Bestanteil der praktischen Lebensklugheit. Deshalb schreibt er: „… und weil denn ein Fürst imstande sein soll, die Bestie zu spielen, so muss er von diesen den Fuchs und den Löwen annehmen; denn der Löwe entgeht den Schlingen nicht, und der Fuchs kann dem Wolf nicht entgehen. Er muss also ein Fuchs sein, um die Schlingen zu kennen, und ein Löwe, um die Wölfe zu schrecken." Machiavelli befürwortet eine kalte und amoralische Machtpolitik, weil manchmal der ausgehandelte Ausgleich der Interessen nicht reicht, um Konflikte zu lösen. Dennoch ist Listigkeit für Machiavelli im Politikmanagement stets besser als Gewalt.

Die moderne Demokratie verkörpert einen relativen Gewaltverzicht und beruht auf Gewaltentrennung. Wer aber eine Spitzenposition erobern will, muss strategisch vorgehen. Das Modell ist hier Metis, die erste Geliebte des Zeus, die in der griechischen Mythologie für Klugheit steht. Der Verlust des Erreichten droht jederzeit, und eine ständige Wachsamkeit ist gefordert. Gefahren lauern überall. Die Verlierer sinnen auf Revanche, die Verbündeten wollen immer mehr und sind davon überzeugt, besser regieren zu können. Eigene Leistungen und Sozialkompetenz an sich sind nicht alles. Deshalb interessiert sich der Spin-Doktor für die Mechanismen der Macht, der Gruppenbildung und Gruppendynamik. Er ist kein listiger Halunke, aber er kann keine Scheu im Umgang mit der Macht haben. Der andere ist nicht unbedingt der Feind — er ist es nur manchmal —, aber er verfolgt andere Interessen und eine andere Agenda. Es bringt nichts, die Augen vor Machtspielen zu verschließen. Jede menschliche Organisation braucht Macht. Man muss die Machtspiele akzeptieren, um sie domestizieren und kontrollieren zu können. Die Piratenpartei hat dies offensichtlich zu spät erkannt und es mit Selbstdemontage bezahlt.

Tricks und Taktiken gehören zum politischen Geschäft wie Redenschreiben und Diskussionen. Es ist nicht schmutzig, es ist durch und durch menschlich, nützliche Allianzen zu schmieden, Dominanzsignale zu erkennen, Machtdemonstrationen mit Gelassenheit zu beobachten und informelle Hackordnungen zu erkennen: All dies ist Teil des Lebens in einer gesellschaftlichen Ordnung. Zu behaupten, dass Qualität, sprich Kompetenz oder sogar Exzellenz, allein entscheidet, ist naiv. Und vielleicht sogar angeberisch und wichtigtuerisch. Pure Leistung ist Naivität pur. Man braucht andere Menschen, das heißt Argumentationsfähigkeit und Begeisterungsfähigkeit und auch mikropolitische Strategien und taktisches Platzieren von Vertrauten. Und manchmal richtige Hinterlist. Frank Stauss schildert in seinem Buch „Höllenritt Wahlkampf" unter anderem ein paar Eindrücke aus dem Bundestagswahlkampf 2005 und erzählt eine lehrreiche kleine Geschichte. Das SPD-Mitglied Stauss beschreibt, wie das Manuskript für einen TV-Spot der CDU in einem neutralen Umschlag ohne Absender an ihn geschickt wurde. Wer aber hat es geschickt, wer hat es verraten und wieso? Stauss sind die Antworten auf diese Fragen gleichgültig, er will es benutzen und entwickelt daraus einen sehr gelungenen Guerilla-TV-Spot. Stauss erklärt sein Vorgehen: „Das bringt uns zwar keine Wähler, aber mal wieder etwas Futter für die Journies und einmal mehr Beachtung für die Kampa. Ebenso wie Hohn und Spott für die Arena. Das motiviert unsere Leute und lässt die anderen die Hände über dem Kopf zusammenschlagen." Stauss hat nicht unmoralisch gehandelt, er hat nur amoralisch die Gunst des Augenblicks erkannt und benutzt. Politik ist nichts für schwache Nerven und auch nichts für zitternde Hände.

Um bis an die Spitze zu kommen, muss man den doppelten Druck von unten und von oben — es gibt immer einen noch größeren Chef — aushalten. Es gibt den Druck von unten und den von oben, aber auch den Druck von nebenan, von Gleichgestellten wie Kollegen, der sogenannten Peergroup — dies ist der Druck der schlimmsten Sorte. Es ist so: Machtspiele unter vermeintlichen Parteifreunden sind besonders hart und ganz und gar nicht fair. Die schlimmsten Intrigen kommen aus den eigenen Parteireihen. Autor Stephan Lamby hat über ein Jahr lang Interviews mit Politikern aus allen großen Parteien geführt — Kurt Beck, Erwin Huber, Wolfgang Kubicki und Andrea Fischer — und damit eine Dokumentation gemacht mit dem Titel „Schlachtfeld Politik — Die finstere Seite der Macht". Depression, Selbstmordgedanken, Rache: Das Bild ist nicht schön. Parteifreunde bekriegen sich ganz oft mit schmutzigen Tricks.

Es gibt noch Schlimmeres als den Wahlkampf: Es ist der Nahkampf. Manchmal ist nah richtig nah. Der französische Präsident François Hollande hat es erlebt, als seine Ex-Freundin Valérie Trierweiler ihr Enthüllungsbuch „Danke für diesen Moment" mit vielen peinlichen Anekdoten im September 2014 veröffentlichte. 320 Seiten Abrechnung und Revanche mit politischen Konsequenzen und die Verschärfung der Dauerkrise für Frankreichs Präsidenten. In ihrem Buch „Du sollst den Wähler für dumm verkaufen" reden Ulf C. Goettges und Martin Häusler von „innerparteilichen Intrigenstrudel" und schreiben: „Der Parteifreund ist dein bester Feind." Es ist ihrer Meinung nach das erste der zehn ungeschriebenen Gebote der Politik. Sie erklären dieses Phänomen ganz einfach: Der Parteifreund ist immer der unmittelbare Konkurrent und entscheidet über Sieg und Niederlage viel mehr als der offizielle Kontrahent.

Ist das Büroleben anders? Überhaupt nicht, aber die Politiker haben eine Leitfunktion in unserer Gesellschaft und sind unter Dauerbeobachtung. Das Wirtschaftsleben hat viel von der Politik übernommen. Die Kopie entspricht dem Original, und viele Top-Manager brauchen nichts mehr zu lernen. Sie wissen, dass ohne Matchspiele der Aufstieg schwierig ist, sogar unmöglich. Qualität funktioniert besser mit Seilschaften, und jedes Arbeitstier muss zum Taktierer werden, wenn es Alphatier werden will. Ein machiavellistischer Ansatz ist nicht nur für Mächtige an Fürstenhöfen relevant. Das Büro ist eine politische Bühne für Kungeleien, um Macht und Einfluss. Einschüchterung, Druck und Destabilisierung gibt es in jeder Abteilung. Viele Kollegen gebrauchen ihre Ellenbogen auf dem Weg nach oben. Der Arbeitsplatz ist kein Spielplatz, sondern ein Machtspielplatz. Und es wird wärmstens empfohlen, die Spielregeln dieses Kampfes zu beherrschen, für den Aufstieg und auch für das Überleben. Wer nicht mitspielt, hat von vornherein verloren.

Die von der Universität Hamburg von 2009 bis 2012 aufgestellte Forschungsgruppe „Mikropolitik" stellte damals fest, dass es besser ist, den Job als „Arena für machtpolitische Spiele" zu betrachten. Die Forschungsgruppe hat auch gezeigt, dass Frauen sich schwertun, Aufstiegskompetenzen einzusetzen. Die bekannten mikropolitischen

Strategien — Lobbyismus, Netzwerken und Selbstdarstellung — sind für die meisten Frauen nicht einfach anzunehmen. Viele Frauen auf dem Weg nach oben haben eine ambivalente und sogar ablehnende Einstellung zur Macht. Dies liegt größtenteils in der geschlechtsspezifischen Sozialisation begründet. Männer sind selbstsicherer und haben eine raumgreifendere Stimme sowie Körpersprache, da sie in der Regel schon in ihrer Kindheit Kampfspiele eingeübt haben und dabei ein „natürlicheres" Verhältnis zu Rivalität und Machtspielen entwickelt haben. Sie haben auch gelernt, gezielte Einschüchterung einzusetzen und mit Druck umzugehen. Daher kommt ihre typisch männliche Taktik: Konkurrentinnen abzuwerten und sie auf ihre Emotionalität zu reduzieren.

Bescheidenheit ist keine Tugend an sich und keine Antwort. Es geht darum, Souveränität zu entwickeln, denn je höher man kommt, desto schlimmer wird es. Es geht nicht darum, das Verhalten der Männer zu kopieren, sondern die Welt der Spitzenleute zu erobern. Aber wir müssen Geduld und Vertrauen haben, die richtige und tatsächliche Gleichberechtigung wird bestimmt kommen. Und wie die französische Schriftstellerin Françoise Giroud es so schön auf den Punkt gebracht hat: „Eine Frau wird erst an dem Tag dem Mann wirklich gleichberechtigt sein, an dem man auf einen bedeutenden Posten eine inkompetente Frau beruft."

Qualität und Politik sind die Zwillingsschwestern der Karriere. Wer aufstiegsorientiert ist, hat also zwei Ziele: ein inhaltliches (Sachkompetenz) und ein mikropolitisches Ziel (Machtkompetenz). Die Durchsetzung von Interessen gegenüber anderen ist keine Option, es ist die Grundvoraussetzung, um mehr Verantwortung und mehr Spaß zu haben. Die Position zu erhalten, zu befestigen und gegen Feinde zu verteidigen, hat höchste Priorität. Aber wo endet das Taktieren und wo beginnt die Manipulation. Und schlimmer noch: Wo beginnt die Lüge?

Joachim Kary hat für das Magazin „Markt und Mittelstand" vier Arten von Lügen aufgelistet. Sein Artikel trägt den Titel „Lügen gehört zum Geschäft" (11/2013) und zeigt, wie der Mittelstand lügt und belogen wird. Es gibt die Verhandlungs-Lüge zum Beispiel über angebliche Neuentwicklungen, um in Verhandlungen bessere Konditionen zu erzielen. Es gibt die Angebots-Lüge, wenn man kein Geld mit dem Erstprodukt macht, aber mit einem zusätzlichen Angebot. Dann kommt die Muss-Lüge, in schwierigen Zeiten muss man Umsatzzahlen und Auftragseingänge schönen, um die Nervosität der Belegschaft und der Partner nicht zu schüren. Die letzte Art von Lüge ist die schlimmste: die Anschwärze-Lüge. Der Wettbewerber liefert eine bessere Lösung zu einem besseren Preis, und als Gegenreaktion wird er beim Kunden einfach schlechtgemacht. Joachim Kary erklärt auch, wie man Lügen aufspüren kann: Der Sprecher verwendet viele Superlative und aufwertende Wörter und benutzt unpersönliche Pronomen.

Der Spin-Doktor lügt nicht. Er überlistet mit viel Pragmatismus. Er kennt die Regeln der Macht in- und auswendig, die des italienischen Staatsmanns und Philosophen Niccolò Machiavelli und von dem leider nicht so bekannten spanischen Jesuiten Baltasar Gracián, welche er als wesentliche Inspirationsquelle betrachtet. Robert Greene, Literaturwissenschaftler und Hollywood-Drehbuchautor aus Los Angeles und Kenner der beiden Vordenker hat ein wunderbares und äußerst lesenswertes Buch im Jahr 1998 geschrieben: „Power, die 48 Gesetze der Macht". Greene erläutert grundlegende Gesetzmäßigkeiten anhand zahlreicher historischer Beispiele. Seiner Meinung nach ist die entscheidende Grundlage der Macht, „die eigenen Gefühle unter Kontrolle zu haben. Auf eine gegebene Situation emotional zu reagieren, stellt eine der größten Barrieren auf dem Weg zur Macht dar; dieser Fehler würde Sie viel mehr kosten, als irgendeine vorübergehende Befriedigung durch das Ausleben Ihrer Gefühle Ihnen bringen könnte. Emotionen vernebeln den Verstand, und wenn Sie eine Situation nicht klar erkennen, können Sie sich nicht darauf einstellen und kontrolliert darauf reagieren". Der Spin-Doktor hat auch das „Bréviaire des politiciens" (Das Brevier der Politiker) von Kardinal Mazarin mehrmals gelesen und sich die fünf Kernbotschaften des französischen Ministers fest eingeprägt: 1) Täusche vor! 2) Verschweige! 3) Verlasse Dich auf niemanden! 4) Sag Gutes über jeden! 5) Plane, bevor Du handelst! Abbildung 6 (S. 156) enthält einige operative Ratschläge, damit Sie ihre mikropolitischen Fähigkeiten verfeinern oder einfach damit Sie sich gegen Ihre skrupellosen Konkurrenten besser wappnen können.

Diese Ratschläge sind nicht erschöpfend und nicht unbedingt neu. Sie gelten nicht als allgemeine Gesetze der Macht und bauen auf persönlicher Erfahrung auf. Sie spiegeln das Denken des Spin-Doktors ziemlich gut wider und sind daher in diesem Buch relevant und hoffentlich nützlich.

c. Die Sache mit der Intuition

Das sklavische Befolgen einer methodisch-analytischen Denkweise liegt nicht in der Natur des Spin-Doktors. Er kann Regeln lernen, aber vor allem sie reflektieren. Und wenn er den Wert einiger Regeln und Methoden gelernt hat, dann nicht durch Erklärung, sondern vielmehr durch Erfahrung. Er hat im Lauf der Zeit die gelegentlichen Ausnahmen von den Regeln entdeckt. Es ist vielleicht das Hauptmerkmal eines

①	**Seien Sie besonders vorsichtig mit Menschen, die immer wieder schwören, politische Machtspiele nicht spielen zu wollen.** Es sind genau diejenigen, welche sehr geschickt und versteckt ihre mikropolitischen Taktiken sorgfältig entwickeln und gnadenlos verfolgen.
②	**Erkennen Sie Ihre genaue Position in dem impliziten Organigramm der Macht und respektieren Sie diese aufs Wort.** Es ist immer besser zu wissen, wer oben sitzt und wer unten, um die unterschiedlichen Befindlichkeiten zu verstehen und um zielgerichteter zu handeln.
③	**Ihre Verbündeten sind wichtiger als Ihre Ideen.** Es bringt Ihnen wirklich gar nichts, die besten Ideen zu entwickeln, wenn sie nicht die angepasste Koalition auf die Beine bringen und die ausreichende Rückendeckung bekommen. Erst Clan, dann Plan.
④	**Buhrufe zu vermeiden, ist der Hauptteil Ihres Berufs.** Ihr Ruf ist Ihr größtes Kapital und muss geschützt werden, da Kunden und Kollegen 24/7/365 kommunizieren. Lassen Sie nicht Ihr Sein durch den Schein gefährden. Und wenn nötig, auch ein bisschen Schwein haben.
⑤	**Versuchen Sie, Zeit mit Menschen zu verbringen, die Ihre Branche geprägt haben.** Diese besitzen viel Erfahrung und Know-how. Sie suchen auch eine breite Anhängerschaft. Treffen Sie sich gezielt mit Rentnern Ihrer Branche. Sie suchen eine Platz in der Geschichte. Und sie haben Zeit und Lust, alles zu erzählen.
⑥	**Lesen Sie so viel Sie können.** Sie müssen alles kennen, was Ihre Branche bewegt. Vergessen Sie nie, dass Sie durch ihr präzises Wissen überzeugen. Machen Sie alle Ansprechpartner davon abhängig. Es geht nicht darum, etwas besser zu wissen, sondern immer ein bisschen mehr zu wissen.

Abbildung 6

guten Spin-Doktors: Er besitzt die Fähigkeit, Ausnahmen aufzuspüren und — wichtiger noch — zum eigenen Vorteil zu nutzen. Die heutige Welt dreht sich viel zu schnell und ist zu voll von Unsicherheiten und Unregelmäßigkeiten, um nur rein rationales Denken einzusetzen. Um diese Welt mitgestalten zu können, setzt er, wie wir schon gesehen haben, sowohl analytisches, kreatives bzw. kombinatorisches als auch taktisches Denken ein. Seine Tätigkeit verlangt eigentlich eine große Portion intuitives Denken, was wir an dieser Stelle beleuchten wollen.

Der Spin-Doktor kombiniert bewusst intuitives und rationales Denken. Er kennt nämlich die Grenzen der Vernunft und der Kalkulationen. Er denkt also auch viel mit seinem Bauch, dessen Weisheit er nach und nach zu respektieren gelernt hat. Er hat gemerkt, dass Rationalität eher für Probleme geringer Komplexität geeignet ist. Es wird vielleicht sein Image der Unseriosität verstärken, aber es ist ihm egal, denn die Realität — sein einziger wahrer Richter — hat gezeigt, dass das rationale Nachdenken nicht systematisch die optimale Vorgehensweise darstellt.

Das methodisch-analytische Denken verlangt auch ganz oft viel zu viel Energie und hat unerwünschte Komplikationen. Das Rational-Choice-Modell setzt eine stabile Welt voraus, welche dem Spin-Doktor komplett fremd ist. Der Spin-Doktor muss täglich mit Stress und Zeitknappheit umgehen, und er kann nur mit einer geringen Anzahl von wirklich relevanten Informationen rechnen. Unter diesen strukturellen Umständen sind rationale Denkmethoden nicht immer geeignet, und eine intuitive Entscheidungsfindung ist daher manchmal einfach besser. Der Spin-Doktor bevorzugt diese Vorgehensweise aus Kalkül und aus Strategie, nicht aus Spaß oder Neigung. Das strategische Vorgehen verlangt die Schonung von zeitlichen und geistlichen Ressourcen. Der Spin-Doktor schläft nicht genug und isst meistens ziemlich schlecht. Als geisteswissenschaftlicher Facharbeiter muss er also wirklich aufpassen, womit er seinen Geist füttert. Das Gehirn ist in der Tat unter allen Organen ein regelrechter Energiefresser und benötigt bis zu 20 Prozent des Energieverbrauchs des Körpers. Das intuitive Denken hat für den Spin-Doktor nur Vorteile: Es ist schnell, spontan und, das Wichtigste, energiesparend.

Die Regel der Sparsamkeit ist eine wesentliche Forderung für die Ausübung dieses Berufs. Wer ihn ausübt, sollte ein großer Liebhaber des Sparsamkeitsprinzips sein, auch als „Ockhams Rasiermesser" genannt: „Entitäten dürfen nicht über das Notwendige hinaus vermehrt werden." Es ist das Prinzip der sparsamsten Erklärung. Die unkompliziertere Erklärung muss der komplizierteren Erklärung immer vorgezogen werden. Es ist die rationale Maxime schlechthin: Warum kompliziert vorgehen, wenn man es einfach machen kann. Und ganz oft ist das Einfachste die Intuition. Komplexe analytische Methoden haben viele Nachteile, und weniger Information kann zu besseren Entscheidungen führen. Um es anders und vielleicht ein bisschen einprägsamer zu formulieren: Komplexe Probleme erfordern nicht unbedingt komplexe Lösungen, ganz im Gegenteil.

Dem Gehirn mangelt es an Verarbeitungskapazität, es kann nur 40 Sinneseindrücke gleichzeitig verwalten. Es ist definitiv zu langsam und zu klein für diese komplexe Welt. Der Spin-Doktor muss die Macht der Intuition einsetzen und schneller und ökonomischer denken und entscheiden. Er kann sich dafür auf ein gut entwickeltes intuitives Denksystem stützen, welches bei seinen Aktivitäten der Kombination und Entscheidung Hilfe leistet. Man kann das intuitive Denken mit dem Immunsystem vergleichen, welches entscheidet, ob eine Immun-reaktion ausgelöst werden soll, wenn die weißen Blutzellen mit einem unbekannten Fremdkörper in Berührung kommen. Intuition ist für das Denken von essentieller Bedeutung. Man redet nicht umsonst von Bauchgefühl und von Bauchentscheidung. In besonderen Situationen steigt der Blutdruck, man spürt Erregung, und der Verstand scheint nur ein schüchterner Berater zu sein. „Das habe ich aus dem Bauch heraus entschieden", sagt man oft. Stimmt es? Nicht ganz. Vor einigen Jahren entdeckten Forscher, dass Magen und Darm rund 200 Millionen Nervenzellen enthalten. Das „Bauchhirn" funktioniert hochintelli-gent, kann das Immunsystem stark beeinflussen und auch Erinnerun-gen speichern. Die Erforschung dieser Wechselwirkungen zwischen Kopf und Bauch steht erst ganz am Anfang. Der Darm beeinflusst das Gehirn und damit das menschliche Verhalten. Wahrscheinlich hat die Bauchentscheidung anatomisch nichts mit dem „Bauchhirn" zu tun. Die Bauchentscheidung gibt es aber mit Sicherheit, und im Grunde genommen gibt es keine Entscheidungen, die Menschen ausschließ-lich bewusst bzw. rational treffen. Im seinem in 18 Sprachen über-setzten Buch „Bauchentscheidungen: Die Intelligenz des Unbewussten und die Macht der Intuition", definiert Gerd Gigerenzer, der Direktor des Berliner Max-Planck-Instituts für Bildungsforschung, eine Bauch-entscheidung als ein Urteil, das blitzschnell im Bewusstsein auftaucht, dessen tiefere Gründe nicht bewusst sind und das stark genug ist, um danach zu handeln. Die Intuition hat etwas von einem kreativen Ein-fall, etwas fast Magisches. Es ist eine Art innere Kraft, die jeden Zweifel beseitigt. Dieses nicht reflektierte Denken ermöglicht das unmittel-bare Erkennen der Dinge.

Der Spin-Doktor, der sich permanent unter Druck sieht und mit von Ungewissheit geprägten Situationen konfrontiert ist, kann sich nicht ausschließlich auf Analysen des Verstandes verlassen. Politische Ent-scheidungen im engeren Sinne sind Wertentscheidungen, bei denen „richtig" oder „falsch" nicht klar identifizierbar sind und die Fakten-lage keine Antwort an sich liefern kann. Der Spin-Doktor muss Prob-leme anpacken, die er nicht gründlich durchdringen kann. Und wenn er über etwas mehr Zeit und Informationen verfügt, findet er nicht automatisch klare und eindeutige Lösungswege in dem nüchternen Abwägen sachlicher Argumente. Er muss sich auf seinen inneren Kom-pass verlassen können, weil die meisten Situationen zu komplex und gleichzeitig zeitlich zu begrenzt sind.

Es geht nicht nur darum, einen ökonomischen und schnellen Ersatz für das lange Nachdenken zu finden. Die Intuition des Spin-Doktors erfasst die politische Situation unreflektiert einfach besser als der reine Verstand. Unwichtige Informationen werden schlicht ignoriert, und das Unterschwellige wird zum Vorschein gebracht. Er erfasst alle objektiven Faktoren in ihrem Kontext durch eine subjektive Betrachtung, so zu sagen von innen heraus, im Hier und Jetzt. Der Verstand betrachtet die Realität mit starren Begriffen, aber nie in ihrer Bewegung. Damit kann der Verstand nicht das eigentliche Geschehen sehen, alle Fakten und Faktoren bearbeiten und — das Wichtigste — gewichten und artikulieren. Bei ihm denkt der Bauch mit, und das wird automatisch mit dem Kopf auf eine Stufe gestellt.

Die Intuition ist für Politiker die größte Entscheidungshilfe und damit gleichzeitig eine Art unbewusste Risikointelligenz, um komplexe Sachfragen zu bewältigen. Um es mit Agatha Christie auszudrücken, man kann Intuition nicht unbedingt erklären, aber niemals ignorieren. Spitzenpolitiker müssen große schwierige Entscheidungen treffen und können daher nicht risikoscheu vorgehen. Sie müssen sich auf ihre Intuition verlassen. Helmut Kohl ist im Herbst 1989 zu großer Form aufgelaufen und hat „Mut und Intuition" bewiesen, wie sein Amtsvorgänger Helmut Schmidt es formulierte. Im Jahr 2005 geriet Bundeskanzler Schröder aufgrund seiner Agenda 2010 in große Schwierigkeiten und verließ sich dennoch auf seine Intuition. Er stellte die Vertrauensfrage. Er hat die Abstimmungsniederlage bewusst herbeigeführt, um eine Neuwahl des Bundestags im September 2005 zu erreichen. Er hat die Wahl verloren, aber seine Partei wurde an der Regierung beteiligt.

Der Spin-Doktor kann sich auch auf seine Intuition verlassen. Diese hat jedoch nichts mit einem launischen Geisteszustand zu tun. Die Intuition reduziert die Auswahl der relevanten Fakten und Informationen durch reflexartige Prozesse, damit nicht über jede neue Frage nachgedacht und entschieden werden muss. In dem bereits zitierten Interview für das Magazine Wired, in dem Steve Jobs Kreativität als das „Verbinden von Dingen" definiert, erwähnt er die Rolle der Erfahrung bei den Kreativen: „Sie haben nur etwas ‚gesehen‘. Nach einer Weile war es für Sie einfach offensichtlich. Warum? Sie waren in der Lage, Dinge zu verknüpfen, nämlich ihre Erfahrungen mit neuen Dingen. Der Grund dafür, dass sie dazu in der Lage sind, ist entweder, dass sie mehr Erfahrungen haben oder dass sie mehr über ihre Erfahrungen nachdenken als andere."

Die Intuition bringt also die als relevant erlebten Erfahrungen zur Geltung. Besser noch: Die Intuition kann diese Erfahrungen in eine Entscheidung einbringen. Wer auf seinen Bauch hört und sein intuitives System mobilisiert, nutzt im Endeffekt auch sein Gedächtnis. Gerhard Roth, Professor für Verhaltensphysiologie und Direktor am Institut für Hirnforschung an der Universität Bremen, hat auf einen Begriff von Sigmund Freud aufmerksam gemacht, der uns diesen Mechanismus der Intuition verdeutlichen kann, und zwar: das „Vorbewusste". Gerhard Roth beschreibt es als den Ort des intuitiven Problemlösens, welches neben den zwei anderen Systemen — dem Unbewussten und dem Bewussten — eine wichtige Rolle bei der Entscheidungsfindung spielt. An diesem Ort sind Handlungsabläufe abgespeichert, welche zwar normalerweise unbewusst bleiben, aber unter bestimmten Umständen schnell ins Bewusstsein geholt werden können. Wenn intuitives Denken involviert ist, empfinden wir eine Art Ahnung, dass diese Entscheidung die richtige ist, ohne dass wir dies genau erklären können.

Durch Intuition greift man also in komplexen Situationen unbewusst auf Erfahrungen zurück, die man bereits gemacht hat, und kombiniert diese mit den vorliegenden Informationen. Intuition ist ein Prozess, der aus neuen Fakten und im Gedächtnis gespeicherten Erfahrungen eine ziemlich schnelle und gute Entscheidung ermöglicht. Durch sie werden die Fakten und die Informationen schneller integriert und analysiert als durch bewusstes und rationales Entscheiden. Man könnte sie eigentlich als abrufbare eingefrorene Analyse definieren. Der Spin-Doktor hat überhaupt kein Problem damit, die Rolle der Emotionen und der fest verwurzelten Überzeugungen in seiner Entscheidungsfindung zu erkennen. Er weiß, dass seine intuitive Fähigkeit zur Verarbeitung komplexer Informationen viel größer ist als die des bewussten Arbeitsgedächtnisses. Niemand könnte ernsthaft die Tatsache bestreiten, dass wichtige Entscheidungen immer eine emotionale Dimension besitzen. Gerade komplexe und ungewisse Fragen bringen uns an die Grenzen des methodisch-analytischen Denkens. Jeder Manager sollte akzeptieren, dass Gefühle und Intuition bei der Entscheidungsfindung eine zentrale Rolle spielen. Es gibt zweifellos rationale Argumente und Abwägungen, aber es ist fast unmöglich, von rein rationaler Entscheidungsfindung zu sprechen. Es klingt vielleicht überraschend, aber es ist eine Tatsache: Das intuitive Denken ist ein zentraler Bestandteil der strategischen Denkprozesse.

Der Spin-Doktor muss auch die Macht der kreativen Köpfe organisieren, weil Intuitionen die Entscheidungsfindung sicherlich vereinfachen können, gleichzeitig aber ihn in die Irre führen. Die Politiker und ihre Vermittlungsberater machen auch viele Fehler. „Die Torheit der Regierenden", so lautet der bekannte Buchtitel der amerikanischen Historikerin Barbara Tuchman. In ihrem Buch erinnert sie uns daran, dass die Trojaner das sehr verdächtige hölzerne Pferd in ihre schöne Stadt zogen, obwohl sie wirklich allen Grund hatten, eine List der griechischen Belagerer zu vermuten. Man sollte immer das abgespeicherte Wissen und die intuitiven Eingebungen durch Analyse und Diskussion korrigieren lassen. Barbara Tuchman zitiert diesen sehr schönen Satz des Dichters Samuel Coleridge: „Leidenschaft und Parteigeist machen unsere Augen blind, und das Licht, das die Erfahrung spendet, ist eine Laterne am Heck, die nur die Wellen hinter uns erleuchtet." Politiker haben ganz oft keine Wahl und müssen sich auf ihre Erfahrung und Intuition verlassen, aber manchmal tendieren sie dazu, ihren eigenen Erfahrungen übermäßig Gewicht zu verleihen. Der Spin-Doktor muss deshalb immer Platz für rationale Kontrolle und punktuelle Prüffragen offenhalten.

Der Spin-Doktor hat viel gemeinsam mit Trüffelschweinen. Diese sind Allesfresser und haben einen Riecher dafür, wo sich die schönsten Knollen befinden. Der Spin-Doktor hat nicht drei Milliarden Riechsinneszellen in der Nase, aber viele Vorstellungen und Überzeugungen davon, wie die Politik und die Menschen funktionieren und wie politische und gesellschaftliche Faktoren sich artikulieren. Dies hat natürlich mit seiner Erfahrung zu tun. Wenn der Dienstherr eine Rede oder eine Strategienotiz vom Spin-Doktor verlangt, dann kann dieser diese Elemente innerhalb von vier Stunden liefern. Vier Stunden und viele Jahre Erfahrung. Das intuitive Denken des Spin-Doktors hat wie jede andere Fachkompetenz mit Erfahrung zu tun. Es ist die 10.000-Stunden-Regel des US-Psychologen Anders Ericsson: „10.000 Übungsstunden benötigen Menschen, um außergewöhnliche Fähigkeiten zu entwickeln". Unsere Großeltern sagte einfach dazu: „Übung macht den Meister." Diese Zehntausender-Formel erinnert uns einfach daran, dass eine richtige Meisterschaft mit Übung, aber auch mit Leidenschaft zu tun hat. Denn der Mensch baut eine intensivere Beziehung zu dem auf, was er sich selbst erarbeitet hat. In dieser Hinsicht ist Spin-Doctoring viel mehr eine Berufung als nur ein Beruf. Eine besondere Fähigkeit in einem bestimmten Bereich. Je mehr Sie Talent und Berufung in Einklang bringen, desto besser ist Ihre sogenannte Intuition. Die richtige Intuition liegt eigentlich dort, wo Ihre Talente liegen: in Ihrem Kompetenzkreis. Sie besitzen Meisterschaft und Intuition, wenn sie sich in ihrem Kompetenzkreis befinden. Versuchen Sie lieber nicht, den Rand zu überschreiten, sonst fällt Ihr Wettbewerbsvorteil wahrscheinlich weg.

Man lernt mit der Zeit, auf eigenes Erleben zurückzugreifen. Die kluge Anwendung der Erfahrungen hängt aber häufig vom Kontext ab. Man braucht Momente der Besinnung und auch etwas Distanz zur Streifrage oder zum Thema, um seine Kompetenz optimal einzusetzen. Muße ist dabei unentbehrlich, wenn man die Intuition mobilisieren will. Menschen denken intuitiv, wenn sie sich entspannen. Neue Erkenntnisse oder Ideen kommen nicht aus der Heftmappe oder dem Computer. Das Ruhenlassen der Gedanken und das Herausnehmen aus der Hektik ermöglichen ein bisschen Freiraum im Gehirn, und schon belohnt uns das Vorbewusste mit neuen Ideen.

Unser Einfallsreichtum braucht in der Tat eine Art spielerische Offenheit, um handlungsleitende Muster erkennen oder Zusammenhänge sehen zu können. Der Spin-Doktor braucht diese kreative Art des Schließens, gerade weil es in der Politik keine eindeutigen Antworten gibt. Der Spin-Doktor hat keine Angst, seine eigene Ratlosigkeit zu akzeptieren. Jeder Manager könnte sich von dieser Einstellung und von diesem gesunden Verbinden von Verstand und Intuition inspirieren lassen. Die einzige Gewissheit über das digitale Zeitalter ist Folgendes: Es gibt keine Gewissheiten mehr. Denken steht in dieser schönen neuen Epoche im Zeichen der kritischen Selbstorientierung und des praktischen Urteilsvermögens. Nicht Gewissheit, sondern Klugheit ist die Achse des neuen Denkens.

Der Spin-Doktor hat mit der Zeit gelernt, Wissen und Erfahrung zu kombinieren, um neue Lösungswege zu finden. Bei dieser Kombination zwischen Analyse und Intuition kommt man auf gute Ideen, die den Horizont eröffnen und Auswege anbieten. Der Spin-Doktor muss immer sein eigener Meister bleiben, weil nur er seine Arbeit erledigen und sein Leben bewältigen kann. Hilfen mag es geben, aber er selbst ist sein Berater, er selbst ist der Puls seines Lebens. Er macht bestimmt Fehler dabei, aber er hat keine Angst, Fehler zu machen. Er hat keine andere Wahl: Er muss die Kunst des Kombinieren beherrschen und Gegenstände aus dem Bereich von Erfahrung und aus dem Bereich der Einschätzung verknüpfen, um voranzukommen. Das Musterbeispiel des Spin-Doktors, was das Einsetzen der intuitiven geistigen Fähigkeiten angeht, ist ohne jeden Zweifel der Staatsmann Maurice de Talleyrand-Périgord, der „mit blitzhaftem Blick die verwickeltsten Situationen überschaut", wie Stefan Zweig im siebten Kapitel seines Werks „Joseph Fouché" schrieb. Jeder Spin-Doktor wünscht sich, sich den Merkmalen dieses „Idealtyps" nur ein wenig anzunähern. Zweig, der die Charaktere des Polizeiministers von Bonaparte und Talleyrand vergleicht, beschreibt diesen mit folgenden Worten: „Kühne Wendungen, rasche Konzeptionen, geschmeidige Drehungen in allen gefährlichen Augenblicken sind seine Leistung, verächtlich lehnt er es ab, sich mit Einzelheiten zu befassen, mit Schweiß und Fleiß zu arbeiten. Dieser Liebe zum Minimum, zur konzentriertesten Form geistiger Entscheidungen entspringt auch seine besondere Fähigkeit zum blendendsten Wortwitz, zum Aphorismus. Er schreibt keine langen Berichte, in einem einzigen scharfgeschliffenen Wort erledigt er eine Situation, einen Menschen."

„Er schreibt…" Nun, genau an diesem Punkt sind wir angelangt: Das Schreiben. Das Schreiben ist das zentrale Arbeitsinstrument des Spin-Doktors und sein wichtigstes Arbeitsergebnis zugleich. Aus diesem offensichtlichen Grund hat das letzte Kapitel dieses Buches das Thema des Schreibens als Schwerpunkt.

Soundbites
„Kreativ und kombinatorisch denken"

> Spin-Doctoring ist Maßarbeit. Es passt nur zu den Menschen, die ständig darüber nachdenken und daran arbeiten.

> Einfallsreichtum ist unser einzig wahrer Reichtum.

> Excel-Tabellen sind eine gute Krücke, aber kein Pilgerstab, der zu neuen Grenzen führt.

> Es geht nicht um neue Ideen, sondern darum, Ideen neu zu kombinieren.

> Die Denkbrücken sind mehr als nur die Geheimwaffe gegen Denkblockaden, sie sind vielleicht das wirkliche Fundament des Denkens.

> Die Macht kann düster sein, keine Frage. Die dunkle Seite der Macht ist wahr, aber sie ist genau das: nur eine Seite.

> Zu behaupten, dass Qualität allein entscheidet, ist naiv. Und vielleicht sogar angeberisch und wichtigtuerisch. Pure Leistung ist Naivität pur.

> Den Druck von unten, von oben und von nebenan aushalten.

> Jedes Arbeitstier muss zum Taktierer werden, wenn es Alphatier werden will.

> Der Spin-Doktor lügt nicht. Er überlistet mit viel Pragmatismus.

> Man muss immer aufpassen, womit man seinen Geist füttert.

> Der Spin-Doktor muss immer Platz für rationale Kontrolle und punktuelle Prüffragen behalten.

> Je mehr Sie Talent und Berufung in Einklang bringen, desto besser sind Ihre sogenannten Intuitionen.

IV. Wie schreibt ein Spin-Doktor?

In diesem Kapitel werden wir sehen, dass es für den Spin-Doktor immer auf Wörter ankommt. Die Wörter sind die Bausteine seines Könnens und gehören zum Tagesgeschäft des Spezialisten für Vermittlung und Überzeugung. Wörter und Worte sind das Führungsinstrument schlechthin und spielen eine zentrale Rolle in seiner Berufsausübung. Von ihm wird erwartet, dass er mit Hilfe von Wörtern ständig seinen Dienstherrn informiert, die Sachlage beleuchtet und die Botschaften zuspitzt. Von ihm wird erwartet, dass er mit Worten die Wahrnehmungen und Meinungen nicht nur beeinflussen, sondern auch mitgestalten und sogar formen kann. Der Spin-Doktor schreibt wie besessen und beherrscht die Kunst des Weglassens von unwichtigen und der Verdichtung von wichtigen Informationen wie kein anderer. Zu beobachten, wie der Spin-Doktor mit den Wörtern und Emotionen spielt, kann äußerst lehrreich für jeden Manager sein. Dabei kann man einiges lernen — und wenn auch nicht eine Spur in der Geschichte zu hinterlassen, so doch, wie man möglicherweise eine Kernbotschaft in den Köpfen hinterlassen kann.

1. Macht, Worte und Wortschmiede

Glaubt man der konservativen Tagespresse, scheint sich unsere Zivilisation langsam von ihrer schriftlichen Tradition zu verabschieden. Es würde nicht mehr viel Sinn haben, sich um die Reinheit der Sprache Goethes zu sorgen, denn sie sei angeblich schon längst tot. Weg vom Wort, hin zum Bild. Ein neuer Dialekt entstünde, indem Präpositionen und Artikel meistens fehlten, und die Bilder hätten die Worte besiegt. Abkürzungen seien überall zu finden, die grammatikalische Korrektheit nirgendwo. Die Kommasetzung würde einfach abgesetzt. Die „Entschulung" der digitalen Gesellschaft wäre fast vollendet.

Natürlich stimmt dieses erzkonservative Bild unserer Realität nicht. Das Wort hat noch lange nicht seine letzten Worte gesprochen. Wörter sind überall zu finden. Die neuen Medien haben eigentlich keinen großen Einfluss auf die Rechtschreibkenntnisse unserer Kinder. Wenn unsere jungen Mitbürger Gedanken und Gefühle austauschen, so telefonieren sie nicht, sie schreiben SMS oder direkte Nachrichten. Diese haben eher etwas mit dem gesprochenen Wort gemein als mit dem Austausch von Briefen. Und wer sich mit Teenagern in der Familie unterhält, weiß ganz genau, dass sie ihre Standpunkte ziemlich gut verbal vertreten können, wenn sie wollen.

Die Teenager können mit Sprache und Argumenten durchaus gut umgehen. Und die Erwachsenen ebenso. Manager beantworten 30.000 E-Mails im Jahr. Mit Wörtern. Im Büroleben wird ständig argumentiert, erklärt, geschrieben und geredet. Dafür gebraucht jeder Manager, wie jeder gut gebildete Mensch, einen passiven Wortschatz von etwa 60.000 Wörtern. Sein aktiver Wortschatz — d.h. die Zahl der Wörter, die er mindestens einmal pro Jahr benutzt — liegt bei ca. 3.000 bis 8.000 Wörtern. Um die Bild-Zeitung lesen zu können, braucht er nur 1.500 Wörter.

Der Manager weiß, dass er Wörter beherrschen muss, wenn er Karriere machen will. Wörter sind Durchsetzungs- und Machtinstrumente. Er hat sogar ein neues Wort gelernt: „Brainwriting". Es geht um eine neue Kreativitätstechnik, in der Vorschläge nicht mündlich, sondern schriftlich geäußert werden. Das Besondere dieser Technik gegenüber seinem mündlichen Pendant, dem Brainstorming, ist, dass der Lauteste den Gedankengang nicht dominieren kann. Wörter sind mächtig und durch die Digitalisierung unseres Medienkonsums noch mächtiger geworden. Google ist extrem erfolgreich mit seinem Werbesystem „Adwords", welches „Werbung" durch „Wörter" bietet. Die NSA hat auch für ihren Lauschangriff die Macht der Wörter erkannt und benutzt sie seit vielen Jahren, um unsere Einstellung zu Krisen, Krieg und Konsum zu identifizieren. Es war nicht sehr kompliziert, das Internet nach verdächtigen Begriffen zu durchsuchen: Wir verbreiten ständig Wörter auf Facebook, auf Twitter oder in Blogs, die viel mehr über uns sagen, als wir glauben.

Der Spin-Doktor benutzt auch viele Wörter. Er liest viel — Berichte, Zeitungen, Reden usw. — und schreibt viel. Er ist nämliche eine wahre Schreibmaschine. Er schreibt und schreibt, ohne Ende und mit Leidenschaft. Er schreibt Notizen, Hintergrunddokumente, Gesprächsunterlagen, Soundbites und Reden. Der Spin-Doktor liebt Worte, er ist sogar verrückt nach Worten. Er schreibt Worte der Mobilisierung, Worte der Hoffnung, Worte der Erinnerung, Worte der Kriegerklärung und Worte der Versöhnung.

An dieser Stelle möchte ich auf folgenden feinen Unterschied aufmerksam machen: Der Spin-Doktor schreibt Wörter, die aus Buchstaben bestehen, und schreibt Worte, die aus Gedanken bestehen und die mit Wahrnehmungen spielen, um die Positionierung und die Deutungshoheit seines Dienstherrn zu verbessern.

In diesem Kapitel sollen diese Fertigkeiten beleuchtet werden. So gilt es zunächst zu verstehen, worauf es bei der Macht der Worte genau ankommt und warum die Fähigkeit, diese zu beherrschen, so wichtig für den Spin-Doktor ist (a. „Die Macht der Worte"). Danach möchte ich zeigen, wie ein Spin-Doktor jeden Redebeitrag sorgfältig vorbereitet und wie er deren Bedeutung und Wirkung exakt identifiziert (b. „Sinn und Zweck"). Schlussendlich zeige ich en détail, wie er griffige Wörter und Worte formuliert und warum er in den allermeisten Fällen auf eine ausgefeilte und zugleich kondensierte Ausdruckform angewiesen ist (c. „Verdichtung und Auslassung").

a. Die Macht der Worte

Wörter sind zweifelsohne das, was uns Menschen von Tieren unterscheidet. Nicht die Gefühle, nicht die Kommunikationsformen. Die Wörter. Und die Fähigkeit, Sachverhalte zu verbalisieren und abstrakt denken zu können. Das heißt, Menschen können Dinge benennen, die sie nicht sehen, oder von Dingen sprechen, die noch nicht existieren. Sie können also vor allem in die Zukunft denken. Die Fähigkeit, sich die Zukunft vorstellen zu können, hat deren Planung und Vorbereitung ermöglicht, und das bedeutet Fortschritt. Wörter sind also die Voraussetzung für das Denken, für komplexe Gedankengänge und für menschliche Träume und Entwicklungen. Sie ermöglichen Ideen, lassen neue entstehen und schaffen Kombinationen, die so vorher noch nicht in der Welt existierten. Wörter haben einen direkten Einfluss auf unsere Wirklichkeitserfahrungen. Ein eingeschränkter Wortschatz bedeutet folglich vor allem ein eingeschränktes Erleben der Umwelt.

Wörter haben nämlich eine heuristische Funktion: Sie ermöglichen es uns, die Welt zu verstehen und zu ordnen. Sie dienen als Werkzeuge, mit denen wir uns in der Welt orientieren können. Ihre wahre Kraft liegt in den Gefühlen und den Assoziationen, die sie in uns wecken. Die Wörter steuern unsere Wahrnehmungen und unseren Blick auf die Wirklichkeit und machen unsere Umwelt handhabbar. Diese Perspektivensetzung entspricht dem, was wir in einem vorherigen Kapitel Themensetzung genannt haben und was eine große Macht auf jede Gemeinschaft oder Zielgruppe ausübt. Mit Wörtern können Politiker und ihre Vermittlungsberater die Menschen bewegen und die Welt in die gewünschte Richtung drehen.

Manager können mit Wörtern die gewünschte Beeinflussung des Mitarbeiterverhaltens erzielen und ihr Unternehmen in der vernetzten Gesellschaft zum Erfolg führen. Immer mehr Führungskräfte stehen infolge der Digitalisierung und der Demokratisierung der Wirtschaft viel öfter im Licht der Öffentlichkeit als früher. Viele Führungskräfte haben eine Marktpositionierung für ihr Unternehmen entwickelt, besitzen aber kein eigenes Profilierungskonzept mit einer klaren Haltung und einer deutlichen Richtung. Viele Führungskräfte sagen, dass sie keine Medienexposition und Medieninteraktion brauchen. Viele können sprechen, aber nicht unbedingt reden. Viele sagen, dass die große Beredsamkeit der Vergangenheit anachronistisch geworden sei und assoziieren sie mit Künstlichkeit. Es geht aber nicht nur um Redebeiträge, es geht um Zukunftsentwürfe und Begeisterungsfähigkeit in der Aufmerksamkeitsökonomie. Es geht um Positionierung und Profilierung. Es geht um Menschen, das heißt um Überredung und Überzeugung, um Argumente und Emotionen. Es geht um Macht. Es geht um Wörter.

Die Arbeit mit Wörtern gehört zur Politik. Wörter besitzen eine politische Sprengkraft, welche die gesellschaftliche Realität definieren und verändern können. Wörter können als Wertbezüge in Not, als Motivatoren in Schwierigkeiten oder als kräftigendes Mittel in Krisen dienen. Der Kern politischer Arbeit ist im Endeffekt das Bemühen um einen Dialog mit der Öffentlichkeit. Es geht darum, Unterstützung und Legitimität zu bekommen, welche ihrerseits Reformen und Veränderungen ermöglichen. Es gibt Reden, die Geschichte schreiben, und Worte, die eine ganze Epoche beschreiben. „Durch Deutschland muss ein Ruck gehen", verlangte der siebte Bundespräsident der Bundesrepublik, Roman Herzog, am 26. April 1997 in Berlin:

„Durch Deutschland muss ein Ruck gehen. Wir müssen Abschied nehmen von liebgewordenen Besitzständen. Alle sind angesprochen, alle müssen Opfer bringen, alle müssen mitmachen:

— die Arbeitgeber, indem sie Kosten nicht nur durch Entlassungen senken,
— die Arbeitnehmer, indem sie Arbeitszeit und -löhne mit der Lage ihrer Betriebe in Einklang bringen,
— die Gewerkschaften, indem sie betriebsnahe Tarifabschlüsse und flexiblere Arbeitsbeziehungen ermöglichen,
— Bundestag und Bundesrat, indem sie die großen Reformprojekte jetzt rasch voranbringen,
— die Interessengruppen in unserem Land, indem sie nicht zu Lasten des Gemeininteresses wirken.

Die Bürger erwarten, dass jetzt gehandelt wird."

Und so ging die Ansprache als „Ruck-Rede" in die Geschichte ein und initiierte die Tradition der Berliner Grundsatzrede. Roman Herzog hatte damit den Nerv seiner Zeit und einer Generation getroffen. Ich finde, dieser wunderschöne und starke Beitrag fasst irgendwie auch die natürliche Absicht politischer Sprache perfekt zusammen: Jede Rede muss wie ein Ruck wirken.

Es mag vielleicht banal klingen, aber Politik ist zu einem großen Teil das Reden mit Menschen über Sachen. Politik ist eigentlich nichts anderes als der Kampf um Begriffsdefinition und Deutungshoheit. Keine Macht ohne Gefolgschaft und keine Gefolgschaft ohne Resonanz. Deshalb hat Politik — in der Demokratie genau wie in Unternehmen — viel mit dem erfolgreichen Umgang mit Wörtern und Sprache zu tun. Wörter sind die elementaren Bausteine, mit denen eine Führungskraft ihr Leitbild und ihre Strategie erarbeiten, artikulieren und mitteilen kann. Anders ausgedrückt: Ein präziser Einsatz des Wortschatzes ist kein Schmuckkästchen des Lebens, sondern das elementare Werkzeug der Macht. Wortgewandtheit entscheidet über Sieg oder Niederlage und deren Erweiterung entspricht einer Erweiterung der eigenen Macht. Deshalb ringen Politiker manchmal so verbissen um Worte. Diese Worte sind wahlentscheidend. Die Beherrschung der Klaviatur von Wörtern und Worten ist die Grundvoraussetzung für die Erreichung der Ziele.

Diskurse besitzen eine echte und relevante Macht, die die Sprachwissenschaftler als „Performativität" identifiziert haben. Wörter sind nicht lediglich als Ansammlungen von Buchstaben zu begreifen, sie können auch neue Wirklichkeiten hervorbringen. Die Politik beruht auf dieser handlungspraktischen Dimension der Sprache. Ein einfaches Beispiel einer performativen Äußerung ist: „Hiermit erkläre ich Sie zu…" oder „Hiermit eröffne ich…". Wörter in menschlichen Organisationen sind wie reale Tatsachen, und deshalb muss man eigene Reden als Spitzenpolitiker oder Spitzenmanager sorgfältig erarbeiten und inszenieren.

Mario Draghi war sich am 26. Juli 2012 der Macht seiner Worte ganz bestimmt bewusst, als er sich entschieden und ohne jeden Zweifel zur Rettung des Euro bekannte. Der Präsident der Europäischen Zentralbank redet normalerweise nicht viel, und er sprach auch an diesem Tag nicht viel. Er sagte nur drei Wörter: „Whatever it takes." Er war bereit zu tun, was immer nötig sein würde, um den Euro zu retten, was im Notfall bedeuten würde, auch Staatsanleihen von Problemstaaten aufzukaufen. Damit rettete er den Euro. Nicht mit einem Hilfspaket aus einem dreistelligen Milliardenbeitrag, sondern mit nur drei Wörtern. So konnte „Super-Mario" die Finanzmärkte beruhigen und die Spekulanten in Schach halten. Mario Draghi hatte dabei ganz klar ein Machtwort gesprochen. Ein Wort, das wie eine Tat war und dem tatsächlich Taten folgten, ein Wort, das Reaktionen und Gegenreaktionen auslöste, das den Wendepunkt der Euro-Rettung darstellte und auch ein Stück Finanzgeschichte schrieb.

Wörter dienen also nicht nur zur Beschreibung der Sachlage, sondern sind auch Handlungen. Der römische Staatsmann Cato der Ältere beendete jede Senatssitzung mit dem Spruch: „Karthago muss zerstört werden." Er tat es, egal worum es eigentlich ging, damit Rom nicht vergesse, was für ein Affront die Stadt in Nordafrika für den eigenen Machtanspruch darstellte. Nicht nur Befehle besitzen Macht, jedes Wort kann Einfluss auf die Realität haben, wenn es nur richtig formuliert und inszeniert wird. Ein guter Redner schafft eine Gemeinschaft, die zu Handlungen fähig wird. Es ist nämlich so: Wenn man ein offenes Ohr finden kann, dann findet man auch Köpfe, Herzen, Arme und Schultern, welche die gesellschaftliche oder unternehmerische Umwelt bewegen und mitgestalten können. Man erinnert sich an die historischen Worte Willy Brandts vor dem Schöneberger Rathaus in Berlin am 10. November 1989: „Die Zusammengehörigkeit der Berliner und der Deutschen überhaupt manifestiert sich auf eine bewegende, auf eine uns aufwühlende Weise, am bewegendsten dort, wo getrennte Familien endlich wieder ganz unverhofft und tränenvoll zusammenfinden. (…) Jetzt wächst zusammen, was zusammengehört."

Große Worte von einem großen Staatsmann. In den meisten Anthologien der bedeutenden Reden findet man mehrheitlich solche von Staatsmännern. Politik und Deutungshoheit in unserer Gesellschaft waren lange Zeit leider fast nur von Männern dominiert. Aber keine Sorge, Frauen holen sehr schnell auf und können große Reden halten. Zum Beispiel Christa Wolf am 4. November 1989 auf dem Alexanderplatz in Berlin, die *en passant* die wesentliche Rolle der Sprache unterstreicht: „Liebe Mitbürgerinnen und Mitbürger, revolutionäre Bewegung befreit auch die Sprache. Was bisher so schwer auszusprechen war, geht uns auf einmal frei von den Lippen. Wir staunen, was wir offenbar schon lange gedacht haben und was wir uns jetzt laut zurufen. ‚Demokratie — jetzt oder nie!‘, und wir meinen Volksherrschaft. (…) Und dies ist für mich der wichtigste Satz dieser letzten Wochen: der tausendfache Ruf: ‚Wir sind das Volk!‘.“

Es sind aber nicht immer die guten Gefühle, die getroffen werden. Ein gutes Wort kann viel positive gesellschaftliche Veränderung mit sich bringen, ein großes Wort kann aber auch tiefgreifende negative Folgen haben. Sprache ist ziemlich neutral und nur ein Werkzeug. Es kommt immer auf die Absichten des Redners an. Einige Worte stiften nicht Frieden, sondern schaffen Kriege, indem sie Zuhörer in blinde Anhänger und schlimmstenfalls in Kanonenfutter verwandeln. Im Kriegszustand braucht jeder Staat Kriegsbegeisterung und Mobilmachung. Und Worte machen mobil. Das Paradebeispiel liefert uns Kaiser Wilhelm II. in Berlin im August 1914: „Es muss denn das Schwert entscheiden. Mitten im Frieden überfällt uns der Feind. Darum auf! Zu den Waffen! Jedes Schwanken, jedes Zögern wäre Verrat am Vaterlande. Um Sein oder Nichtsein unseres Reiches handelt es sich, das unsere Väter sich neu gründeten.“ Kriegerisch kann man nicht genug sein, wie diese Zitate aus der Rede des damaligen französischen Ministerpräsidenten Georges Clemenceau zeigen: „Dadurch, dass man nach dem Frieden blökt, bringt man den preußischen Militarismus nicht zum Schweigen. (…) Meine auswärtige und meine innere Politik sind ganz dasselbe. Innere Politik: ich führe Krieg. Auswärtige Politik: ich führe Krieg. Ich führe immer Krieg.“ Und diese Sätze äußerte er nicht im Jahr 1914, sondern im Kriegsjahr 1918.

Ein Wort braucht nicht unbedingt explizit kriegerisch zu klingen, um negative Konsequenzen zu haben. Man kann mit nur einem falschen Wort einen Aktienkurs zum Sinken bringen oder einen Verbündeten brüskieren oder einen Nachbarn nutzlos provozieren. Die Danziger Rede von Bundespräsident Joachim Gauck am Jahrestag des Ausbruchs des Zweiten Weltkriegs am 1. September 2014 ist ein gutes — das heißt hier schlechtes — Beispiel dafür. Der Bundespräsident, der normalerweise ein erfahrener Redner ist, hat wahrscheinlich in

Danzig die gelegentlichen Vorteile der präsidialen Zurückhaltung vergessen, als er sagte: „Die Geschichte lehrt uns, dass territoriale Zugeständnisse den Appetit von Aggressoren oft nur vergrößern. (...) Wir werden Politik, Wirtschaft und Verteidigungsbereitschaft den neuen Umständen anpassen." Die Politik Russlands mag aggressiv, inakzeptabel und falsch sein. Der Bundespräsident fand jedoch leider die falschen Worte, da er ein paar wichtige Worte an diesem Jubiläumstag vergaß. Er sprach nämlich kein einziges Wort über die Millionen Toten oder über den deutschen Angriffskrieg. Eine peinliche Unterlassung unter diesen heiklen Umständen und mit diesem drohenden Ton. „Die Geschichte lehrt uns" auch, dass es in der Diplomatie nichts Schlimmeres gibt, als die Eskalation der Worte. Einige Worte wirken wirklich wie „Öl-ins-Feuer-Gießen".

Ein anderes Negativbeispiel eines falschen Wortes liefert uns Barack Obama. Der für seine rhetorischen Fähigkeiten bewunderte Präsident kann manchmal trotzdem ins Fettnäpfen treten und eine falsche Metapher benutzen. Im Interview mit der Zeitschrift „New Yorker" vom Januar 2014 wird Barack Obama mit den Worten zitiert: „Wenn sich eine Jugendmannschaft Trikots der Lakers überstreift, dann macht sie das noch nicht zu Kobe Bryant." Herr Bryant ist der beste Basketballspieler Amerikas. Damit erklärt der amerikanische Oberbefehlshaber, dass die Kämpfer des „Islamischen Staates" verglichen mit Al Qaida gar keine ernstzunehmenden Mitspieler in der Terror-Liga sind. Wenn man bei dieser Basketball-Metapher bleiben will: Mit dem Vergleich hat der Präsident einen „Airball" erzielt. So heißt der Wurfversuch eines Spielers im Basketball, bei dem der Ball den Korb komplett verfehlt, denn zur gleichen Zeit hatten die Fundamentalisten des IS bereits Falludscha eingenommen und damit ihre militärische Gefährlichkeit bewiesen.

Wörter sind mächtig und auch gefährlich für diejenigen, die sie aussprechen. Wörter sind nicht einfach in der Bedienung und hoch instabil. Sie können interpretiert werden — was meistens missinterpretiert bedeutet — und werden ganz oft auf missbräuchliche und skandalöse Weise aus dem Zusammenhang gerissen, wie es ganz oft und im Nachhinein von den Betroffenen behauptet wird. Dieses Risiko gibt es immer, es ist aber keine Ausrede, um die Kunst der Rede und der Wortgewandtheit nicht zu lernen. In einer Demokratie ist es sogar höchst empfehlenswert, die Redebeiträge der Politiker sorgfältig verstehen und entziffern zu können. Die Gefahr des „Neusprechs" ist nie weit entfernt. „Neusprech", so lautet die Bezeichnung der neuen Sprache im Roman „1984" des britischen Schriftstellers George Orwell (1903 – 1950). Diese offiziell zu verwendende neue amtliche Sprachregelung sollte dazu dienen, die Gedanken und Diskussionen der Menschen auf die Parteilinie des totalitären Staates zu bringen und in kontrollierte Bahnen zu lenken. In „1984" sind die politischen Gefangenen „Gedankenverbrecher", diese Wortneubildung ist typisch für „Neusprech". Die Umdeutungen sind auch Teil davon: „Krieg ist Frieden", „Freiheit ist Sklaverei" und „Unwissenheit ist Stärke".

Martin Haase, Professor für Linguistik an der Universität Bamberg, hat festgestellt, dass Demokratien auch gerne mit Wörtern spielen und einige Politiker und Beamte wahre Künstler der Sprachmanipulation sind. Es geht darum, unpopuläre Maßnahmen angenehm darzustellen. Die Bundesverteidigungsministerin Ursula von der Leyen konnte also im Juni 2014 erklären, dass „bewaffnungsfähige" Drohnen keine bewaffneten Drohnen seien. Die Politiker sind nicht die einzigen, die mittels Neusprech unser Denken zu beeinflussen versuchen. Die Lobbyisten wissen, dass Politik ein Kampf um Wahrnehmungen, sprich um Begriffe darstellt, denn die Begriffe strukturieren nicht nur die Welt, sondern auch die Gedanken der Menschen. Die Wortschöpfungen sagen viel aus über die Absicht der Politiker. Wenn man von „Staatsschuldenkrise" spricht, dann sagt man viel über die Art und Weise wie man die Finanzmarktkrise analysiert hat und lösen will. „Euro-Rettungsschirm" klingt auch phantastisch. Diese Wortschöpfung soll suggerieren, dass unter einem Schirm unser Geld gerettet werden könnte.

Wörter sind Werkzeug des Handwerks und Objekte der Begierde zugleich, weil sie unser Denken und Handeln beeinflussen und unsere Wahrnehmung unmittelbar prägen. Es stimmt, es ist nicht einfach, das politische „Neusprech" von den Produkten des politischen Diskurses zu unterscheiden. Man sollte jedoch nie die demokratische Diskussion und ihren kreativen Umgang mit der Sprache mit Sprachmanipulation verwechseln. Es geht immer darum, zu definieren, „was ist" und wohin wir die Gesellschaft steuern wollen. Im Gespräch mit „Focus Online" im Oktober 2014 hat der Neuköllner Bezirksbürgermeister Heinz Buschkowsky das neue Wort „Problemabsentismus" geprägt und erklärt: „Wir verkleistern Begriffe, bis niemand mehr weiß, worum es eigentlich geht, und verstecken uns im Zweifel hinter der Political Correctness. Um es noch einmal klar zu formulieren: Es geht nicht um die Muslime und den Islam. Es geht um Fundamentalismus bis hin zur politischen Landnahme und zum Infragestellen eines selbstbestimmten Lebens für Jeden in einem demokratischen Gemeinwesen." Wenn eine Gesellschaft die Fähigkeit zum Diskurs verliert, dann verliert sie auch ihren demokratischen Anspruch.

Um ehrlich und vollständig zu sein, was das Thema Sprache angeht, muss man an dieser Stelle auch einige Management-Berater erwähnen, welche den „Neusprech" und andere sprachliche Tricks wirklich gut beherrschen. Einige Berater benutzen leider viele schlau und komplex klingende, aber nichtssagende Begriffe, woraus sich keine klaren Handlungen ableiten lassen. Wer würde hier nicht der Versuchung widerstehen, eine schnelle Runde Buzzword- bzw. Bullshit-Bingo mit Berater-Phrasen zu machen: „komplettes Reengineering", „psychodynamisches Prozessdesign für innovative Komplettlösungen", „Praxis der Due Diligence", „prozessorientierte Mikro-Meilensteine", „Entwicklung einer Kennzahlensystematik zur Messung, Bewertung und Steigerung der Effizienz des Produktionsprozesses". Bingo! Bingo! Viele Berater verwenden zahlreiche inhaltslose Schlagwörter. Reden von Geschäftsführern und Managern müssen jedoch die Menschen erreichen, das heißt, auf ihr Herz und ihren Verstand zielen. Wenn man Menschen zu Handlungen anregen will, muss man eine klare und durchdachte Kernbotschaft haben. Es wird Zeit, darüber zu reden.

b. Sinn und Zweck

Der Spin-Doktor schreibt viel und für viele verschiedene Anlässe. Es gibt nämlich viele Redetypen, Textsorten und Redeanlässe: Parteitagsrede, Eröffnungsrede, Programmrede, Parlamentsrede, Wahlkampfrede, Pressekonferenz zur Neuausrichtung der Politik, Gedenkrede usw. Doch all diese Anlässe besitzen einen gemeinsamen Nenner: Sie sind im Wesentlichen handlungsorientiert und streben eine Beeinflussung der Öffentlichkeit an.

Die Reden sind der Kern der politischen Aktivitäten und die zentrale Aufgabe des Spin-Doktors. Sie sind in einer Demokratie unersetzlich: Sie sind das wichtigste Produktionsmittel des öffentlichen Bewusstseins und des gesellschaftlichen Zusammenhalts. Sie sind taktisch gesehen unentbehrlich: Die Reden sind das zentrale Mittel zur Durchführung von Maßnahmen und zur Umsetzung politischer Entscheidungen. Sie sorgen für die Funktionsfähigkeit aller menschlichen Organisationen, wo es immer darum geht, Identifikationsmöglichkeiten anzubieten und Mehrheiten zu gewinnen. Wer eine Rede in eine überzeugende Botschaft verwandeln will, der muss das bewusste Ziel verfolgen, die Zuhörerschaft von der Überlegenheit der eigenen Meinung zu überzeugen.

Um ihre Wirkungsmacht entfalten zu können, muss die Botschaft einer Rede oder eines Textes eindeutig ankommen. Das Ziel ist hier die Einfachheit, die, wie fast immer, gar nicht einfach zu erreichen ist. Redenschreiben ist auch nicht so einfach, und es kommt dabei auf die gründliche Vorbereitung an. Was gut konzipiert wurde, kann klar dargelegt werden. Doch bevor man mit dem Redeentwurf anfangen kann, muss man die Redeabsicht eindeutig klarstellen. Die Überzeugungskraft einer Rede liegt nicht nur in der Tatsache, dass sie gut geschrieben und gegliedert ist und an relevante Emotionen oder tief liegende Wünsche appelliert. Nur mit Blick auf den Grund der Rede können die sprachlichen und argumentativen Mittel herausgearbeitet werden und ihre Kraft entfalten. Öffentliche Reden verfolgen immer ein Ziel. Die Botschaft der Rede muss die Absicht des Redners verkörpern und soll ihre angestrebte Wirkung hervorrufen. Die proklamierten und tatsächlichen Intentionen stellen die Triebkraft dar und bilden das Fundament.

Somit müssen zu Beginn die wichtige Fragen stehen: Was will ich erreichen? Wozu genau will ich die Zuhörer bringen? Welche Gedanken und Handlungen will ich auslösen? Die Intentionen einer Rede können vielfältig sein: ein Leitbild greifbar zu machen, das Image der Partei aufzupolieren, einen komplexen Sachverhalt zum Leben zu erwecken, die neue Positionierung des Unternehmens positiv hervorzuheben und zu demonstrieren, die Mitarbeiter auf ein schwieriges Geschäftsjahr einzustellen, die strategische Wahlkampfbotschaft zu transportieren usw.

Welche Themen und Begriffe sollen besetzt werden? Welche rhetorischen Mittel stehen zur Verfügung? Wie wirken die Thesen eindringlicher? In welcher Reihenfolge werden die verschiedenen Argumente platziert? Dies sind wichtige Fragen, welche die argumentative Unterstützung der These ermöglichen. Die strategische Redeabsicht muss aber als Erstes geklärt werden, und erst dann kann man die rhetorische Dimension betrachten. Am 26. Juni 1963, in seiner berühmten Berlin-Rede am Schöneberger Rathaus, wollte John F. Kennedy mit „Ich bin ein Berliner" nicht unbedingt einen Satz auf Deutsch aussprechen, sondern viel mehr seine Solidarität mit der Bevölkerung von West-Berlin ausdrücken. Der amerikanische Präsident hatte ein klares Ziel im Kopf und es in seiner Rede umgesetzt: Als Verteidiger der freien Welt wollte John F. Kennedy Berlin, bis dato das Symbol des Ost-West-Konflikts, zum Symbol für den Kampf um Freiheit machen. Deshalb drückte er sein Zugehörigkeitsgefühl mit den Westberlinern aus und hob ihren bewundernswerten Widerstandswillen gegen den Kommunismus hervor. Diese Verbundenheit mit den Berlinern schaffte er durch den Vergleich mit dem alten Rom: „Vor 2.000 Jahren war der stolzeste Satz, den ein Mensch sagen konnte, der: *civis Romanus sum*, ‚Ich bin ein Bürger Roms!' Heute ist der stolzeste Satz, den jemand in der freien Welt sagen kann: ‚Ich bin ein Berliner!'" Für die korrekte Aussprache notierte der Präsident auf seinem Redemanuskript: „Ish bin ein Bearleener" und übte diese kleine Transkription im Amtszimmer des Regierenden Bürgermeisters Willy Brandt.

Als Anekdote sei angemerkt, dass Kennedy selbst im Mai 1962 in New Orleans: „Ich bin ein Bürger der Vereinigten Staaten" sagte. Der Historiker Christian Nünlist hat einen anderen plausiblen Bezug hergestellt und erinnert uns daran, dass Winston Churchill am 14. Mai 1947 in einer Rede in London sagte: „Wir hoffen, wieder ein geeintes Europa zu erreichen, in dem Menschen ebenso stolz sagen ‚Ich bin ein Europäer' wie sie einst ‚civis Romanus sum' sagten." Eine letzte Anekdote: Am 28. Juni 1963, also zwei Tage nach dem Kennedy-Besuch im Westen der Stadt, besuchte der Sowjetführer Nikita Chruschtschow Ost-Berlin und rief: „Ich liebe die Mauer!". Wer erinnert sich noch daran? Niemand.

Kennedy wollte im Endeffekt zeigen, dass Freiheit unteilbar ist. Der amerikanische Präsident hat dafür eine präzise Redestrategie und besondere Methoden der Einflussnahme verfolgt. Diese historische Rede ist ein sehr gutes Beispiel, um zu betonen, dass jede Rede auf drei Darstellungsweisen beruht, wie der Rhetorik-Spezialist Georg Kalivoda gezeigt hat. Zunächst geht es immer um die Sachdarstellung. Jeder Redner äußert sich zu einem spezifischen Sachverhalt, im vorliegenden Fall der Mauerbau im August 1961. Danach kommt die Selbstdarstellung. Jeder Redner will sich profilieren, um den eigenen Standpunkt in besserem Licht erscheinen zu lassen. In Berlin sucht John F. Kennedy sich als Widerstandskämpfer gegen den Kommunismus, als Hüter der Demokratie und als Anführer des Freiheitskampfs zu inszenieren. Und schließlich erfolgt die dritte Darstellungsweise: die Gegnerdarstellung. Bei Letzterer geht es schlicht darum, den Gegner schlechtzumachen. In Berlin wertet Kennedy den Kommunismus aufgrund der negativen Folgen der Mauerbau ab und will die Schlechtigkeit und die Misserfolge des Systems betonen, im Wortlaut: „Die Mauer ist die abscheulichste und stärkste Demonstration für das Versagen des kommunistischen Systems."

Aufwertung und Abwertung sind nicht die einzigen rhetorischen Strategien der Beeinflussung. Die jeweilige Redeabsicht kann mit verschiedenen Zwischenzielen bedient werden: Konsensfindung und Brücken bauen, Gegensätze verschärfen und Kampfansage machen, informieren und vermitteln, angreifen und polarisieren usw. Diese Verfahren können natürlich auch in Mischformen auftreten. Das Wichtigste hier besteht darin, die Strategie der Situation und der Zielgruppe anzupassen. Die richtige Strategie wird erst dann festgelegt, wenn der Redner die betreffende Situation vollständig verstanden und die Erwartungen der jeweiligen Zielgruppe definiert hat. Eine Einflussnahme findet immer in einer konkreten Situation und für ein spezifisches Publikum statt. Es hat keinen Sinn, eine sehr schöne Rede sehr engagiert zu halten, wenn die Adressaten dem Redner nicht zustimmen und sich nicht mobilisieren lassen. Es geht um einen überzeugenden Effekt, nicht um rein stilistische Effekte. Um die Menschen fesseln zu können, muss man ihre politischen und moralischen Ansichten, ihre Grundüberzeugungen und ihre Stimmungsschwankungen berücksichtigen. Es reicht nicht, das Publikum zu kennen, man sollte dessen Beziehungen zur Gesamtsituation verstehen und versuchen zu identifizieren, was es von der Rede erwartet. Ausgehend von der Zielgruppe, unabhängig ob Wählerschaft, Mitarbeiter oder Presse, ist es wichtig, die Rede zu entwerfen und auch vorzufühlen. Wenn man die Welt aus den Augen der Adressaten sieht, kann man sogar den Menschen ins Gewissen reden, wie Roman Herzog mit seiner „Ruck-Rede" in 1997.

Letztere hat in die damalige politische und gesellschaftliche Situation hineingepasst. Der damalige Bundespräsident zeigte beispielhaft, dass es nicht darum geht zu sagen, was die Menschen hören wollen, sondern was die Situation verlangt. Ihm zufolge brauchte eine von Ängsten und Reformblockaden geplagte Gesellschaft dringend eine Schocktherapie. Die Situation verlangt manchmal, dass etwas Unangenehmes gesagt und Staub aufgewirbelt wird. Die Situation und die Öffentlichkeit einzubeziehen, bedeutet aber überhaupt nicht, sich einzuschmeicheln. Herzogs Aufruf wendete sich an alle Teile der Gesellschaft, wie er in einem Interview einige Wochen nach seinem Auftritt erklärte: „Die Stimmung des Sich-Beklagens, die Stimmung des Pessimismus, die in unserem Land umgeht und die natürlich auch von den Medien unterstrichen wird, die wollte ich eigentlich ansprechen, und ich wollte den Bürgern auch klarmachen: Es ist zu einem erheblichen Teil eure Sache, euch mit eurer eigenen Zukunft zu befassen, es ist nicht nur eine Frage an die Politiker." Daran erkennt man auch vielleicht große politische Worte: Sie verleiten zum beherzten Mitdenken und Mitmachen.

Um Ideen zu vermitteln, muss man also vor allem wissen, in welcher gegebenen gesellschaftlichen und politischen Situation diese Ideen sich verbreiten sollen. Das gesprochene bzw. geschriebene Wort kann nur als Führungsinstrument fungieren, wenn der Kontext ganz und gar analysiert und berücksichtigt wird. Die Redeabsicht und die Redestrategien können teilweise aus den Redeanlässen ableitbar sein. Sie sind oft aber mehr das Ergebnis einer eingehenden Analyse. Jeder Redner muss sich fragen, welches Ziel er mit seiner Rede zu diesem Zeitpunkt und vor diesem Publikum verfolgt. John F. Kennedy wusste, dass er ein starkes Signal an die Westberliner schicken musste. Zwei Jahre vorher, in der Nacht vom 12. auf den 13. August 1961, gab Walter Ulbricht, der DDR-Staatsratsvorsitzende, den Befehl zur Errichtung eines „Antifaschistischen Schutzwalls". Als Kennedy das Wort ergriff, waren die Berliner in Ost und West bereits von einer Betonmauer und Stacheldraht voneinander getrennt. Kennedy fühlte diese Wut und diesen Ärger über die Brutalität dieser Spaltung bei den 100.000 Zuhörern. Der Präsident hat sich in ihre Lage versetzt und wollte an ihrer Seite stehen und ihre Moral stärken. Sie dankten es ihm mit großem Jubel.

Der Spin-Doktor weiß, dass eine politische Rede gesellschaftliche Prozesse, Ereignisse und Handlungen reflektieren muss, und zwar immer auf retrospektive und prospektive Weise. Ein Spitzenpolitiker muss immer die Vergangenheit und die Gegenwart interpretieren sowie die Richtung für die Zukunft skizzieren. Man sollte nicht vergessen, dass Kennedy Berlin anlässlich des 15. Jahrestags der Berliner Luftbrücke besuchte. John F. Kennedy am Schöneberger Rathaus will mit den Westberlinern „zusammen selbst aus der Entfernung die Geschichte der letzten 18 Jahre teilen". Am Anfang seiner Rede begrüßt er auch General Lucius D. Clay, „der hier in der Zeit der schwersten Krise tätig war, durch die diese Stadt gegangen ist und der wieder nach Berlin kommen wird, wenn es notwendig werden sollte". Bei jeder Führungspersönlichkeit geht es immer um die Zukunft. Für Kennedy ging es natürlich auch um den ideologischen Wettbewerb mit Moskau auf dem europäischen Kontinent: „Es gibt Leute, die sagen, dem Kommunismus gehöre die Zukunft. Sie sollen nach Berlin kommen", sagte er sarkastisch.

Der Spin-Doktor weiß, dass jede Situation automatisch eine kompetitive Situation ist und sogar, dass jeder Politiker sich in einer permanenten Konkurrenzsituation befindet. Jede Politikeräußerung ist niemals nur eine sachlich-inhaltliche, weil gegnerische Positionen und Standpunkte immer in der Öffentlichkeit präsent und aktiv sind. Der Erfolg einer Rede ist immer abhängig von der Zustimmung oder Ablehnung des Publikums, aber auch von der Unterstützung der eigenen Standpunkte und, wichtiger noch, der eigenen Politik. Man könnte auch sagen, dass der damalige amerikanische Präsident durch seine Rede Ostberlin als Teil der DDR anerkannt hat. Gerhard Jelinek erinnert in seinem Buch „Reden, die die Welt veränderten" daran, dass Kennedy mit seinem Nationalen Sicherheitsberater McGeorge Bundy den Text noch einmal durchging, um „Ecken und Kanten" abzurunden. Kennedy wollte eine Politik der Entspannung, aber das ging nur, indem man sich konziliant zeigte, aber gleichzeitig Stärke bewies. Dieser wichtige Zusammenhang war auch Teil der gesamten politischen Lage, welche die Berliner Rede stark bestimmte. Die Rhetorik ist also wichtig, sie sollte aber nie kontraproduktiv für die gewählte Politik eingesetzt werden.

Zum Publikum passen, die gegebene Situation einbeziehen, die Redeabsicht feststellen und die angepasste Strategie der Beeinflussung definieren: Der Spin-Doktor hat nichts erfunden, er lässt sich bewusst vollständig von der Rhetorik der Antike belehren und inspirieren. Der Vermittlungsberater hat Aristoteles studiert und gelernt, dass „die Rede die Kunst ist, Glauben zu erwecken". Die Rhetorik war und ist die lernbare Kunst der Beredsamkeit, aber vor allem des Redners, es ist seine spezielle und nützliche Fertigkeit, die er ohne Unterlass verfeinern muss, seine Wörter sind wie Waffen, er muss sie also permanent schleifen und scharf halten.

Erlauben Sie mir an dieser Stelle in der Antike zu bleiben, denn die Rhetorik wurde nicht in Athen erfunden, sondern auf Sizilien, wo viele Spezialisten die nachgewiesene Geburtsstätte der Rhetorik sehen. Dort waren Korax und Teisias die ersten sogenannten „Logographen", welche Geld und Karriere gemacht haben mit dem Schreiben von Gerichtsreden. Korax und Teisias begannen für andere Personen zu schreiben wegen der unzähligen Eigentumsprozesse, die der Sturz des Tyrannen Thrasybulos von Syrakus im Jahre 466 v. Chr. provozierte.

Die Geburt der Rhetorik hängt eigentlich ebenso sehr mit dem Anfang der forensischen Rede in Sizilien wie mit der Errichtung der Demokratie zusammen. Sizilien war seinerzeit eine von Griechen besiedelte Insel, eine Art „Amerika der Griechen", wie Professor Dr. Wilfried Stroh in seinem spannenden Buch „Die Macht der Rede" schreibt. In diesem Buch liefert der Professor die genaue Definition der Rhetorik in der Antike: „Nicht etwa die Kunst, Worte verbal zu verschönen, sondern Menschen zu einem bestimmten Handeln bzw. zu bestimmten Ansichten zu überreden." Das Wort war damals wichtig, weil es vor allem ein gesprochenes war und bei vielen gesellschaftlichen Anlässen Gewicht hatte. Es gab damals viele Institutionen, die wichtige Entscheidungen trafen und wo die Rede gefördert wurde wie etwa in Gerichtssälen und natürlich bei Volksversammlungen. Es hatte aber nicht nur mit der Justiz und der Politik zu tun. Die Gewinner der Olympioniken wurden auf dem Marktplatz gefeiert und auch gelobt. Auch Beerdigungen waren soziale Anlässe, bei denen (Grab-)Reden gehalten wurden.

Der Spin-Doktor beherzigt die antiken Regeln der Rhetorik, welche heute noch ihre Schüler lehrt, eine Rede dem Hörer anzupassen und zweckmäßig aufzubauen. Andere Menschen mitzureißen und zu überzeugen: Darum geht es vor allem in der heutigen Politik, um sich durchsetzen zu können. Es ist keine Zusatzkompetenz für den Spin-Doktor, die Beredsamkeit gehört durch und durch zu seiner Schlüsselkompetenz. Es sind für ihn nicht nur Worte, „logos" bedeutet eigentlich das Reden und das Denken zugleich. Die richtigen Worte zu finden bedeutet für den Spin-Doktor, die Standpunkte und die Macht des Dienstherrn zu erhalten oder zu erweitern. Dass die Argumente angenommen und die richtigen Gefühle vermittelt werden, sind Teile der Kunst, aber nicht das Ziel. Was man verkörpern will und das, was hängen bleiben soll, die Kernbotschaft, welchen einen Satz das Publikum sich merken soll: Das sollte der Ausgangspunkt sein.

Was man sagt, ist wichtig, aber nicht wichtiger, als *wie* man es sagt, das war die große Lektion der alten Griechen. Diese Kunst der Beredsamkeit hat seit der Antike nicht an Bedeutung verloren; und die Digitalisierung unserer Öffentlichkeit verleiht ihr einen neuen Glanz. Mit Geschick argumentativ und verbal zu beeindrucken ist aktueller denn je. Empathie ist immer der Schlüssel, um Aufmerksamkeit zu erwecken und einen Dialog zu führen. Auch in der digitalen Öffentlichkeit geht es darum, den relevanten Nutzen für die Zielgruppe zu betonen und zu kommunizieren, was diese davon haben könnte, wenn sie dem Redner bzw. Schreiber zustimmt und folgt.

Die politische Rhetorik-Tradition und die Debattenkultur ist eine spannende Inspirationsquelle für die Wirtschaftsmanager. Heutzutage kann jede Führungskraft durch Medien mit ihrer Zielgruppe und ihren Stakeholdern unmittelbar kommunizieren. Es ist eine Chance, verlangt aber eine angemessene Fähigkeit, die weit über das traditionelle Medientraining geht. Die argumentative Überzeugungskraft ist für Manager keine optionale Kompetenz, um Mitarbeiter, die permanent Motivation brauchen, und um Konsumenten, die ständig Transparenz verlangen, zu begeistern. Das Gute daran: Die Manager können diesen mächtigen Faktor selbst und aktiv beeinflussen, indem sie die Kunst der Worte und der Argumentation immer weiter verfeinern.

Die Amerikaner sagen gerne, dass jede Führungskraft unbedingt „Walk the talk" beherrschen sollte. Ja, es ist unbedingt notwendig, das zu praktizieren, was man predigt und, dass jede Führungskraft als Vorbild agieren sollte. Mit Blick auf die Digitalisierung der Wirtschaft und des Marketings kommt es gerade für die sogenannten Millennials vor allem auf die Umsetzung an. „Walk the talk" ist also eine sehr gute Maxime. Man könnte jedoch hinzufügen, dass jede Führungskraft auch unbedingt „Talk the Walk" berücksichtigen sollte. Die Führungskraft muss Taten auf Worte folgen lassen, aber Taten sind ohne präzise, mobilisierende und fortlaufende Worte nicht möglich.

Manager sollten langsam die Worte „Zielgruppe" und „Konsumenten" beiseitelegen und sich lieber mit dem Begriff „Öffentlichkeit" bzw. „Publikum" vertraut machen. Dieser Punkt ist nicht zu unterschätzen, ganz nach dem Prinzip, dass jede Führungskraft auch eine neue

Funktion als interner und externer Community Manager übernehmen sollte. Es ist kein tägliches Handeln ohne tägliche Mobilisierung mehr denkbar. Der in der vernetzten Gesellschaft agierende Entscheider sollte als der Spitzenredner gegenüber seinen verschiedenen Adressaten fungieren und auftreten können. Ein Manager, der seine eigenen Teams nicht begeistern und mitnehmen kann, ist fehl am Platz. Ein Wirtschaftsboss, der nicht intensiv an den Diskussionen der Online-Gemeinschaft seiner Branche teilnimmt, ist keine stille Führungskraft, sondern eine schlechte.

c. Verdichtung und Auslassung

Es gab in der Antike keine Zeitknappheit und keine Informationsflut, die Wörter wurden direkt vor den Zuhörern zu speziellen Gelegenheiten gesprochen. Eigentlich wurde für die Reden sogar die Agora geschaffen. Man verfügte also über Zeit und Raum, um komplexe Sachverhalte präsentieren und ausführen zu können. Die alten Griechen wussten jedoch, dass von einer großen und eindrucksvollen Ansprache oft nur eine Redewendung bleiben konnte und oft sogar auch sollte. Diese Lehrmeinung haben die Spin-Doktoren übernommen, was keine große Überraschung darstellt, da sie die modernen Schöpfer von griffigen Begriffen sind.

Leider sind für den Spin-Doktor und den leidenschaftlichen Redenschreiber, der in ihm schlummert, lange und mitreißende Reden die Ausnahme im Alltagsgeschäft der Politik. Sein Dienstherr braucht vor allem prägnante Aussagen für ein erfolgreiches Rededuell oder kluge Antworten im Pingpongspiel eines Interviews. Das entscheidende Format der politischen Auseinandersetzung ist in der Tat die Talkshow geworden. Journalisten suchen kleine Auftritte mit Originalton und kurze Statements für die Hauptnachrichtensendungen. Der Spin-Doktor muss sich auf eine mediengerechte Formulierung von prägnanten politischen Botschaften konzentrieren, die möglichst genau zu merken und — das Wichtigste — zu kontrollieren sind. Der Spin-Doktor hat keine andere Wahl: Er muss die Darstellungslogik der Massenmedien ausnutzen, wenn er eine Chance im Kampf um die Deutungshoheit und Themenbesetzung haben will. Redegewandtheit und Schlagfertigkeit sind von größter Bedeutung, man muss auf alles vorbereitet sein und immer eine passende und situationsgerechte Antwort haben. Die öffentliche Diskussion zu lenken und wenn möglich zu steuern, ist alles andere als einfach.

Man muss viel schneller auf Behauptungen und Attacken von Kontrahenten antworten können, da diese eine sofortige Reaktion erforderlich machen. Widerlegungen von und Entgegnungen auf Aussagen müssen auf der Stelle an die Öffentlichkeit gebracht werden. Man muss immer schneller reagieren und das mit immer weniger Worten. Amerikanische Forscher haben gezeigt, dass die durchschnittliche Länge der Originaltöne eines Politikers während eines Wahlkampfs in den TV-Hauptnachrichtensendungen in den vergangenen Jahrzehnten von über vierzig auf unter neun Sekunden gesunken ist. Man kann diese Ergebnisse auf Europa und auf die TV-Wahlberichterstattung auf jeden Fall tendenziell übertragen. Der Politiker kann meistens nur in Slogans sprechen und nicht immer gründliche Erklärungen liefern, was manchmal für die Qualität der demokratischen Willensbildung nicht unproblematisch ist. Komplexe Lösungsvorschläge lassen sich nur schwer in griffige Formeln reinpressen. Es funktioniert aber so: Es geht um Effekte, und man muss seine Argumente geschickt platzieren können, ohne die Streitfrage in seiner ganzen Differenziertheit präsentieren zu müssen.

Die existierenden Medienformate verlangen schnelle Antworten und die Vermeidung von Kompliziertheit. Es darf einem Spin-Doktor nicht passieren, dass ihm die passenden Worte für eine angemessene Antwort nicht einfallen. Der Spin-Doktor ist ein Speed-Doktor, der rasch und beweglich mit einer treffenden und entwaffnenden Antwort eine unangenehme Situation entspannen und den Standpunkt seines Dienstherrn verteidigen und illustrieren kann. In unserer durch soziale Medien stark geprägten Gesellschaft ist der „Shitstorm" nicht die einzige Gefahr, es drohen auch die perfiden Bemerkungen oder die „blöden Sprüche" einiger Störer (die berüchtigten „Trolls"), die innerhalb von Minuten tausendfach verteilt werden können. Eine konsequente Verweigerungshaltung ist in solchen Situationen oft das Beste („Don't feed the Trolls", wie man sagt), aber Grenzüberschreitungen verlangen manchmal doch eine Antwort. Diese muss nicht immer knackig und gepfeffert sein, sie kann manchmal auch sanft sein. Sanft oder hart, die Hauptsache ist, dass die Antwort kurz und schnell erfolgt und eine Diskussion ermöglicht.

Die Freude des Spin-Doktors am Gedankenspiel und seine Liebe zum Spiel mit Worten sind hierbei ein entscheidender Vorteil. In der Politik werden Pluspunkte nicht nur durch Argumente, sondern auch durch rhetorische Versiertheit und mit Pointen gesammelt. Der Spin-Doktor hat von legendären Spitzenpolitikern gelernt, zum Beispiel von dem ehemaligen Bundeskanzler Konrad Adenauer, der etwa bei Verhandlungen mit einem kirchlichen Würdenträger in einen Disput kam. Der Kirchenmann meinte: „Dazu können wir aber nicht ja sagen." Darauf erwiderte Adenauer: „Meines Erachtens hat die Kirche weder ja noch nein zu sagen, sondern ausschließlich Amen." Ein weiteres Beispiel stellt Winston Churchill dar. Der britische Premier bekam von einer gewissen Lady Astor die folgende Bemerkung: „Wenn ich Ihre Frau wäre, würde ich Ihnen Gift geben!" Churchill konterte: „Wenn ich Ihr Mann wäre, würde ich es nehmen." Nicht zu übertreffen.

Politische Worte sind von Natur aus zielgerichtete Worte. Der Spin-Doktor liebt die Kunst der Beredsamkeit, er hält aber nicht viel von der Kunst um der Kunst willen. Der Spin-Doktor schreibt nicht Reden und Texte, um einen Literaturpreis zu gewinnen, sondern damit diese im Gedächtnis bleiben. Rhetorische Kunstgriffe sind für ihn und seine Aufgabe nicht so wichtig wie Schlüsselbegriffe, die sich im Kopf des Zuhörers bzw. Lesers festsetzen. Das Wesentliche für ihn bei einer Rede ist nämlich immer die Wirkung, und dies heißt vor allem die Mobilisierungswirkung. Unter diesem Gesichtspunkt ist seine ganze Aufmerksamkeit auf einen Moment von zentraler Bedeutung gerichtet: die Minute nach der Rede. Er schreibt nur, damit die Rede wirkt, nachdem der letzte Satz ausgesprochen wurde, nur damit die Worte des Politikers im Gedächtnis haften bleiben und ihren Effekt entfalten. Was sollen die Zuhörer/Leser mitnehmen? Welche Meinungen sollen gefestigt und welche Handlungen sollen initiiert werden? Die Antwort auf diese Kernfragen heißt: die Kernbotschaft. Eine Rede enthält höchstens zwei oder drei Kernbotschaften, mehr nicht.

Alle Aussagen der Rede bzw. des Textes müssen eigentlich immer auf die Kernbotschaften bezogen sein. Der Spin-Doktor bearbeitet die Reden und die Texte so, dass sie am Ende stichwortartig sind. Am besten ist es, wenn die Rede einen Slogan hat, der im Kopf bleibt wie Willy Brandts „Mehr Demokratie wagen" oder Martin Luther Kings „I have a Dream". Jeder Politiker ist ständig bemüht, seine Schlüsselbegriffe zu prägen und so zu besetzen, dass sie idealerweise die öffentliche Debatte bestimmen. Die Spin-Doktoren produzieren zu diesem Zweck die sogenannten „Soundbites", also kurze und griffige Schlüsselwörter bzw. Aussagen. Diese Soundbites erfüllen eine doppelte Funktion: Sie müssen von den Medien zitiert werden und sollen sich den menschen einprägen. Ein Soundbite ist tatsächlich Griffigkeit pur, die durch die Konzentration auf das Wesentliche und die Reduktion des Inhalts auf einen einfachen Satz entsteht (siehe Abbildung 7, S. 184).

Die moderne Politikwissenschaft hat festgestellt, dass das Publikum sehr schnell den Fokus verliert sowie nur eine kleine Anzahl von Informationen verarbeiten und sich merken kann. Es stimmt auch, dass banale Aussagen automatisch in Vergessenheit zu geraten drohen. Ein Soundbite muss also ein medienfähiger und aufmerksamkeitsstarker Ausdruck sein, aber auch einen kondensierten Sinn bieten. Ein Soundbite ist das „kleinste mögliche Ganze" und ein Satz „in Sinn getaucht",

Anatomie eines Soundbites

Wir sind im Jahr 1990, und der erste gesamtdeutsche Bundestagswahlkampf tobt. Die ganze politische Diskussion dreht sich logischerweise um die Frage der Wiedervereinigung. Die Grünen versuchten jedoch, die Aufmerksamkeit auf ihre Themen zu lenken. Mit einem Slogan:

> „Alle reden von Deutschland. Wir reden vom Wetter."

①	**Kontrast:** Durch die polarisierende symmetrische Gegenüberstellung von „Alle" und „Wir". Beim Soundbite geht es immer um die Inszenierung und die Dramatisierung der gegenseitigen Positionen.
②	**Einverständnis:** Durch die kreative Kombination einer bekannten Redewendung und des Slogans der Werbekampagne der Deutschen Bundesbahn aus dem Jahr 1966 („Alle reden vom Wetter. Wir nicht.").
③	**Vereinfachung:** Durch eine sogenannte Metonymie, durch ein einziges Wort (das „Wetter") gelingt es den Grünen, ihre Themenschwerpunkte zu präsentieren (Saurer Regen, Ozonloch, Smog...).
④	**Neugier:** Durch ein Paradoxon („Alle reden doch von Wetter, oder?") erregt dieser Soundbite Aufmerksamkeit. Er ist nicht nur lustig, sondern macht vor allem Lust, mehr zu erfahren.

Abbildung 7

um Robert Musil (1880 – 1942) und den israelischen Aphoristiker Elazar Benyoëtz zu paraphrasieren. Soundbites sind sachdienliche und mobilisierende Komprimierungen. Sie können komplexe Argumente auf den Punkt bringen und die Kernpositionierung einer Partei bzw. eines Politikers betonen und stärken. Ein gutes Beispiel dafür ist der Kommentar von Sigmar Gabriel unmittelbar nach der Unterschrift des Koalitionsvertrags: „Die große Koalition hat einen Koalitionsvertrag für die kleinen Leute geschrieben." Mit diesem Satz hat der SPD-Chef und Vize-Kanzler nicht nur einen sehr schönen Soundbite geschrieben, sondern er hat auch betont, dass der Koalitionsvertrag — mit Mindestlohn, gleichgeschlechtlichen Partnerschaften, Rente und doppelter Staatsbürgerschaft — die deutliche Handschrift seiner Partei trägt. Sieg durch Spin. Eindeutig.

Sigmar Gabriel hat dabei eine traditionelle und besonders effektive rhetorische Figur eingesetzt, nämlich das Antitheton, sprich den Gegensatz (im vorliegenden Fall, „große Koalition" / „kleine Leute"). Bei dieser Figur geht es darum, eine pointierte Gegenüberstellung entgegengesetzter Aussagen, Gedanken oder Merkmale zu bilden, ohne einen Widerspruch zu schaffen. Das Kontrastieren von Standpunkten und Positionierungen wird aber sehr oft eingesetzt, wie im Slogan der CDU im Bundestagswahl 1957: „Keine Experimente." Damit konnte die CDU/CSU ihre Erfahrung an der Macht betonen und die SPD als Unsicherheitsfaktor in Zeiten des Kalten Krieges bezeichnen. Damit hat die CDU/CSU die absolute Mehrheit (50,2 Prozent) und Konrad Adenauer den Zenit seiner Karriere erreicht. Viele Jahre später formulierte die SPD im Bundestagswahlkampf 2005 ein effektives Soundbite, das auf die von der Union angekündigte Mehrwertsteuererhöhung abzielt: die „Merkelsteuer". Die SPD will die von der Union geplante Steuererhöhung von 16 auf 18 Prozent als Wahlkampfmotiv inszenieren. Der Slogan lautet: „Merkelsteuer, das wird teuer." In seinem schon zitierten Buch „Höllenritt Wahlkampf" erklärt der Wahlkampfstratege Frank Stauss: „Schlüsselreime sind nicht die höchste Stufe der Kreativität. Aber sie bleiben schnell und lange im Hirn hängen." Absolut, eine gebundene und rhythmisierte Sprache sorgen für eine deutlich bessere Einprägung von Botschaften durch den Rezipienten. Soundbites klingen ganz oft melodisch, obwohl sie meistens schrill in den Ohren der Zielperson klingen. Spiegel Online findet die Information berichtenswert und will sogar die Exklusivität. Geschafft: Die zwei Voraussetzungen — Medientauglichkeit und Einprägsamkeit — wurden erreicht. Mit diesem Schachzug hat die SPD den Namen der gegnerischen Kanzlerkandidatin für den Rest des Wahlkampfs negativ geladen und wahrscheinlich ein Wahlergebnis erzielt, das zu einem Platz in der Großen Koalition führte. Übrigens stimmten die Sozialdemokraten schließlich in der großen Koalition doch noch für eine Mehrwertsteuererhöhung. Um drei Prozentpunkte. Auf stolze 19 Prozent.

Eine Bezeichnung beziehungsweise Namensgebung ist der Deutungsrahmen schlechthin. Das hat Uber perfekt verstanden. Das im Jahr 2009 gegründete Start-up aus San Francisco bietet Alternativen für Taxis. Die etablierten Taxi-Unternehmen leisten eine massive Gegenwehr und legen dem Unternehmen ständig Steine in den Weg. Uber will Kunden und Gesetzgeber gleichermaßen miteinbinden, um sich gegen diesen Widerstand durchzusetzen. Dafür hat Uber einen ganz einfachen, aber effektiven Soundbite eingesetzt: das „Kartell der Taxi-Industrie". Das Wort ist definitiv feindlich. Kartell riecht nach alten Seilschaften, antimodernen Verwaltungshemmnissen und natürlich nach Mafia und Medellin. Uber betreibt keine Kommunikationsstrategie, sondern Spin-Doctoring. Als kleine Anekdote sei noch erwähnt, dass Uber Mitte 2014 David Plouffe eingestellt hat. David wer? David Plouffe, einen der besten Kampagnenmanager der USA, den Wahlkampfstrategen von Barack Obama.

Und in diesem Zusammenhang ist es unmöglich, diese drei kleine Wörter Obamas nicht zu zitieren: „Yes, we can." Der Slogan seiner damaligen Kontrahentin, Hillary Clinton, lautete im Vorwahlkampf im Jahr 2008: „Solutions for America." Hinter jedem Slogan muss man immer die taktische Komponente der Profilierung erkennen. Die ehemalige First-Lady versuchte damals, mit folgendem klaren Deutungsrahmen die Wähler zu beeinflussen: Sie steht für Erfahrung und Expertise. Und dies bedeutet auf der anderen Seite: Obama ist unbekannt und kein Teil des Establishments. Das Problem dieses „Lösungsansatzes" war aber, dass die Mehrheit der Amerikaner damals dringend einen Nicht-Politiker suchte, jemanden also, der gerade nicht aus dem verachteten Establishment kam.

Gelungene Soundbites können aufrütteln, kontrastreich sein und eine Mobilisierungswirkung entfalten. Deshalb sind sie im Endeffekt ganz oft emotionsgeladene „Feindwörter" oder „Fahnenwörter". Diese Wörter sind ein sprachlicher Ausdruck mit hoher Symbolkraft, der identitätsstiftend wirkt. „Achse des Bösen" oder „Ungläubige" sind bekannte Beispiele für Feindworte. Ein gutes Beispiel für ein Fahnenwort ist der Ausdruck „Friedenskanzler", um Willy Brandt und sein Engagement für die Aussöhnung mit dem östlichen Nachbarn Deutschlands zu beschreiben. Gerhard Schröder hat dieses Fahnenwort im Jahr 2003 für sich wieder entdeckt. Seither ist der ehemalige Kanzler zum sogenannten „Russlandversteher" geworden, was als Feindwort oder Fahnenwort zugleich interpretiert werden kann. Damit erhalten normale Begriffe wie „Versteher", „Flughafen" oder „Philharmonie" plötzlich politische Brisanz, da in bestimmten Zusammenhängen eine zusätzliche Wertung erhalten ist.

Viele Fahnenwörter beinhalten Werte wie Freiheit oder Stärke. Einige sind konkreter, beziehen sich auf eine bestimmte Zielsetzung und fordern zu dessen Umsetzung auf: „Agenda 2010" oder „Change we can believe in". In der Wirtschaft ist das nicht anders. Die Klitschko Management Group hat zum Beispiel ein Soundbite entwickelt, um seine strategische Neuausrichtung zu charakterisieren. Das klare Ziel lautet: „Karriere nach der Karriere." Damit ist die unternehmerische Karriere nach der Boxkarriere des Weltmeisters gemeint. Der promovierte Sportwissenschaftler will seine Expertise in der Trainings-, Ernährungs- und Motivationspsychologie nutzen und mit seinen Fans teilen. „Karriere nach der Karriere" soll bedeuten, dass die Marke „Klitschko" schon die Zukunft plant und sich dafür entschieden hat, den Begriff Erfolg weiter zu besetzen.

Wie man sieht, beruht ein Soundbite auf der Kunst der Verdichtung. Ein Soundbite klingt einfach, und so sollte es auch sein. Es geht darum, die richtige Zielsetzung für ein gelungenes Soundbite zu erkennen: Prägnant, glaubwürdig und auch überraschend, um Aufmerksamkeit und Sympathie zu wecken. Und vor allem kurz und einfach. Mit einem einfachen und verständlichen Sprachstil kann der Spin-Doktor bzw. der Redenschreiber das Publikum erreichen, und dieses hat die Chance, die Kernbotschaft zu verstehen. Deshalb sollte er um jeden Preis unverständliche Schachtelsätze mit unzähligen Nebensätzen vermeiden und kurze Sätze bevorzugen. Der ehemalige Kanzler Helmut Schmidt würde sagen: „Weg mit dem „Quallenfett!" Komplizierte Formulierungen und alles, was den Sinn verschleiern könnte, sollte auch über Bord gehen, wenn man einfache wie starke Gedanken kommunizieren und breite wie volle Zustimmung erzielen will. „In die Kürze liegt die Würze", heißt es. Der amerikanische Präsident Eisenhower (1890 – 1969) hat diese Redewendung für den politischen Alltag übersetzt: „Was nicht auf einer einzigen Manuskriptseite zusammengefasst werden kann, ist weder durchdacht noch entscheidungsreif." Es muss vor allem sofort verständlich und einfach sein. Damit wird die Einfachheit zur Würze in der Kürze.

Einfachheit ist, wie der Dichter Friedrich Schiller (1788 – 1805) sagt, das Ergebnis von Reife. Das Ergebnis von Reife und vor allem von Auslassung. Carl von Clausewitz bezeichnete die Strategie als Kunst des Weglassens. Das Wichtigste bei jedem Soundbite ist definitiv zu entscheiden, was man nicht behalten sollte. Um eines zu formulieren, muss man aus einer Vielzahl von Fakten und Faktoren bestimmte Elemente und Eindrücke auswählen und andere ausblenden. Man kann immer nur einen kleinen Teil aller Botschaften in die Formulierung einbringen. Es ist der ganze Sinn des Soundbites, hinter der provokanten Formulierung steckt die zweite Ebene der zweckmäßigen Wirkung. Es ist auch die große Herausforderung bei dieser Herangehensweise: Komplexe Inhalte plakativ zu komprimieren, um große wirkungsreiche Betroffenheit auszulösen. Es ist genau diese Alchemie, welche die Qualität des Soundbites ausmacht.

Soundbite. Das englische Wort erscheint sehr geeignet und erinnert uns, dass das Ziel darin besteht, die Kernbotschaft zum Klingen zu bringen. Es geht darum, eine Aussage in den Köpfen der Adressaten, seien es Mitarbeiter oder Kunden, zu verankern und eine Mobilisierungswirkung zu schaffen. Ein gelungenes Soundbite verlangt die Fähigkeit, komplizierte Sachverhalte einfach zu formulieren. Die neuen Verbraucher dulden keine Zeitverschwendungen, weil sie den Wert ihrer Aufmerksamkeit entdeckt haben. Ihre Wahlfreiheit, welches Medium und welche Inhalte sie (zum Teil parallel) konsumieren, hat sich aufgrund des riesigen digitalen Angebots immens erhöht. Nichts wird sie dazu bringen, freiwillig diese neue Freiheit aufzugeben.

In Zeiten der extremen Tempobeschleunigung, der permanenten Beobachtung und der exponentiellen Vernetzung der Gesellschaft ist die zentrale Fähigkeit jedes Spitzenpolitikers, zitierfähige und medientaugliche Kernaussagen zu schaffen. Auch die Wirtschaft geht inzwischen seit einigen Jahren mit den Schockwellen der Digitalisierung, sprich mit der Demokratisierung des Marketings, um, und hat dabei gute wie schlechte Erfahrungen verbucht. Die neue digitale Realität besteht aus Bits und Bytes sowie Soundbites. Es herrscht ein ununterbrochener Wettstreit der Worte, der die Wirtschaft in ein Wort- und Schauspiel verwandelt hat. Mit ernsten Konsequenzen. Die digitalen Konsumenten und Bürger — also Sie liebe Leser — können nicht nur mitreden, sie können auch mitkommentieren und mitveröffentlichen. Sie müssen mitspielen. Vergessen Sie aber nicht Ihren Spin und Ihre Soundbites. Diese sind Ihre besten Trümpfe.

Soundbites
„Macht, Worte und Wortschmiede"

> Viele können sprechen, aber nicht unbedingt reden.

> Politik ist zu einem großen Teil das Reden über Sachen mit Menschen.

> Politik ist eigentlich nichts anderes als der Kampf um Begriffsdefinition und Deutungshoheit.

> Ein guter Redner schafft eine Gemeinschaft, die zu Handlungen fähig wird.

> Die ganze Aufmerksamkeit muss auf einen Moment von zentraler Bedeutung gerichtet sein: die Minute nach der Rede.

> Große politische Worte verleiten zum beherzten Mitdenken und Mitmachen. Das gesprochene bzw. geschriebene Wort kann nur als Führungsinstrument fungieren, wenn der Kontext des Textes ganz und gar analysiert und mitgedacht wird.

> „Talk the Walk": Die Führungskraft muss Taten auf Worte folgen lassen, aber keine Taten sind ohne präzise, mobilisierende und fortlaufende Worte mehr möglich.

> Jeder Manager sollte eine neue Funktion als interner und externer Community Manager übernehmen.

> Der Spin-Doktor bearbeitet die Reden und die Texte so, dass sie am Ende stichwortartig sind.

> Soundbites klingen ganz oft melodisch, obwohl sie meistens schrill in den Ohren der Zielperson klingen.

> Einfachheit ist das Ergebnis von Reife und vor allem von Auslassung.

> Die neue digitale Realität besteht aus Bits und Bytes sowie Soundbites.

> Es herrscht ein ununterbrochener Wettstreit der Worte, der die Wirtschaft in ein Wort- und Schauspiel verwandelt hat.

2. Argumentation und Wirkungsmacht des Wortes

„Sprich, damit ich dich sehe."
Sokrates

Bereits als Kinder haben wir eine furchtbare Angst davor: das Sprechen in der Öffentlichkeit. Die kleinen pummeligen Hände sind ganz oft feucht. Es gibt nur wenige Menschen, denen die wahre Kunst des Sprechens in die Wiege gelegt worden ist. Diese Phobie entwickelt sich weiter in unserem Leben. Das Rampenlicht ist meistens nur die kleine Lampe im Büro des Abteilungschefs oder die Halogenlampen des Tagungsraums. Es spielt dabei aber keine Rolle. Die Angst ist da. Der Redner oder die Rednerin tut sich immer schwer, ins Rampenlicht zu treten, weil der Gefahr, sich zu blamieren oder in ein Fettnäpfchen zu treten, immer droht.

Die Angst vor dem Sprechen ist in der Tat die Angst vor dem Versagen. Und wir wissen alle, dass diese Angst vor öffentlichen Reden am schwierigsten zu überwinden ist. Unabhängig davon, was man tut oder wie viele Rhetorik-Seminare man besucht hat, es ist nie einfach, sich den Blicken seiner Zuhörer auszusetzen. Man fühlt sich wie auf dem Präsentierteller, fast nackt. Und es wird nicht einfacher, da unser neuer Arbeitsstil immer größeren Wert auf persönliche Kommunikation legt, etwa im Team, gegenüber Kunden oder in Vorträgen.

Die Perspektive, vor einem Publikum auftreten zu müssen, ist der Stressfaktor schlechthin. Dies liegt daran, dass man dabei viel mehr als nur „sprechen" muss. Die geeignete Wortwahl und der richtige Satzbau genügen nicht. Dabei zählen auch die Mimik, die Gestik und nicht zuletzt die Fähigkeit, sein Publikum zu fesseln und für sich zu gewinnen. Darum geht es bei der Sache mit den öffentlichen Reden: In alltäglichen Situationen jeder Art, zu Hause oder im Büro, wollen wir nicht nur etwas sagen, sondern auch und vor allem etwas beweisen und, bedeutsamer noch, von etwas überzeugen oder eine Forderung untermauern. Das Eingangszitat von Sokrates deutet es an: Wir zeigen und setzen uns aus, wenn wir sprechen. Wir müssen vortreten, und man erwartet von uns einen fundierten Gedankengang. Vor dem Publikum wird man an seiner Fähigkeit bewertet, Aussagen argumentativ und somit glaubwürdig zu begründen.

Das Schwierigste — und das Spannendste zugleich — liegt darin, dass man nie wirklich vorhersagen kann, wie das gesprochene Wort bei den Zuhörern ankommen wird. Es sind so viele Faktoren am Werk, es gibt so viele Variablen, die einkalkuliert werden müssen: Der Sachverhalt selbst, welcher ganz oft eine Streitfrage darstellt, die Emotionen des Publikums und dessen Erwartungen und manchmal auch die Aussagen eines Mitbewerbers, der das Publikum vielleicht sogar schon überzeugt hat. Das einzige Gegenmittel gegen das Lampenfieber ist die gewissenhafte Vorbereitung mit einer schlüssigen Beweisführung und einem gut strukturiertem Redeaufbau. Trotzdem wird man immer noch eine leichte Nervosität vor dem Auftritt verspüren. Und dies ist in Ordnung, es ist keine Angst. Es ist Aufregung. Es ist ein positiver Stress, der die Leistung gewaltig steigern kann.

Der Spin-Doktor weiß, wie man eine wirkungsvolle Rede vorbereitet, strukturiert und schreibt. Natürlich kommt es zuallererst auf eine saubere Argumentation an, aber nicht nur. In diesem letzten Kapitel möchte ich erklären, inwiefern die Kunst der Rede einige Grundregeln verlangt, die es zu kennen und zu beachten gilt. Der Redeaufbau und die Argumentation folgen seit der Antike einigen Prinzipien, die man stets im Kopf behalten sollte (a. „Redeaufbau und Argumentationskette"). Rationale Argumente reichen leider selten aus, man sollte unbedingt geeignete rhetorische Mittel einsetzen (b. „Herz schlägt Kopf"). Substanz und dosierte Emotionen sind also keine Gegensätze, sondern enge Verbündete. Und manchmal braucht man argumentative Tricks, wenn der Gesprächspartner bzw. Mitbewerber unfaire rhetorische Mitteln einsetzt (c. „Das Recht des Schlausten").

a. Redeaufbau und Argumentationskette

Das berufliche Leben ist ein lange Reihe von Gesprächen: Bewerbungsgespräche, jährliche Zielvereinbarungen, Kundenmeetings, Gehaltsverhandlungen und irgendwann vielleicht sogar Diskussion über die Vergebung von Gesellschafteranteilen. Es handelt sich dabei um keine großen Redeanlässe, und die Gesprächspartner sind meist wenige Personen. Sich in diesen Situationen allerdings ausschließlich von seinen Wünschen leiten zu lassen und unvorbereitet aufzutreten, wäre zum großen Teil naiv und völlig unverantwortlich. Ein Wunsch ist zunächst kein Argument. Es lohnt sich, die Rede bzw. das Gespräch gut vorzubereiten, damit der Redner die Chance nicht verpasst, seine Fähigkeiten und sogar seine Führungsqualitäten ins beste Licht zu rücken sowie sein Gegenüber von seinen Zielen und Forderungen zu überzeugen.

Man braucht dafür genauso wie bei einer politischen Rede eine klare Kenntnis des Redeziels und eine klare Definition der Kernbotschaft, eine präzise Redestrategie und gute Soundbites. Man braucht auch eine logisch nachvollziehbare und überzeugende Struktur und eine passende Argumentation, um die verschiedenen Elemente zusammenzuführen und zu präsentieren. Wenn nicht gerade der Wahlkampf tobt, schreibt ein Spin-Doktor selten große Reden. Meistens schreibt er Berichte, Notizen und Beiträge für kurze Redeanlässe, Zeitungsinterviews oder TV- bzw. Radio-Auftritte seines Chefs. Jedes dieser schriftlichen Produkte folgt aber einer wohlüberlegten Darlegung seiner Begründungen und beinhaltet Beispiele für die Standpunkte, die der Dienstherr vertreten und verteidigt sehen möchte. Diese Methode soll nun auf den nächsten Seiten in der Hoffnung erläutert werden, dass der ein oder andere Leser einige nützliche Hinweise für sein nächstes Gespräch mitnehmen kann.

Lassen Sie uns am Anfang beginnen und uns mit den Grundlagen beschäftigen. So banal es klingen mag, das gesprochene Wort kann nur als Führungsinstrument bzw. Verhandlungsinstrument dienen, wenn der Gesprächspartner nicht bei den ersten Sätzen einschläft. Die Gunst des Publikums ist äußerst labil. Es kommt nicht von ungefähr, dass in der antiken Rhetorik die Einleitung bzw. deren Formulierung als das Herzstück des Redeschreibens betrachtet und konsequenterweise sorgfältig bearbeitet wurde. Das „captatio benevolentiae", sprich das „Erlangen des Wohlwollens", ist von zentraler Bedeutung, weil nur so das Publikum aufmerksam und vor allem aufnahmefähig gemacht werden kann.

Der Beginn ist zweifelsohne der wichtigste Teil der ganzen Rede. Wenn der Einstieg nicht gelingt, dann droht, dass das Publikum sich gedanklich verabschiedet. Und es gibt nichts Schlimmeres als ein Redner, der sich in einen Friedhofsverwalter verwandelt: Eine Menge Leute sind anwesend, aber keiner hört zu. Bei schlechten Redeeröffnungen verschließen die Zuhörer verständlicherweise die Ohren. Für den ersten Eindruck gibt es keine zweite Chance. Vom ersten Satz hängt also viel ab: ob das Publikum den Redner sympathisch findet, ob es ihm seine Zeit schenken will. Ein gelungener Einstieg ermöglicht es dem Redner, einen guten Draht zum Publikum zu finden und ein gutes Verhältnis zu ihm herzustellen.

Es existieren viele Möglichkeiten einen guten Redeanfang zu gestalten. Und es ist aber nie einfach, tatsächlich aufzustehen und das Wort zu ergreifen. Es gibt so viele Banalitäten, so viele spröde Floskeln, die einschläfernd wirken. Einige Redenschreiber raten dazu, auf förmliche Begrüßungsrituale zu verzichten. Dies ist in der Politik schwer vorstellbar und kaum umsetzbar. Natürlich kann man leider nicht mehr wie Mark Anton vor dem Leichnam von Julius Cäsar mit den bekannten Worten anfangen: „Mitbürger! Freunde! Römer! Hört mich an!" Aber es ist nie eine schlechte Idee, die Leute mit ein paar persönlichen Worten zu begrüßen und/oder den Ort, an dem die Rede gehalten wird, zu loben. In der Politik fängt es fast immer wie bei einer Rede von Sigmar Gabriel auf einem Parteitag an: „Liebe Genossinnen und Genossen, liebe Freundinnen und Freunde, liebe Gäste! Lasst mich am Anfang auch auf dem Bundesparteitag noch einige Gäste begrüßen..." In der Politik zählt jedes Wort, besonders wenn es dabei um die Namen einflussreicher lokaler Politiker geht, die auf dem nächsten Parteikongress viele Stimmen mitbringen könnten. Ein nettes Wort sorgt aber auch immer für eine entspannte Redeatmosphäre. Sigmar Gabriel dachte nicht an den zukünftigen Parteikongress beim Festakt „150 Jahre SPD" in Leipzig im Jahr 2013, sondern an die Geschichte seiner Partei und an alle Mitglieder. So lautete damals sein Redeanfang: „150 Jahre gibt es die Sozialdemokratie nun: So viel Beständigkeit in der wechselvollen deutschen Geschichte ist erstaunlich und beispiellos. Es ist vor allem eine einzigartige politische Leistung vieler Millionen Mitglieder und Anhänger der SPD." Dabei bleibt Sigmar Gabriel schlicht und sachlich, aber auch menschlich. Es gelingt ihm, einen geeigneten Einstieg zu finden und eine dem Anlass angemessene Rede zu halten.

Einige Redner bringen es mit dem ersten Satz sogar fertig, auf einen einzigen Schlag das gesamte Publikum zu packen und zu interessieren. Am 18. März 2012 fing der ehemaliger Pastor Joachim Gauck seine erste Ansprache als Bundespräsident mit folgendem Satz an: „Was für ein schöner Sonntag." Und er fuhr fort: „Es war der 18. März, heute vor genau 22 Jahren, und wir hatten gewählt. Wir, das waren Millionen Ostdeutsche, die nach 56-jähriger Herrschaft von Diktatoren endlich Bürger sein durften. Zum ersten Mal in meinem Leben, im Alter von 50 Jahren, durfte ich in freier, gleicher und geheimer Wahl bestimmen, wer künftig regieren solle." Mit einem Satz hat damals der Bundespräsident das Publikum in die Vergangenheit katapultiert und zugleich seinen persönlichen Werdegang mit der Geschichte des Landes verbunden. Beeindruckend und bewegend.

Es ist immer ratsam, mit einer Lebensgeschichte anzufangen. So zum Beispiel: „Seien wir doch mal ehrlich. Wer hätte mit meiner Anwesenheit heute auf dieser Bühne gerechnet? Mein Vater war ein Auslandsstudent, geboren und aufgewachsen ist er in einem kleinen Dorf in Kenia. Er wuchs als Ziegenhirte auf und ging auf die Schule in einer Wellblechhütte." Sie haben ihn erkannt, es ist Barack Obama auf dem Parteikongress der Demokratischen Partei in Boston am 27. Juli 2004. Er ist noch nicht Senator von Illinois, aber schon ein sehr eloquenter Redner. Mit dieser Rede katapultierte sich der Lokalpolitiker selbst in die erste Reihe der amerikanischen Geschichte.

Um den Beginn zu verstärken, könnte man natürlich auch eine Schockstrategie einsetzen und Angst unter den Anwesenden schüren. Die ersten Worte des amerikanischen Außenministers George Marshall an der Harvard University am 5. Juni 1947 sind ein gutes Beispiel dafür: „Meine Herren, ich muss Ihnen nicht erklären, dass die Weltlage sehr ernst ist." Damit war die Aufmerksamkeit sofort da. Es ist eine Möglichkeit, besonders wenn man einen Transformationsprozess vorschlagen muss. Zu Beginn des Buches hatte ich aufgezeigt, wie wichtig es für jede Führungskraft ist, die Lage genau zu definieren, um die Mobilisierungskraft des Leitbilds entfalten zu können. Die Hauptsache ist, dass man seine Rede nicht mit einem schwachen Argument beginnt. Es ist eine elementare rhetorische Grundregel. Gleichzeitig sollte man aber auch nicht mit dem stärksten Argument eröffnen. Letzteres sollte ein Mobilisierungssatz oder eine Aufforderung darstellen und am Ende der Rede platziert werden. Doch dazu komme ich gleich.

Damit eine Rede wirken kann, reicht es leider nicht, einen flotten Spruch zu benutzen oder eine knisternde Spannung zu erzeugen. Der Zuhörer muss wachbleiben und sein Interesse darf nicht rasch erlahmen. Damit eine Rede seine Wirkung entfalten kann, muss sie also gut geschrieben und gegliedert werden. Wichtig ist auch die Dramaturgie der ganzen Rede, die eine zentrale Rolle bei der erfolgreichen Vermittlung der Botschaft spielt. Wer Inhalte vermitteln will, muss das Publikum mit einem dramaturgischen Aufbau unterhalten. Und genau dieser letzte Punkt lässt sich nicht improvisieren. Der steinige Weg vom aufregenden Einstieg zum fesselnden Ende ist noch lang. Der Spin-Doktor bzw. der Redenschreiber folgt da auch den präzisen und hilfreichen Lektionen der antiken Rhetorik. Wilfried Stroh erinnert uns in seinem bereits zuvor zitierten Buch „Die Macht der Rede", wie diese ordnungsmäßig vorbereitet werden kann: „Am Anfang steht das ‚Auffinden' des Stoffs (*heuresis* auf altgriechisch, *inventio* auf lateinisch), es folgt das ‚Gliedern' (*taxis* bzw. *dispositio*), und schließlich kommt das ‚Formulieren' (*lexis* bzw. *elocutio*)."

Es gibt Menschen, die keinen Plan brauchen und sofort ihre Ideen auf das Papier bringen wollen, die sogenannte „Draufschreiber". Diese Menschen, die aus dem Stehgreif passende und spannende Rede verfassen können, sind die Ausnahme. Hinter der Sicherheit jedes erfolgreichen politischen Redners steckt normalerweise viel Vorarbeit und natürlich ein guter Redenschreiber. Die Beziehung zwischen dem Politiker und seinem Redenschreiber muss sehr eng sein. Einige sprechen sogar von einem „symbiotischen Verhältnis". Eric Orsenna, die Feder des ehemaligen französischen Präsidenten François Mitterrand, hat sein Buch „Grand Amour" genannt und dieser Beziehung gewidmet, die viele Ähnlichkeiten mit der eines Ehepaars besitzt. Der Politiker und der Redenschreiber verbringen viel Zeit zusammen und befassen sich stundenlang mit dem Redeentwurf.

Diese Art von Zusammenarbeit möchte ich an meiner Arbeit mit dem zurzeit amtierenden Vorsitzenden der Sozialistischen Partei Frankreichs, Jean-Christophe Cambadélis, verdeutlichen. In der Regel gehen wir wie folgt vor: Er denkt sich eine Redestruktur aus, schlägt einige Stichwörter und Formulierungen vor. Diese schreibe ich auf und mache Vorschläge. Der Redeentwurf geht ein paar Mal hin- und her, damit wir schließlich das Ganze zusammen ausbuchstabieren können. Wir sind eigentlich mehr als nur intellektuelle Sparringspartner, wir teilen meistens die gleichen Ansichten und Wertvorstellungen. Das Redenschreiben ist insgesamt ein zeitaufwendiger Prozess mit vielen Beratungsgesprächen und lebhaften Diskussionen, damit der Spin-Doktor den Gedankengang des Politikers wiedergeben kann. Manchmal nehmen andere Berater an den Gesprächen teil und versuchen natürlich immer, ihre Ideen zu platzieren bzw. zu forcieren, um ihren Beitrag unterzubringen. Meistens schicken sie aber ihre Berichte und Notizen per Mail an den Spin-Doktor, der dann versucht, diese geschickt hinzuzufügen und in das Gesamtkonstrukt einfließen zu lassen, ohne dem Gesamteindruck zu schaden.

Bei der Vorarbeit fängt in der Tat alles mit der Stoffsammlung an. Man muss zuerst graben, strukturieren und erst dann schreiben. Man muss sich zuerst ein ziemlich genaues Bild der Sachverhalte schaffen. Der Schriftsteller und Staatsmann Marcus Porcius Cato (234 – 149 v. Chr.) hat es auf den Punkt gebracht: *„Rem tene, verba sequentur."* Wenn man die Sache beherrscht, werden die Worte dann schon folgen. Es stimmt, aber die Recherche der Fakten an sich reicht natürlich nicht aus. Der Redenschreiber schreibt mit Blick auf den Anlass und auf das Publikum, vor allem aber auf die Positionierung und die Standpunkte des Dienstherrn. In dieser Phase recherchiert und sammelt er alle Zahlen, Daten, Fakten, Ideen und Argumente, welche er direkt und indirekt für sinnvoll oder nützlich hält. Es ist dabei nützlich, sich die Worte des amerikanischen Präsident Abraham Lincoln (1809 – 1865) in Erinnerung zu rufen, bevor man überhaupt die Feder ergreift: „Wenn ich acht Stunden Zeit hätte um einen Baum zu fällen, würde ich sechs Stunden die Axt schleifen." Also graben, schürfen und wieder graben. Wenn das Sammeln des Materials fertig ist, dann kann man mit der Gliederung und der Formulierung anfangen.

Wir werden im nächsten Unterkapitel (b. „Herz schlägt Kopf") sehen, wie wichtig die Formulierung bzw. die rhetorischen Mittel und die stilistischen Aspekte bei der Gewinnung des Publikums sind. Dies heißt aber nicht, dass die Stichhaltigkeit und die Nachvollziehbarkeit der

Argumentation eine geringe Rolle spielen und vernachlässigt werden sollten. Ganz im Gegenteil, die Art und Weise, wie man die verschiedenen Argumente im Hauptteil der Rede lebhaft präsentiert und schlüssig artikuliert, ist aus Sicht des Publikums ein Argument an sich. Neben Stil und Sachargumenten kann sich der Redner auf den Aufbau seines Textes stützen, um das Publikum von der Gültigkeit seiner Ausführungen und der Schlüssigkeit seines Standpunktes zu überzeugen und es veranlassen, ihm zuzustimmen. Eine Rede muss zuerst gegliedert und kann dann sprachlich und stilistisch ausformuliert werden. Die Ordnung des Stoffes kommt also vor der Formulierung.

Eine gute Stoffgliederung muss in Form einer kräftigen und zusammenhängenden Argumentationskette erarbeitet werden, um die eigene Meinung anschaulich und für das Publikum nachvollziehbar zu verdeutlichen. Die Makrostruktur zu erfassen, ist eigentlich nicht so schwierig. Jede Rede hat eine Einleitung, einen Mittelteil und einen Schluss. Der Mittelteil ist der Teil der Demonstration und der Argumente. Letztere unterteilen sich in verschiedene Arten, wie etwa das faktenbezogene oder das nicht begründbare Argument, welches mehr eine Behauptung als ein wirklich fundiertes und illustriertes Argument darstellt. Die zwei Sorten vermischen sich aber in Anbetracht der Tatsache, dass ein Argument meistens aus Behauptung/Begründung/Beweis/Beispiel besteht.

Das Beweismaterial ist manchmal so gering, dass es sich letztlich nur um eine Behauptung handelt. Wenn man zum Beispiel die Freiheit in einer Rede erwähnt, ist es normalerweise nicht nötig zu „beweisen", warum es sich um einen zentralen Wert handelt. Solche Begriffe gelten neben der traditionellen Berufung auf Autoritäten als Totschlagargument und sind sehr präsent in den politischen Redebeiträgen, wo Argumentationsgänge meistens mehr akkumulierender als deduktiver oder logisch schließender Natur sind. Es handelt sich dabei um menschliche Angelegenheiten und wertebezogene Interpretationen der Lage. Es handelt sich mehr um Meinungsverschiedenheiten und Mobilmachung als um eine objektive und wissenschaftliche Beweisführung. Natürlich wird der Sachverhalt angesprochen aber, wie bereits erwähnt, gibt es keine gegebene Realität für die Spin-Doktoren, und das wahre Ziel jeder Rede besteht genau darin, die Wahrnehmung dieser Realität in einen Motor des Handelns zu verwandeln. Man sollte an dieser Stelle nicht vergessen, dass eine Rede nichts anderes als ein Deutungsrahmen und ein motivierender Appell für die Umsetzung eines gemeinsamen Leitbilds darstellt.

Was die Struktur der Rede selbst angeht, gibt es viele Möglichkeiten. Man kann mit den Argumenten des Mitbewerbers anfangen und dann

Gegenargumente anbieten und schließlich ein detailliertes Programm vorschlagen. Man könnte natürlich auch mit dem Programm beginnen, das man zusammen mit einer Gruppe umsetzen möchte, wenn man zum Beispiel den Akzent auf die unersetzliche Beteiligung des gesamten und motivierten Teams für die Umsetzung eines Change-Prozesses setzen möchte. Die Strukturen der meisten politischen Reden spielen mit der zeitlichen Achse: Vergangenheit/Gegenwart/Zukunft. Man kann auch folgende Gliederung wählen: Gegenwart/Vergangenheit/Zukunft, mit der man die Reihenfolge von Herausforderungen, Blockaden und Transformationsprozess anspricht. Die Phantasie des Redners bzw. Redenschreibers ist die einzige Grenze bei der Stoffgliederung.

So breit und reich und tief die Phantasie eines Redners sein mag, jede Rede besitzt einen Schluss. Der amerikanische Schriftsteller Marc Twain (1835–1910), der nie sparsam mit Wortwitz war, sagte Folgendes: „Eine gute Rede hat einen guten Anfang und ein gutes Ende – und beide sollten möglichst dicht beieinander liegen". Dieser Satz liefert eine ziemlich gute Definition des sogenannten „Elevator Pitchs" (zu Deutsch „Aufzugspräsentation"). Hierbei versuchen etwa Start-Ups, sei es im Fahrstuhl, im Flugzeug oder auf Messen, in maximal drei Minuten ihre Geschäftsidee überzeugend zu präsentieren und Venture-Capital-Geber zu begeistern.

Man kann und muss aber oft länger als drei Minuten sprechen, und der Eindruck des Einstiegs, auch wenn dieser extrem gelungen war, ist im Laufe der Zeit wahrscheinlich doch etwas vage geworden. Der Schluss kann einen länger bleibenden Eindruck auslösen als die leider höchstwahrscheinlich schon vergessene Eröffnung. Die Kernfunktion der Rede liegt also in der Zusammenfassung und in der Affekt- und Effektsteuerung.

Wenn die ersten Worte wichtig sind, dann sind die letzten entscheidend. Es ist die letzte Chance, den gewünschten Eindruck bei dem Publikum zu hinterlassen und die Kernbotschaft nachhaltig in den Köpfen der Zuhörer zu verankern. Bei einer Rede gilt, vielleicht mehr als überall sonst: Der erste Eindruck zählt, der letzte bleibt. Und man darf auf gar kein Fall diese Gelegenheit versäumen, denn am Ende der Rede trifft das Publikum seine Entscheidung, dem Redner zuzustimmen oder auch nicht. Wer das Publikum zu einem bestimmten Verhalten bringen oder von der Wahrheit seines Standpunktes überzeugen will, der muss seine Rede mit einem starken Schlusssatz klar und deutlich beenden. Wie ein starker Schlussakkord.

Das Paradebeispiel eines großen Finales liefert uns die britische Frauenrechtlerin Emmeline Pankhurst (1858–1928) in ihrer Rede vom

13. November 1913 in Connecticut, in der sie die Frauen auffordert, für ihr Wahlrecht einzutreten. Sie argumentiert, dass Amerika eine Revolution und einen Bürgerkrieg hinter sich hat und dass die Freiheit immer erkämpft werden muss, „mit Blutvergießen und durch das Opfer menschlichen Lebens". Emmeline Pankhurst garantiert: Die Frauen werden nicht nachlassen und niemals aufgeben, für das Wahlrecht einzutreten, und würden sogar bis in den Tod für ihre Forderung kämpfen. Und der Schlusssatz, an die Männern adressiert, lautet so: „Gebt uns endlich unsere uneingeschränkte Freiheit oder tötet uns." Damit trifft sie wie jeder gute Redner die Gefühle der Menschen und wirkt auf deren Emotionen ein. Nur so kann der Schluss sitzen und die Meinungen bestenfalls ändern oder zumindest beeinflussen. Sogar solche, die von ultrakonservativen Vorurteilen und verkrusteten Ansichten geprägt sind.

b. Herz schlägt Kopf

Die Politik sollte zweifelsohne die Kunst der Überzeugung beherrschen. Wer die Wörter beherrscht, der kann die Meinungen seiner Zeitgenossen formen, ausrichten und damit die Orientierung der gesamten Gesellschaft tiefgreifend prägen. Wörter sind überall, und sie entscheiden über das Schicksal jeder Streitfrage in der Öffentlichkeit. Der Spin-Doktor hat daraus seine Spezialität gemacht. Er weiß aber auch ganz genau, dass er diese Macht der Wörter mit der Macht der Bilder in Einklang bringen muss, wenn er die Wirkung seiner Wörter gänzlich entfalten will.

Im Laufe der Jahrzehnte ist die Politik in zunehmendem Maße immer mehr von der Macht der Bilder abhängig geworden. Dies hat natürlich zu tun mit dem wachsenden Einfluss der Massenmedien, vor allem TV-Sendungen und digitale Videoportale, auf die politische Meinungsbildung. Es gibt ein kollektives Bildgedächtnis, welches die Weltanschauungen der Staatsbürger tiefgreifend prägen und die Diskussion stark ausrichten kann. Bilder schaffen Erinnerung und formen dadurch unsere Wahrnehmung der Wirklichkeit. Die Bilder des World Trade Centers in New York vom Morgen des 11. September 2001 sind in unseren Köpfen für immer abgespeichert. Die Bilder von tausenden Menschen, die vor dem Brandenburger Tor am 9. November 1989 tanzen und singen, sind auch unvergessen. Das Bild des kleinen, nackten vietnamesischen Mädchens, welches die Straße herunterläuft, den Rücken vom Napalm verbrannt, ging um die Welt, auch wenn sich kaum jemand daran erinnert, dass der Napalm-Angriff tatsächlich durch die südvietnamesische Armee erfolgt war. Bilder machen

Erinnerung, und Bilder machen Meinung, und zwar weltweit und vor allem während bewaffneter Konflikte.

Ein Krieg ist fast immer ein Krieg der Bilder, besonders und offensichtlich für den schwächsten Teilnehmer eines asymmetrischen Krieges. Der Gaza-Krieg vom August 2014 war definitiv ein Paradebeispiel dafür. Täglich erreichten uns Schreckensbilder von erschossenen palästinensischen Zivilisten und toten Kindern. Durch das Fernsehen und in Echtzeit: Millionenfach wurde der Hashtag #GazaUnderAttack mit angehängten Bildern benutzt. Die Hamas führte eine Guerillastrategie und benutzte dabei ihre eigene Zivilbevölkerung als Schutzschild. Die Hamas hatte keine Panzer, keine Flugzeuge, aber Raketen. Und Bilder. Es war eigentlich egal, ob viele der im Netz verbreiteten Bilder gefälscht waren oder aus Syrien oder aus dem Jahr 2009 stammten. Diese Bilder prägten die öffentliche Meinung. Auch ein falsches Bild kann einen wahren politischen Effekt auslösen.

Osama Bin Laden war ein Meister der Propagandakampagne. Allerdings nahm im Laufe der Zeit das Bildmaterial des Terrorführers ab, und nur gelegentlich gab Al-Qaida noch eine Tonaufnahme heraus. Am Anfang der 2000er Jahre tauchten plötzlich viele gefälschte Bilder des toten Bin Laden auf. Jedes Mal war Bin Ladens Bart echt, das Bild jedoch nicht. Es war keine Propaganda, es war nur postmoderne Popkultur, weil die digitale Welt das Vakuum verabscheut. Bis heute mutet es manche seltsam an, dass weder von der Festnahme des Al-Qaida-Gründers durch eine US-Spezialeinheit in Pakistan noch von dessen Bestattung am 2. Mai 2011 auf hoher See im Arabischen Meer offizielle Fotos vorliegen. Wichtige Ereignisse ohne Bilder — und ohne Beweise, würden die Verschwörungstheoretiker hinzufügen. Die Realisten würden erwidern: Ohne Bilder und damit ohne die Möglichkeit, einen Märtyrer zu schaffen, um jeglichen Personenkult im Keim zu ersticken.

Die Kontrolle über die Bilder, darum geht es also. Im digitalen Zeitalter ist diese Kontrolle äußerst schwierig zu gewährleisten. Im Jahr 2006 konnte eine sehr erfolgreiche US-Militäraktion, „Operation Valhalla", zur Befreiung amerikanischer Geiseln aus der Hand von Al-Qaida im Irak durchgeführt werden. Aber kurz nach der Aktion wurden die Leichen der toten islamistischen Aufständischen so am Boden platziert, dass man hätte glauben können, sie wären beim Beten getötet worden. Der Aufschrei war riesig in der muslimischen Welt und die kleine Manipulation ein propagandistischer Erfolg für Al-Qaida. Die danach veröffentlichen Originalbandaufnahmen der amerikanischen Streitkräfte hatten dagegen keine mediale Wirkung. Wer hat hier den Krieg der Spins gewonnen?

Seither hat der sogenannte „Islamische Staat" die Macht der Bilder weiter perfektioniert und die Plastizität der sozialen Medien so ausgeschöpft, dass Gegenstrategien zum Online-Dschihad gar nicht so einfach zu entwickeln sind. Die Extremisten nutzen die Online-Medien, um ihre Botschaften und ihre Erklärungen, aber auch die Aufnahmen ihrer Gräueltaten zu verbreiten. Die Rolle des Internets als Rekrutierungstool steigt ständig, besonders in Europa, wo die Dschihadisten besonders junge Menschen ins Visier genommen haben. Dabei werben sie sogar gezielt Schüler und Minderjährige an, um diese schließlich bei ihrem Weg in die Bürgerkriegsgebiete im Nahen Osten zu unterstützen. Facebook dient auch ungewollt der Finanzierung der Terrororganisation unter dem Deckmantel von Spenden zu „wohltätigen Zwecken". Den terroristischen Online-Aktivitäten entgegenzuwirken ist schwer. Die Sperrung der Nutzerkonten oder die präventive Löschung von Inhalten, bevor sie von anderen Nutzern gemeldet wurden, sind die einfachsten Möglichkeiten. Die Sicherheitsbehörden wollen auch inhaltlich zurückschlagen und sogar angreifen[19]. Zum Beispiel mit Videos von Plünderungen und Tweets, welche die brutalen Methoden des IS offen zeigen, um die Terrororganisation zu diskreditieren. Es ist aber kaum vorherzusagen, ob diese Gegenmaßnahmen die Kraft der islamistischen Propaganda und vor allem der grausigen Enthauptungen entschärfen können. Der digitale Krieg hat erst begonnen. Fakt ist: Es wird mit Bildern geschossen. Es ist ein Krieg der Bilder. Ein Krieg der Spins.

Selbstverständlich handelt es sich hier um Extrembeispiele, aber die Unternehmen haben schon den Trend gespürt. Die Nutzer schießen gerne Bilder: natürlich Selfies (dt. Selbstporträts), das erste Lächeln ihres Babys, ihre neuesten Errungenschaften oder eine mehr oder weniger ästhetische Nahaufnahme ihres Mittagsessens. Die Online-Agenturen reden sogar von „Visual Influencers", von Nutzern also, die mit ihren Bildern bestimmte Produkte oder Marken einer ganzen Zielgruppe nahebringen können.

Die Politik versucht auch, ihre Botschaften zu visualisieren. In diesem Zusammenhang verlangt jede politische Entscheidung oder jede Aktivität eine Art politische Inszenierung. Politische Positionierungen und Standpunkte müssen für die Medien und die Öffentlichkeit konkret sichtbar und greifbar gemacht werden. Die Medien brauchen solche starken Bilder und Worte, um überhaupt darüber berichten zu können. Es gibt keinen politischen Staatsbesuch ohne Fototermin, der die symbolische Bedeutung dieses Besuchs transportieren muss. Das Foto

19 In den Vereinigten Staaten: https://twitter.com/thinkagain_dos. In Frankreich: http:// www.stop-djihadisme.gouv.fr/index.html

fungiert als kleine ikonografische Zusammenfassung der Gespräche oder Vereinbarungen. Ein Bild als Beweis oder — wer weiß — als Spur für die Nachwelt. Einige Bilder sind in der Tat in die Geschichte eingegangen. Man denke an den Kniefall von Willy Brandt in Warschau am 7. Dezember 1970 oder an Mitterand und Kohl Hand in Hand am 22. September 1984 auf einem deutschen Soldatenfriedhof in Verdun. Diese Bilder sind mehr als Fotos, sie sind erlebbare Handlungsinszenierungen und politische Signale an sich. Der Kniefall war ein wirkungsmächtiges Symbol der Bitte um Vergebung und der Händedruck eine außerordentliche Demonstration der Versöhnung.

Bilder sind wirklich mächtig, aber Sprache hält definitiv den Vergleich aus. Auch wenn es gilt, dass ein Bild mehr als tausend Worte sagt, ist es oft schwer, das richtige zu finden. Wörter hat man dagegen immer parat. Und zur Not kann man auf eine bildhafte Sprache zurückgreifen. Um seine weltanschaulichen Positionen zu verdeutlichen, setzt der Politiker Bildsprache ein. Franz Müntefering benutze zum Beispiel das Wort „Heuschrecken", um bestimmte ausländische Finanzinvestoren zu bezeichnen. Damit meinte der damalige Vorsitzende der SPD die Investoren, welche sich in Firmen einkaufen, diese sanieren und dann mit hohem Gewinn wieder verkaufen. Während der Diskussionen über Waffenlieferungen für den Irak Mitte 2014 ergriff Grünen-Chef Cem Özdemir das Wort und erklärte, dass die Kurden ihre Städte nicht „mit der Yoga-Matte unterm Arm" zurückerobern könnten, sondern mit Waffen. Mit dieser gelungenen Metapher drückte Cem Özdemir plakativ aus, dass die Bundesregierung sich nicht auf humanitäre Hilfe beschränken könne, um den „Islamischen Staat" zu schwächen. Jede Botschaft kann also durch Bildsprache auf ein klares und verständliches Bild reduziert werden. Die Politiker versuchen eine bestimmte Symbolik zu bedienen, weil sie ständig an einer Verstärkung, sogar an einer Übertreibung aller Art interessiert sind, damit sie ihre Botschaften und Ideen betonen können. In unserem digitalen Zeitalter ist der Versuch zwingend, komplexe Zusammenhänge auf den Punkt zu bringen oder einen Lösungsvorschlag durch eine sachdienliche Komprimierung zu präsentieren.

Politiker setzen tatsächlich auch immer öfter Bilder ein, weil sie die Macht der Emotionalität und die Rolle der persönlichen Attribute bei der Wahlentscheidung erkannt haben. Es existiert kaum etwas Besseres als ein starkes Bild, um einen Wahlkampf zu emotionalisieren. Barack Obamas Wahlkampfveranstaltungen im Jahr 2012 machten seinen Erfolg maßgeblich aus. Diese perfekt in Szene gesetzten Veranstaltungen glichen den Auftritten von Popstars. 14.000 begeisterte Anhänger bereiteten zum Beispiel in Columbus im Bundesstaat Ohio dem Präsidenten einen elektrisierten Empfang. Diese präzise choreografierten Shows waren nicht der einzige Erfolgsfaktor seiner Wiederwahl. Barack Obama hat im Jahr 2012 seine Redegewandtheit weiter verbessert und äußerst erfolgreich eingesetzt und ließ sein Publikum nicht nur hören, sondern vor allem durch einprägsame Wiederholungen mitfühlen. Obama beherrscht wie kein anderer das Reden in Bildern. Auf dem Parteitag der Demokraten im September 2012, nachdem er die 80.000 anwesenden Mitglieder mit 32 Mal „Danke" zum relativen Schweigen bringen konnte, fing er eine sehr emotionale Rede an. Change sei weiter möglich, sagte Obama im Wesentlichen. „Ihr seid der Wandel." Die Menschen fühlten sich angesprochen, ja geradezu als ernst genommener Teil eines Ganzen. Daraufhin ließen die Menschen ihrem grenzlosen Jubel freien Lauf.

Obama weiß wie kein anderer, dass Emotionen von zentraler Bedeutung sind und es davon abhängt, ob der Redner die Sympathie des Publikums gewinnen kann. Das Publikum hört in der Tat eine Rede auch mit dem Bauch. Die Zuhörer nehmen viele Informationen über verschiedene Kanäle auf. Deshalb muss jeder Redner diese Sinneskanäle — sehen, spüren, fühlen usw. — ansprechen. Deshalb muss jede Rede bzw. jeder Text mit Sinneseindrücken formuliert sein. Die perfekte Rede basiert laut Cicero auf drei Rhetorikgrundsätzen: *delectare*, *movere*, *docere*. Die Rede muss also unterhalten, berühren und informieren. Dabei leistet Sprache eine unersetzliche Unterstützung, um die Sinne des Publikums zu aktivieren. Bildsprache ist das Gegenteil der Gleichförmigkeit und sorgt für Abwechslung und kann der potentiellen Ermüdung der Zuhörer vorbeugen.

Die hohe Emotionalität der Sprache ermöglicht es dem Redner, seine Botschaft über den Bauch in die Köpfe zu transportieren. Nicht sehr überraschend liefert uns Winston Churchill als einer der besten Redner der Weltgeschichte ein weiteres Paradebeispiel am 13. Mai 1940 in seiner Antrittsrede zum Premierminister vor dem Britischen Unterhaus, wo er diese weltberühmten Worte ausspricht: „Ich habe nichts anzubieten außer Blut, Mühen, Tränen und Schweiß." Er zitierte dabei eigentlich Guiseppe Garibaldi (1807 – 1882), der diese Wörter benutzte, um seine revolutionären Einheiten während der Italienischen Unabhängigkeitskriege zu begeistern. Churchill fuhr fort: „Wir stehen vor einer Feuerprobe der schmerzlichsten Art. Vor uns liegen viele, viele Monate des Kampfes und des Leidens." Churchill versucht, die Emotionen seines Publikums durch Sprachbilder und Sprachfiguren regelrecht zu modellieren.

Churchill schafft es, „den Hörer Dinge sehen zu lassen" wie Aristoteles sagte. Oder um den römischen Rhetorik-Lehrer Quintilian (35 – 96 n. Chr.) zu zitieren: „Bilder abwesender Dinge so lebhaft vorzustellen, dass wir sie vor Augen sehen und leibhaftig vor uns zu haben glauben." Churchill beherrschte eine fesselnde Form des Sprechens und er verstand es, die Zuhörer zu berühren und somit zu mobilisieren und zu seinen Gefolgsleuten zu machen. Noch ein Ausschnitt seiner Antrittsrede, um diesen Punkt zu illustrieren: „Sie fragen, was ist unser Ziel? Ich kann es mit einem Wort beantworten: Sieg! Sieg um jeden Preis. Sieg ungeachtet aller Schrecken. Sieg, wie lange und schwer der Weg dorthin auch sein mag. Ohne Sieg gibt es kein Überleben." Fünf Mal also spricht Churchill das Wort „Sieg" aus. Er wusste ganz genau, dass Visualisierungen und plastische Beschreibungen nicht die einzigen rhetorischen Mittel sind, um die Aufmerksamkeit des Publikums zu wecken und es zu mobilisieren. Die häufige Reihung von Einzelwörtern und die starken Wertungen sind auch sehr effektiv.

Im Mai 2012 schaffte es der damalige französische Präsidentschaftskandidat François Hollande während eines Fernsehduells den für seine Rhetorik gefürchteten amtierenden Präsidenten Sarkozy ins Wanken zu bringen. Hollande zeigte sich sehr souverän und bereits sehr präsidial. Um dies zu unterstützen, setzte er auch einen guten rhetorischen Kunstgriff ein: die Anapher, sprich die Wiederholung mehrerer Wörter zu Beginn aufeinanderfolgender Sätze. 15 Mal sprach Hollande den folgenden Satz aus: „Ich als Präsident der Republik." Die Anapher ist ein mächtiges rhetorisches Mittel. Damit kann man seinen Argumenten Nachdruck verleihen und eine schöne Rhythmisierung von Reden bzw. Texten erzielen. Ebenfalls mit einer Anapher strukturierte Martin Luther King in Washington am 28. August 1963 seine Ansprache „Marsch für Arbeit und Freiheit" — eine der meist zitierten Reden der Gegenwart.

Der amerikanische Bürgerrechtler und Baptistenpastor teilte seine Träume mit ungefähr 250.000 Menschen. „I have a dream" wiederholte er sieben Mal in der berühmten Rede, welche so anfängt: „Ich habe einen Traum, dass eines Tages die Söhne von früheren Sklaven und die Söhne von früheren Sklavenbesitzern auf den roten Hügeln von Georgia sich am Tisch der Bruderschaft gemeinsam niedersetzen können." Es war keine Rede, es war eine Predigt. Im August 2013 stand Barack Obama, der erste schwarze Präsident, auf den Stufen des Lincoln Memorials zum Jubiläum der legendären Rede des Bürgerrechtlers und sagte: „Wir müssen weiter marschieren." Er hatte Recht, viele Schwarze leben auch heute noch in Ghettos. Die Politiker wissen, wenn sie die Realität prägen wollen, dann müssen sie nicht nur die zentralen Worte in derselben Rede wiederholen, sondern die Botschaft auf mehreren Anlässen verkünden.

Um eine gelungene Rede zu schreiben bzw. zu halten, reicht es nicht, die besten Argumente zu präsentieren, eine oratorische Befähigung zu besitzen, verständliche und packende Soundbites einzusetzen und Emotionen hervorzurufen. Auf die Redewirkung kommt es an, und die ist nicht einfach zu erzeugen. Kernbotschaften können eigentlich nur nachhaltig vermittelt werden, wenn sie auch ohne Zögern wiederholt werden. Wenn das Mantra der Makler „Lage, Lage, Lage" lautet, dann lautet die Maxime des Spin-Doktors: „Wiederholung, Wiederholung, Wiederholung." Dass Kernaussagen permanent wiederholt werden müssen, um ihre Mobilisierungswirkung zu entfalten, wusste Napoleon schon, der angeblich sagte: „Es gibt nur eine Redefigur, die Wiederholung." Öffentliche Kernbotschaften müssen auch ausreichend oft wiederholt werden, weil sie häufig aus ihrem Kontext gerissen und vornehmlich falsch bzw. feindlich interpretiert werden. Ich hoffe allerdings, liebe Leser, dass ich Sie in diesem Buch nicht mit zu vielen Wiederholung gelangweilt habe. Wenn doch — dann aus meiner Mission heraus, Ihnen die Arbeitsweise des Spin-Doktors und die daraus resultierenden Vorteile für Ihre Arbeit näherzubringen.

Die Einsetzung von Metaphern ist ein anderes zentrales Prinzip des Spin-Doctoring. Emotionalisierung ist eng mit Visualisierung verbunden. Metaphern haben gerade durch die Emotionen, die sie hervorrufen, einen großen Effekt. Der amerikanische Verleger und Journalist Joseph Pulitzer (1847—1911) wusste es schon: „Was immer Du schreibst — schreibe kurz, und sie werden es lesen, schreibe klar, und sie werden es verstehen, schreibe bildhaft, und sie werden es im Gedächtnis behalten." Wenn in Washington von einer Krise die Rede ist, fragt man eigentlich immer als Erstes: „Wo ist der nächste Flugzeugträger?" Der US-Admiral Thomas Rowden formulierte es 2010 so: „Wir bringen 90.000 Tonnen Diplomatie in den Pazifik." „90.000 Tonnen Diplomatie" klingt natürlich nicht nur schöner als „Flugzeugträger", es wirkt auch klarer und deutet in dem vorliegenden Fall an, dass die Amerikaner es ernst meinten. Eine Metapher ist wahrscheinlich der beste Weg, um sich mit Menschen zu verbinden. Deren Stärke liegt in den emotionalen Assoziationen, die sie weckt.

Es ist nie einfach, eine Metapher geschickt zu gebrauchen. Angela Merkel ist es gelungen, als sie im Jahr 2009 vor einer gemeinsamen Sitzung beider Kammern des US-Kongresses das Wort ergriff. Die Rede wurde mit viel Applaus aufgenommen. Merkel sprach als erste deutsche Regierungschefin vor dem US-Kongress über die Wiedervereinigung ebenso wie über damalige weltpolitische Themen und besonders über die gemeinsame Pflicht, in Sachen Klimaschutz zu handeln. Hier die Redepassage im Wortlaut: „Deutschland ist vereint, Europa ist vereint. Das haben wir geschafft. Heute nun muss unsere politische Generation zeigen, dass sie die Herausforderungen des 21. Jahrhunderts meistert, dass sie gleichsam im übertragenen Sinne Mauern von heute einreißen kann. (...) Meine Damen und Herren, dass globale Herausforderungen nur in umfassender internationaler Zusammenarbeit bewältigt werden können, zeigt sich auch an einer dritten Bewährungsprobe des 21. Jahrhunderts, an so etwas wie einer Mauer zwischen Gegenwart und Zukunft. Diese Mauer versperrt den Blick auf die Bedürfnisse kommender Generationen. Sie verhindert den dringend notwendigen Schutz unserer natürlichen Lebensgrundlagen und unseres Klimas."

Bildreiche und verständliche Sprache, nachvollzielbarer Aufbau, gelungene Formulierungen: Es war eine hervorragende Rede. Es war höchstwahrscheinlich die beste Rede einer Politikerin, die nicht unbedingt für ihre Beredsamkeit und ihre rhetorischen Fähigkeiten bekannt ist. Eine Politikerin, die nicht glaubt, dass die Deutschen heutzutage dringend große Reden brauchen. Angela Merkel konnte sich aber immer gut mit Authentizität durchsetzen. Es ist ihr Stil. Es heißt aber nicht, dass sie auf argumentative Tricks verzichtet. In diesem Zusammenhang ist Angela Merkel wie jeder andere Politiker.

c. Das Recht des Schlausten

Es reicht leider nicht aus, nur eine nachvollziehbare Argumentationskette und starke Formulierungen zu entwickeln, um überzeugen zu können. In der Politik und in der Wirtschaft haben Führungskräfte, wie schon angedeutet, viel mehr mit Gesprächssituationen zu tun, in denen sie mit ablehnenden Haltungen umgehen müssen. In vielen Gesprächen gilt es, Menschen nicht nur für die eigenen Ideen zu gewinnen, sondern auch und vielleicht sogar häufiger Meinungsgegner zu neutralisieren. In unseren vernetzten und transparenten Gesellschaften haben die Führungskräfte zunehmend gelernt, mit Kritik umzugehen.

Die digitale Gesellschaft hat zweifelsohne den Individualismus verstärkt, die etablierten Institutionen geschwächt und letztendlich die Relevanz und die Gültigkeit des sogenannten Autoritätsarguments zunichte gemacht. Das Gewicht einer Führungskraft für ein Argument hat an Bedeutung verloren. Es interessiert kaum noch, dass die Führungskraft Macht verkörpert. Man lässt sich immer weniger durch Statussymbole beeindrucken. Jeder User fühlt sich legitimiert und befugt, mit der Führungskraft zu diskutieren, zu debattieren und natürlich auch, ihr zu widersprechen. Heutzutage erwirbt eine Führungskraft Autorität, indem sie Menschen bzw. Mitarbeiter begeistern und überzeugen kann.

Dieser Bedeutungsverlust, etwa durch die angekratzte Autorität von Politkern, ist dem Spin-Doktor seit langem bekannt, der Umgang damit nichts Neues. Das Debattieren gehört zum politischen Alltag. Letzterer besteht aus Argumenten und Gegenargumenten, aus Wünschen und Appellen, aber auch aus Angriffen und Drohungen. Der Politiker will unbedingt seine Themen und Standpunkte in der öffentlichen Diskussion sehen, und dadurch muss er den festen Willen haben, sie zu verteidigen. Der Druck der Dauerbeobachtung und der Dauerrechtfertigung ist immens und verlangt starke Nerven. Auch der Spin-Doktor muss in der Kunst der rhetorischen Kniffe hinreichend bewandert sein, um sich zu rechtfertigen und zu behaupten, ohne seine Gelassenheit zu verlieren. Eine präzise Kenntnis der Argumentationstechniken ist unbedingt vonnöten, weil nicht alle Journalisten, Kollegen oder Kontrahenten sich an respektierte traditionelle Regeln halten, wie ich unten ausführen werde. Der Spin-Doktor muss sich also zu wehren wissen und nicht nur Rhetoriker sein, sondern auch zum Kampf-Rhetoriker werden. Den Sieg in Diskussionen und Debatten davonzutragen, verlangt Geschicktheit und Wendigkeit — Eigenschaften, die auf den folgenden Seiten betrachtet werden.

Mit vernünftigen Argumenten allein kann man bekanntlich keine kritischen Streitgespräche führen. Es reicht manchmal auch nicht aus, die Argumente des Mitbewerbers zu widerlegen, um die Menschen für die eigenen Ideen zu gewinnen. Skrupellose und unfaire Rhetorik ist leider gang und gäbe, wie zum Beispiel durch den Einsatz von Scheinargumenten, durch das Imponieren mit Wissen über Nebenschauplätze, durch das Beeindrucken mit Fachchinesisch und Bonmots, durch das Diskreditieren, ja sogar durch verstecktes Drohen. Der Unterschied zwischen Überzeugung und Überredung ist ganz oft schwer zu erkennen. Überredung, was nach Verführung und Manipulation klingt, ist leider manchmal unersetzlich, oder man muss sie mindestens entlarven und kontern können.

Mit Worten erfolgreich streiten zu können, ist eine Schlüsselkompetenz eines jeden Spin-Doktors und auch jedes Managers. Man muss in der Tat immer ein bisschen schlauer als der Mitbewerber sein, um die eigenen Ideen zu platzieren und zu verbreiten, was letztendlich Sinn und Zweck der Politik und des Managements ist. Jede Führungskraft des digitalen Zeitalters sollte nicht nur die Kunst der Rhetorik beherrschen, sondern auch die der Dialektik. Während Erstere die Lehre von der wirkungsvollen Gestaltung der Rede ist, ist die Dialektik die Kunst des geschickten und erfolgreichen Streitgesprächs. Die Dialektik ist die „Fähigkeit, den Diskussionspartner in Rede und Gegenrede zu überzeugen", sagt der Duden. Kunst der Redegestaltung und des Vortragens auf der einen Seite, Kunst der Gesprächsführung und des Verhandelns auf der anderen Seite, man braucht im Endeffekt die Techniken beider Lehren. Der Spin-Doktor sieht die Dialektik als eine Art Teilgebiet der Rhetorik und versteht sie als eine spezielle Argumentationsform für schwierige Gesprächssituationen und Verhandlungsführungen.

Der Philosoph Arthur Schopenhauer spricht von „eristischer Dialektik", so der Name seines um 1830 entstandenen Manuskripts. Eris ist in der griechischen Mythologie die Göttin der Zwietracht, Eristik ist also die Fähigkeit, ein Streitgespräch durchführen zu können. Schopenhauer definiert sie als „eine geistige Fechtkunst" und erklärt in seiner Einleitung, worum es eigentlich geht: „Eristische Dialektik ist die Kunst zu disputieren, und zwar so zu disputieren, dass man Recht behält, also *per fas et nefas* [mit Recht wie mit Unrecht]. Man kann nämlich in der Sache selbst objektiv Recht haben und doch in den Augen der Beisteher, ja bisweilen in seinen eignen, Unrecht behalten."

Um „Recht zu behalten", liefert Schopenhauer 38 „Kunstgriffe", das heißt 38 bestimmte argumentative Formen. Ihm zufolge gibt es im Wesentlichen nur zwei Angriffspunkte in einer Auseinandersetzung: Entweder attackiert man die Unwahrheit der Argumente des Gegners („ad rem", also zur Sache) oder man zeigt das Falsche in der weiteren Ausführung („ad hominem", also zum Menschlichen). Der erste Angriff entspricht einer direkten Widerlegung der These, während die zweite Art der Widerlegung sich auf die Schlussfolgerungen der These und sogar den Gegner selbst einlässt. Dialektik ist also mehr oder weniger die Überwindung von Widersprüchen und Gegensätzlichkeiten und damit etwas, das jeder Manager im Detail kennenlernen sollte. In Zeiten der umfassenden Digitalisierung, in der Zielgruppe und Belegschaft permanent online unterwegs sind und ständig Inhalten und Informationen des Wettbewerbs ausgesetzt sind, ist es unersetzlich, Menschen die eigenen Überzeugungen und Ansichten widerspruchsfrei zu vermitteln.

Die Kunst, Recht zu behalten, lässt sich zum Teil unterhaltsam während eines Wahlkampfs in Fernsehduellen von Kandidaten beobachten. Nirgendwo sonst werden die Gründe der gegnerischen Position so angriffen und der Gegner selbst so unglaubwürdig gemacht wie dort. Der Druck auf die Kandidaten ist dabei immens, da Fernsehduelle Wahlergebnisse zuweilen maßgeblich beeinflusst haben. Das direkte Aufeinandertreffen kann man nicht gut genug vorbereiten. Die beiden Kandidatenteams treffen sich und besprechen unter anderem alle technischen Details: Wo die Kameras sich befinden werden und welche Bewegungen sie ausführen, die Einstellungsgrößen, die Temperatur im Raum, mit oder ohne Ventilator, wer die erste Frage bekommt und wer das Schlusswort hat usw. Der Spin-Doktor trägt zusammen mit den Fachberatern der Partei für jeden Fernsehauftritt zahlreiche Notizen zusammen, wie etwa detaillierte Standpunkte, faktenbasierte Beispiele, präzise Gegenargumente. Nichts darf fehlen, vor allem nicht die Soundbites. In einem Fernsehduell darf es nichts „Ungenaues" geben, weil der Mitbewerber alle Schwächen des Dienstherrn kennt und die kritischen Zuschauer auf jeden potentiellen kleinen Fehler lauern. Der Politiker muss also selbst an seinen TV-Auftritten feilen. Der Politiker muss seine Standpunkte in- und auswendig kennen und auf alle Fragen oder Gegenargumente eine präzise und treffende Antwort parat haben.

François Hollande hatte während der französischen Präsidentschaftswahl 2012 seine Standpunkte und Soundbites zusammen mit einem vielversprechenden Mitglied der Parteiführung getestet, Guillaume Bachelay, der damals nicht unbedingt der Parteiströmung Hollandes angehörte, aber für seine Schlagfertigkeit bekannt war. Ein Rededuell wird nicht nur inhaltlich vorbereitet, sondern auch sorgfältig geprobt. Peer Steinbrück hat im Sommer 2013 ein paar Tage in einem professionellen Studio verbracht und vor Fernsehkameras trainiert. Das Fernsehduell gegen Angela Merkel war seine letzte Chance, die politische Stimmung im Land zu drehen. Das Rededuell mit Frau Merkel war aber kein spannender Zweikampf, es war eher ein freundliches Geplauder als ein echter Streit. Peer Steinbrück wollte nicht zu aggressiv wirken. Man kann dies nachvollziehen, er hat aber dieses Mal eine gute Gelegenheit versäumt, Paroli zu bieten.

Der amerikanischer Berater James Carville, der im Wahlkampfbüro Clintons – der berühmte „War Room" – einen wichtigen Beitrag für den Sieg im Jahr 1992 leistete, betrachtete das Fernsehduell als ausschlaggebend. Der Clinton-Berater ließ keine Gelegenheit verstreichen, das Wahlkampfteam daran zu erinnern. Carville war ein hervorragender Manager und hatte eine Liste mit Ratschlägen erstellt und aufgehängt, um seine Mitarbeiter zu motivieren und um sie zu unterstützen. Darauf stand der seither sehr populäre Spruch: „The economy, stupid", was so viel heißen soll wie: „Die Wirtschaft, Dummkopf." Man hat aber vergessen oder übersehen, dass auf dieser Liste auch ein anderer Punkt stand: „The debate, stupid." „Das Fernsehduell, Dummkopf."

Amerika hat in der Tat viel Erfahrung mit TV-Duellen, die „Super Bowl der Politik" genannt werden in Anspielung an das größte Sportereignis der USA. Einige verbale Schlagabtausche sind legendär geworden wie etwa das erste Fernsehduell der US-Geschichte im Jahr 1960 zwischen dem jungen und gut gebräunten Senator John F. Kennedy und dem müde aussehenden republikanischen Vize-Präsidenten Richard Nixon. Während Kennedy gerade zurück aus Kalifornien kam, wo er eine Wahlkampfveranstaltung besucht hatte, war der unrasierte Nixon zuvor krank gewesen und wirkte erschöpft. Zudem weigerte er sich, geschminkt zu werden. Und dies wurde ihm zum Verhängnis. Kennedy nutzte diese Situation gnadenlos aus und fragte direkt in die Kamera: „Würden Sie einen Gebrauchtwagen von diesem Mann kaufen?" Dadurch erschütterte er die Glaubwürdigkeit seines Gegenspielers und erkannte das Riesenpotential des damals neuen Medienformats.

Mit diesem Paradebeispiel möchte ich betonen, dass das Auftreten und die Körpersprache auf keinen Fall zu vernachlässigen sind. Der Spin-Doktor sagt es ungern, aber die Farbe der Krawatte, die Frisur und die Position der Beine spielen bei der Vermittlung der Botschaften auch eine Rolle, wie jedes nonverbale Kommunikationsverhalten. Die Politiker müssen also auf ihr Auftreten und ihr Äußeres achten, da diese ein teilweise unbewusstes Beurteilungskriterium für viele Zuschauer darstellen. Gestik und Mimik sind also neben den politischen Inhalten auch wichtig, und Politiker werden seit dem Fernsehduell Kennedy/Nixon intensiv geschult. Diesen Teil übernehmen ehemalige Journalisten oder Media-Trainer, aber ganz oft — und vor allem um eine Debatte vorzubereiten — fungieren Spin-Doktoren als Coaches. Die Spin-Doktoren kennen die inhaltlichen Elemente in- und auswendig und können die spannungsreiche Natur jeglicher politischen Auseinandersetzung genauer wiedergeben.

Wie dem auch sei, Kennedy war aber nicht nur voller Leben, er war auch brillant. Einige Kommentatoren meinen, dass kein Politiker sich danach traute, den Vergleich zu riskieren. Das nächste amerikanische TV-Duell gab es erst 1976. Das erste deutsche TV-Duell fand viel später statt: nämlich am 25. August 2002 zur Bundestagswahl zwischen dem Amtsinhaber Gerhard Schröder und seinem Herausforderer Edmund Stoiber. Dabei konnte Schröder genau zeigen, was er meinte, als er gesagt hatte, dass er zum Regieren nur „BILD, BamS und Glotze" bräuchte. Schröder war im Jahr 2002 unschlagbar und für Edmund Stoiber einfach unerreichbar. Dagegen war der Sieg gegen Angela Merkel im Jahr 2005 nicht ganz so klar. Edmund Stoiber sah sogar die Unions-Kanzlerkandidatin als Siegerin des TV-Duells und sagte, dass sie „mit Kompetenz und Schlagfertigkeit klar gepunktet" habe. Die Umgebung Schröders sah die Sache anders und lieferte eine sehr unterschiedliche Bewertung des gleichen Duells. SPD-Chef Franz Müntefering wertete folglich Schröders Auftritt als „Schub für den Wahlkampf".

Tatsächlich ist es so, dass der Spin intensiv erst nach dem Duell stattfindet. Der Bereich hinter der Fernsehduell-Bühne heißt nicht von ungefähr „Spin Alley": Es ist der Ort, wo die Spin-Doktoren den Sieg für sich reklamieren und den Journalisten erklären, wer von beiden Kämpfern die bessere Figur gemacht hat und warum genau ihr jeweiliger Dienstherr das Duell gewonnen oder zumindest nicht verloren hat. An dieser Stelle möchte ich gern noch einmal daran erinnern, dass der Begriff „Spin" im Oktober 1984 in den Sprachgebrauch eingeführt würde, in einem Presseartikel über eines der TV-Duelle zwischen den US-Präsidentschaftskandidaten Ronald Reagan und Walter Mondale.

Eines dieser TV-Duelle verdient es, ein bisschen genauer betrachtet zu werden. Henry Trewhitt, Journalist des „Baltimore Sun", richtete eine Frage an Ronald Reagan, welche sein schon höheres Alter betraf. Damit wurde das Problem aufgeworfen, ob er für eine zweite Amtszeit überhaupt fit genug sein würde. Darauf antwortete der 73-jährige Präsident: „Nein, auf keinen Fall. Ich werde Altersfragen in diesem Wahlkampf nicht thematisieren. Ich werde die Jugend und Unerfahrenheit meines Gegenübers nicht politisch ausnützen." Eine sehr humorvolle und kluge Antwort, welche die Zuschauer zum Lachen brachte, sogar Walter Mondale selbst.

Die Franzosen haben auch viele solcher Polit-Zitate in ihrem kollektiven Gedächtnis gesammelt, da sie die Fernsehduelle der Spitzenkandidaten ebenso wie die Amerikaner als Höhepunkt jedes Wahlkampfes betrachten. So sind etwas die Zweikämpfe zwischen dem Sozialisten François Mitterrand und seinem konservativen Gegenspieler Valéry Giscard d'Estaing in die Geschichte der TV-Duelle eingegangen, wie etwa das aus dem Jahr 1974, als das Thema „Verteilung des Bruttoinlandprodukts" angesprochen und das zuvor von Mitterrand als „Herzenssache" bezeichnet wurde. Giscard fühlt sich implizit angegriffen und kontert explizit: „Ich finde es immer schockierend und verletzend, dass Menschen das Monopol des Herzens für sich in Anspruch nehmen. Sie haben nicht das Monopol des Herzens. Ich habe auch ein Herz, wissen Sie, und es schlägt genau so wie Ihres!" Giscards Sieg am Wahltag war äußerst knapp, er gewann mit 50,81 gegen 49,19 Prozent. Giscard hatte an jenem Abend bestimmt die entscheidenden Stimmen gewonnen. Sieben Jahre später konnte sich Mitterrand aber revanchieren.

Schlagfertigkeit im Streitgespräch kann man heutzutage auch aus der Entfernung beweisen. Auf dem Parteitag der Republikanischen Partei in Tampa im August 2012 führte Hollywood-Legende Clint Eastwood auf der Bühne ein Gespräch mit einem leeren Stuhl. Diese bizarre Inszenierung sollte die Passivität des amtierenden Präsidenten darstellen und auch die Versprechen zum Thema machen, welche Obama laut den Republikanern nicht gehalten hatte. Das Ganze wirkte wirklich skurril. Einer der Berater Obamas bezeichnete Clintwoods „Improvisation" als völlig surreal und sagte den Journalisten treffend und mit viel Humor, dass er alle Anfragen an Salvador Dalí weiterleiten wurde. Der US-Präsident antwortete später auf seinem Twitterkonto mit einem Bild, das ihn auf einem Stuhl im Weißen Haus zeigt: „Dieser Stuhl ist besetzt." Der Tweet wurde 59.000 retweetet bzw. geteilt.

Die schnelllebige digitale Wahlkampführung ermöglicht prompte wohldurchdachte Antworten. Daher gesteht sich auch der Spin-Doktor ein, dass er das Monopol des Bonmots verloren hat und er das Wahl-kampfbüro mit tausenden Usern teilen muss. Er hat verstanden, dass der Tweet der neue Wahlslogan ist und die Online-Banner präzisere Plakate sind als ihre analogen Pendants. Er weiß, dass die „Techies", sprich die Mitglieder der Technologie-Abteilung, in der Wahlkampf-zentrale alle E-Mail-Betreffe umformulieren können und also de facto auch gute Schreiber sind. Er weiß das alles. Er fühlt sich aber alles andere als überflüssig, ganz im Gegenteil. Er freut sich, konstatieren zu dürfen, dass die Zielgruppen das Sagen haben wollen und dass die gesamte Welt eine Wahlkampfveranstaltung geworden ist. Er ist begeistert davon, dass die Menschen sich mitteilen und alles kommen-tieren wollen.

Der Spin-Doktor hat keine Angst vor Veränderungen, er liebt geradezu die Herausforderungen. Er betrachtet das Gesamtbild und sieht sei-nen Beruf angesichts des Paradigmenwechsels im Endeffekt mehr als bestätigt. Geschäftsführer und Manager, Verkäufer und Lieferanten, Start-Upper und Investoren, Studenten und Universitäten, Personal-vorstand und Jobsuchende: Alle brauchen eine Vermittlungsstrate-gie, ein Leitbild, Standpunkte und Soundbites. Das digitale Zeitalter ist eine riesige Agora, in der ein permanenter Wahlkampf stattfindet. Jeder muss seine Themen setzen und seine Branche oder seine Orga-nisation prägen. Alle haben etwas zu sagen, etwas, wovon sie andere Menschen überzeugen und begeistern wollen: ihre Kollegen, ihre Part-ner, ihre Kunden oder einfach andere User. Jeder muss sein Publikum bzw. seine Zielgruppe aufnahmefähig machen und an seiner Argu-mentationskette feilen. Jeder braucht, wenn nicht unbedingt einen Spin-Doktor, dann doch einen Spin.

Das Spin-Doctoring ist eine Denkweise und eine Vorgehensweise, eine Schule des Denkens und des Schreibens (siehe Abbildung 8, S. 212). Das Spin-Doctoring ist die Massenaufmerksamkeitswaffe schlechthin und das Führungsinstrument der vernetzen Gesellschaft. Das Spin-Docto-ring verleiht Macht. Macht, andere Menschen zu gewinnen. Macht, neuen Produkten eine Chance zu geben. Macht, andere Lebensläufe zu erforschen. Das Spin-Doctoring wirkt, weil in der digitalen Gesell-schaft alle Menschen Streitfragen klären, Ideen vermitteln und umset-

Der Spin-Canvas

I. UNTERSTÜTZUNG	II. WELTANSCHAUUNG	III. POLARISIERUNG
→ Das Publikum kennen und einbinden	→ Die Welt lesbar und handhabbar machen	→ Die Herausforderung greifbar machen
• *Was ist sein Erwartungshorizont und sein Wertesystem?* • *Wo liegen seine Schmerzpunkte?* • *Was hat es davon, wenn das Leitbild verwirklicht wird?*	• *Wie sieht das Leitbild aus? Wofür kämpfen wir?* • *Was muss unbedingt geändert werden?* • *Auf welche Ziele müssen wir uns konzentrieren?*	• *Gegen was/wen müssen wir mobilisieren?* • *Welche Hindernisse müssen wir beseitigen?* • *Welche Werte/Leitbild verkörpern unsere Mitbewerber?*
SPIN		
• *Wie sieht unser Team/Aktivierungsnetzwerk aus?* • *Wen sollen wir mobilisieren und ansprechen? Wann?* • *Was sind unsere inhaltlichen Themenfelder?*	• *Wie sieht der Lösungsweg aus?* • *Wie problematisieren wir die Sachlage?* • *Auf welchen Teil der Realität müssen wir uns konzentrieren?*	• *Was soll das Publikum unternehmen, um mitzumachen?* • *Welche Bildsprache muss eingesetzt werden?* • *Welche Begriffe müssen unbedingt hängen bleiben?*
→ Die Standpunkte verkörpern und besetzen	→ Die Aufmerksamkeit und das Handeln fokussieren	→ Die Kernaussage prägnant formulieren
IV. THEMENSETZUNG	V. DEUTUNGSRAHMEN	VI. SOUNDBITES

Abbildung 8

zen müssen. Das Spin-Doctoring wirkt, weil Emotionen und Gründe auf Menschen wirken. Daher noch ein letztes Soundbite: „Story tells but Spin sells!"

Soundbites
„Argumentation und Wirkungsmacht des Wortes"

> Das Rampenlicht ist meistens nur die kleine Lampe im Büro des Abteilungschefs oder die Halogenlampen des Tagungsraums.

> Die Angst vor dem Sprechen ist in der Tat die Angst vor dem Versagen.

> Es gibt nichts Schlimmeres als einen Redner, der sich in einen Friedhofsverwalter verwandelt: Eine Menge Leute sind da, aber keiner hört zu.

> Hinter der Sicherheit jedes erfolgreichen politischen Redners steckt normalerweise viel Vorarbeit und natürlich ein guter Redenschreiber.

> Auffinden/Gliedern/Formulieren

> Eine Rede stellt nichts anderes als einen Deutungsrahmen und einen motivierenden Appell für die Umsetzung eines gemeinsamen Leitbilds dar.

> Die Kernfunktion der Rede liegt in der Zusammenfassung und in der Affekt- und Effektsteuerung.

> Am Ende der Rede trifft das Publikum seine Entscheidung, dem Redner zuzustimmen oder auch nicht.

> Das Publikum hört in der Tat eine Rede auch mit dem Bauch.

> Wiederholung, Wiederholung, Wiederholung.

> Man muss immer ein bisschen schlauer als der Mitbewerber sein, um die eigenen Ideen zu platzieren und zu verbreiten, was letztendlich Sinn und Zweck der Politik und des Managements ist.

> Jeder braucht, wenn nicht unbedingt einen Spin-Doktor, dann doch einen Spin.

> Das Spin-Doctoring ist eine Denkweise und eine Vorgehensweise, eine Schule des Denkens und des Schreibens.

> „Story tells but Spin sells!"

Danksagung

Dieses Buch würde ohne Tatjana Kiel gar nicht existieren. Vielen Dank für die brillante Idee dieses Buches und die liebevolle und immer motivierende Begeisterungsfähigkeit. An dieser Stelle möchte ich auch gerne all jene erwähnen, die mir bei der Vorbereitung dieses Buches geholfen haben. Zuerst habe ich Volker Sach und Iris Behrens, die den Kontakt zu Frankfurter Allgemeine Buch ermöglicht haben, ganz herzlich zu danken. Ganz besonders gilt dieser Dank Peter Kiel, der mir während der Arbeit an diesem Buch die Subtilitäten der deutschen Sprache pädagogisch näher gebracht und mich redaktionell begleitet hat. Vielen Dank für das geduldige Korrektorat und die wertvollen Hinweise. Nicht zuletzt gebührt Bianca Labitzke Dank, da sie mit ihrer vertrauensvollen und ausdauernden Unterstützung sowie ihrem präzisen Lektorat das Buch denkbar und lesbar gemacht hat. Vielen Dank für alles.

Glossar

Agenda Setting
Es beschreibt, wie ein Politiker die öffentliche Diskussion zu beeinflussen und strukturieren versucht. Es geht darum, die inhaltlichen Schwerpunkten der Massenmedien zu setzen. Man redet auch von „Agenda Surfing", um die Tatsache zu betonen, dass Politiker und ihre Berater diese mediale Schwerpunktsetzung oft nur am Rand erzielen können und vielmehr versuchen die existierenden Themensetzung zu prägen.

B2N (Brand to Network)
Im digitalen Zeitalter ist keine traditionelle Einbahnstraße-Kommunikation (Business to Consumer/B2C) mehr möglich. Die neue Kernfunktion jeder Vermittlungsstrategie liegt vielmehr in der Etablierung eines Netzwerks, welches in der Lage ist, das Wertesystem und die Markenbotschaften eines Unternehmens präziser und effektiver zu verbreiten. Dieses Netzwerk enthält die digitalen und analogen Berührungspunkte des Unternehmens und auch die Individuen bzw. Beeinflusser, die mit diesem, aber auch untereinander interagieren. Ein Netzwerk kann man mit Inhalten (engl. Content), Kampagnen, Dienst- und Bindungsprogrammen strukturieren und mobilisieren.

Clan
Jeder Manager muss team- und teamführungsfähig sein, da er unbedingt Unterstützung benötigt, um seine Vision umsetzen und seine Interessen vorantreiben zu können. Er braucht wie jeder Politiker aber auch ein treues und verlässliches Bündnis bzw. eine Koalition, um Partner zu identifizieren, zu rekrutieren und im rechten Augenblick zu mobilisieren. Der Kern dieser Durchsetzungskoalition ist der Clan: die Personen, die das Leitbild teilen und zusammen mit Ressourcen und Einflüssen verteidigen und verwirklichen.

Demokratisierung des Marketings
Die Digitalisierung des Marketings ist eine Revolution: Es gibt ein „vorher" und ein „danach". Es wird keine Rückkehr zur Routine geben, da die Veränderungen strukturell und nicht konjunkturell sind. Die Konsumenten sind keine Könige — das waren sie nie —, sondern Staatsbürger: Sie benutzen nicht nur ihr Portemonnaie, sondern können ihr Wertesystem und ihr Mitspracherecht einsetzen. Die Unternehmen haben das Monopol der Information über ihre Produkte bzw. Dienstleistungen verloren. Sie müssen Kontrolle abgeben und Verantwortung übernehmen und sich demokratisieren: sich öffnen, ihr Handeln

ständig erklären und legitimieren und ihre Marken, Botschaften und Produkte „co-kreieren".

Deutungsrahmen (eng. „Frames)
Die soziale Wirklichkeit ist keine gegebene Realität, sie wird sozusagen konstruiert. Deutungsrahmen wecken Aufmerksamkeit über bestimmte Realitätsaspekte und heben diese als wichtig und relevant hervor. Das sogenannt „Framing" beschreibt die Auswahl und die Betonung spezifischer Teile der sozialen Realität, um Situationsbewertungen, Kausalitäten und Problemdefinitionen zu liefern. Wichtig bei diesem Prozess ist auch zu wissen, welche Realitätsaspekte kombiniert und welche in den Hintergrund gelassen werden sollen. Deutungsrahmen zielen auf eine Komplexitätsreduktion des Sachverhalts und auf eine Erhöhung der Unterstützung der Zielgruppe ab. Ziel der Deutungsrahmen muss es sein, die Handlungsempfehlungen und die Rollenverteilungen abzuklären.

Grassroots-Campaigning (dt. Graswurzelkampagne)
Unter Grassroots-Campaigning versteht man eine direkte Kommunikationsform der potentiellen Wähler bzw. Zielgruppen mit der Absicht, sie als Unterstützer und aktive Teilnehmer zu gewinnen. Es ist ein Bottom-up-Prozess und zugleich eine relative zentralisierte Aktionsform, welche die eigenen Basis-Mitglieder mit konkreten Anweisungen — Telefonate oder Haustürbesuche — motiviert und die Interessenten mit konkreten Zielen — Petitionen oder Spendenaktionen — mobilisiert. Arbeiter- und Frauenbewegungen haben die Graswurzelkampagne vor langer Zeit eingesetzt, aber das Internet und die sozialen Meiden haben ihr eine neue Dimension verliehen, indem die Ansprache viel schneller und personalisierter durchgeführt werden kann.

Leitbild
Das Leitbild ist das Kernelement einer jeweiligen Vermittlungsstrategie. Das Leitbild fungiert als wesentliche Zielsetzung in jeder menschlichen Organisation, da die Menschen nicht nur aus Interesse handeln, sondern vielmehr aus Gründen. Ein Leitbild ist eine Beschreibung der Gesellschaft bzw. Firma, wenn die Vorstellungen des Leaders zur Wirklichkeit werden. Ein Leitbild dient als Projektionsfläche für die Mitarbeiter, um ihre Zusammengehörigkeit zu festigen bei der Definition (des Leitbilds) und ihr persönliches Wertgefühl bei der Umsetzung zu stärken. In der Politik redet man von „Gesellschaftsentwurf", was ganz oft eine „Veränderung" bzw. einen Wechsel der politischen Mehrheitsverhältnisse verlangt.

Polarisierung

Unsere vernetzte Gesellschaft hat die Öffentlichkeit in eine riesige Agora und jede Diskussion in eine Streitfrage verwandelt, da alle — Regierungen, Firmen, Interessenverbände oder Terroristen — um Unterstützung wetteifern, damit sie ihr Leitbild verwirklichen können. Die Benennung des Kontrahenten dient der Strukturierung des Diskussionsfelds und hilft der Öffentlichkeit, Position zu beziehen. Es geht darum, die eigenen Standpunkte zu tragen und sich gegen andere Standpunkte zu behaupten. Die Inszenierung und die Dramatisierung der gegenseitigen Positionen ist die wichtigste Strategie, um Aufmerksamkeit zu erregen und Unterstützer zu gewinnen. Der Kontrahent ist manchmal in uns — z.B. der innere Schweinehund — oder in der Organisation — z.B. die organisationale Trägheit —, was auch thematisiert und benannt werden soll.

Profilierung

In unserer digitalisierten Gesellschaft reicht es nicht mehr, sich für ein Unternehmen zu positionieren. Ein Unternehmen ist ein echter öffentlicher und sozialer Akteur geworden und muss nicht nur in der Landschaft des Wettbewerbs lokalisierbar sein, sondern für etwas stehen. Jedes Unternehmen muss ein Leitbild und ein Umsetzungsprogramm haben, welche die Mitarbeiter mit ins Boot holen und den Konsumenten eine klare Richtung geben und sie begeistern. Jeder CEO muss auch „Profil zeigen", in dem Sinn, dass er ein persönliches — nicht privates — Profil erstellt, sich als Community Manager benimmt und Klartext spricht.

Problemdefinition

Um die Menschen bewegen und mobilisieren zu können, muss man eine präzise Veränderung als wünschenswert darstellen und sie in eine kollektive und zugleich individualisierte Herausforderung verwandeln. Dies ist genau die Rolle des Spin-Doktors, nämlich zu zeigen, wo der Haken liegt, und dann Prioritäten zu setzen. Es sind so viele Faktoren am Werk, welche die Realität prägen und beeinflussen, so dass die erste Aufgabe jedes Spin-Doktors darin besteht, die wichtigsten zu identifizieren, zu artikulieren und zu problematisieren. Das Problem muss mutig und kreativ definiert werden, damit die Ressourcen und Maßnahmen für dessen Lösung formuliert werden können.

Reason to share (dt. Grund für das Teilen)

Die Werber reden von „reason to believe" (oder „reason why"), um den Grund für die Kaufentscheidung zu nennen. Es geht darum, die Konsumenten mit dem besten Produktmerkmal bzw. Kaufargument zu überzeugen. Die Glaubwürdigkeit der Werbebotschaft ist aber in unserer vernetzen Gesellschaft geringer geworden, da die digitalen Konsumenten viel mehr dem „vertrauen", was die anderen User über ein Produkt bzw. eine Marke denken und sagen. Das Ziel jeder Vermittlungsmaß-nahme besteht also viel mehr darin, das Element – „reason to share" – zu definieren, welches zum Teilen verleiten wird: entweder Exklu-sivität, Information, Mehrwert oder Humor.

Soundbite
Ein Soundbite ist das Hauptprodukt des Spin-Doktors. Es ist eine grif-fige Aussage, die Kernbotschaften und Standpunkte des Dienstherrn vermittelt, Begeisterung sowie Unterstützung bei den Anhängern pro-voziert und einen Gegenangriff enthalten kann. Ein Soundbite muss auf jeden Fall hängenbleiben und deshalb kurz, prägnant und provo-zierend sein. Ein Soundbite muss auch wiederholt und durchdekli-niert werden, damit er sich in der öffentlichen Diskussion verankert und diese prägt.

Spin
Es ist die größte Massenaufmerksamkeitswaffe in unserer mit Informa-tionen saturierten und vernetzten Gesellschaft. Es ist ein Begriff aus dem Sport und steht für die Drehung eines rotierenden Balls. Absicht muss es sein, die Richtung und die Schnelligkeit des Balles zu kont-rollieren, um das Ziel besser zu treffen und seinen Gegenspieler zu überraschen. Die Spin-Doktoren spielen mit Effet und versuchen dabei immer, der Streitfrage einen günstigen Drehimpuls zu geben oder die Geschehnisse in die gewollte Richtung zu lenken. Der Spin bzw. der Dreh sollte die Aufmerksamkeit und die Kommentare auf eine Facette des Sachverhalts oder der Streitfrage richten, die bei der Berichterstat-tung und in der Online-Diskussionen ein günstiges Licht auf die Stand-punkte und Aktivitäten des Dienstherrn werfen. Es geht nie darum, die Wahrheit zu verdrehen, sondern die Blicke der Menschen auf den Auftragggeber zu richten.

Spin-Doktor
Der Spin-Doktor ist ein politischer Vermittlungsberater. Seine Aufgabe besteht darin, die Standpunkte seines Dienstherrn zu gestalten und zu verbreiten und dessen Interessen zu vertreten und zu schützen. Als Spezialist der öffentlichen Streitfragen weiß er, wie man ein Minen-feld in ein Spielfeld verwandelt. Als Spezialist der Politikvermittlung muss er die Machtspiele der Politik und die Kunst der Überzeugung bzw. Überredung beherrschen. In der vernetzten Gesellschaft liefern seine Denkweise und seine Schreibweise eine spannende Inspirations-quelle für jeden Manager, der seine Teams und seine Idee nach vorn bringen will.

Literatur

Baumgartner, Ekkehart (2007): Brand Communities als neue Markenwelten, Redline Wirtschaft, Heidelberg.

Berggruen, Nicolas und Gardels, Nathan (2013): Klug regieren, Herder, Freiburg im Breisgau.

Bernstorff, Andreas, Graf von (2012): Einführung in das Campaigning, Carl Auer Verlag, Heidelberg.

Brunken, Ingmar P. (2006): Die 6 Meister der Strategie und wie Sie beruflich und privat von ihnen profitieren können, Ullstein, Berlin.

Carville, James and Begala, Paul (2002): Buck Up, Suck Up … and Come Back When You Foul Up: 12 Winning Secrets from the War Room by Carville, Simon & Schuster, NYC.

Dobelli, Rolf (2011): Die Kunst des klaren Denkens, Hanser, München.

Franken, Friedhelm und Franken, Andreas (2009): Handbuch Redenschreiben, Helios Media GmbH, Berlin.

Gough, Leo (2012): Miyamoto Musashis „Buch der fünf Ringe" — 52 brillante Ideen für Ihr Business, Gabal, Offenbach.

Goettges, Ulf C. und Häusler, Martin (2013): Du sollst den Wähler für dumm verkaufen, Bastei Lübbe, Köln.

Greene, Robert (2011): Power — Die 48 Gesetze der Macht, Deutscher Taschenbuch Verlag, München.

Harvard Business Review (2013): HBR's 10 Must Reads on Communication, Harvard Business Review Press, Boston.

Hofer, Thomas (2010): Die Tricks der Politiker, Ueberreuter, Wien.

Hofmann, Martin Ludwig (2008): Mindbombs — Was Werbung und PR von Greenpeace & Co. lernen können, Wilhelm Fink, München.

Jelinek, Gerhard (2012): Reden, die die Welt veränderten, Deutscher Taschenbuch Verlag, München.

Kasparow, Garri (2007): Strategie und die Kunst zu leben — Von einem Schachgenie lernen, Piper, München.

Knoblach, B. / Oltmanns, T. / Hajnal, I. / Fink, D. (Hrsg.) (2012): Macht in Unternehmen: Der vergessene Faktor, Gabler Verlag, Wiesbaden.

Knop, Carsten (2013): Amazon kennt Dich schon — Vom Einkaufsparadies zum Datenverwerter, Frankfurter Allgemeine Buch, Frankfurt am Main.

Köhler, Peter (2008): Die besten Zitate der Politiker, Humboldt, Hannover.

Konnikova, Maria (2013): Die Kunst des logischen Denkens: Scharfsinnig analysieren und clever kombinieren wie Sherlock Holmes, Ariston, München.

Marx, Stefan (2008): Die Legende vom Spin Doctor — Regierungskommunikation unter Schröder und Blair, VS Verlag für Sozialwissenschaften, Wiesbaden.

Monod, Jean-Claude (2012): Qu'est-ce qu'un chef en démocratie?: Politiques du charisme, Seuil, Paris.

Nye, Joseph (2011): Macht im 21. Jahrhundert: Politische Strategien für ein neues Zeitalter, Siedler Verlag, München.

Oltmanns, T. / Kleinaltenkamp, M. / Ehret, M. (Hrsg.) (2009): Kommunikation und Krise: Wie Entscheider die Wirklichkeit definieren, Gabler Verlag, Wiesbaden.

Raschke, Joachim und Tils, Ralf (2011): Politik braucht Strategie — Taktik hat sie genug: Ein Kursbuch, Campus, Frankfurt am Main.

Reinhard, Rebekka (2010): Odysseus oder Die Kunst des Irrens, Ludwig, München.

Rhomberg, Markus (2009): Politische Kommunikation — Eine Einführung für Politikwissenschaftler, UTB Wilhelm Fink, Paderborn.

Rosumek, Lars (2007): Die Kanzler und die Medien — Acht Porträts von Adenauer bis Merkel, Campus Verlag, Frankfurt am Main.

Richards, Paul (2005): Be Your Own Spin Doctor, Politico's Publishing, London.

Rogers, David L. (2010): The network is your customer, Yale University Press books, New Haven.

Roth, Gerhard (2008): Persönlichkeit, Entscheidung und Verhalten — Warum es so schwierig ist, sich und andere zu ändern, Klett-Cotta, Stuttgart.

Rumelt, Richard (2011): Good Strategy / Bad Strategy — The Difference and Why it Matters, Profile Books LTD, London.

Schmidt, Ina (2011): Alles in bester Ordnung oder wie man lernt, das Chaos zu lieben: Ein philosophischer Wegweiser vom Suchen zum Finden, Ludwig, München.

Schopenhauer, Arthur (2009): Die Kunst, Recht zu behalten, Nikol, Hamburg.

Speth, Rudolf (Hrsg.) (2013): Grassroots-Campaigning, Springer VS, Wiesbaden.

Stauss, Frank (2013): Höllenritt Wahlkampf — Ein Insider-Bericht, Deutscher Taschenbuch Verlag, München.

Stroh, Wilfried (2011): Die Macht der Rede, List, Berlin.

Taleb, Nassim Nicholas (2013): Antifragilität: Anleitung für eine Welt, die wir nicht verstehen, btb, München.

The European — Das Debattenmagazin (2014/1): Macht.

Toens, Katrin und Willems, Ulrich (2012): Politik und Kontingenz, Springer VS, Wiesbaden.

Trankovits, Laszlo (2009): Die Obama-Methode — Strategien für die Mediengesellschaft. Was Wirtschaft und Politik von Barack Obama lernen können, Frankfurter Allgemeine Buch, Frankfurt am Main.

Der Autor

Mathias Ulmann studierte in seinem Geburtsort Paris Politik und Kommunikationswissenschaften am Institut d'études politiques. Er war acht Jahre lang parlamentarischer Referent im französischen Senat und in der Assemblée Nationale, wo er „Spin" definierte, Reden schrieb und Schnittstellen mit Journalisten und Mitgliedernetzwerken betreute. Nachdem er zwischen 2006 und 2011 mehrere leitende Kreativ- und Strategiepositionen in internationalen Netzwerkagenturen besetzte, berät er seit 2012 Unternehmen in Kommunikationsfragen. Parallel dazu arbeitet er als Berater mit dem Schwerpunkt „Digital" und als Redenschreiber für führende Politiker.

Twitter: @MathiasUlmann
Web: www.spinit.info